ARIBERT PEECKEL

Scheingewinne und Eiserner Bestand

Betriebswirtschaftliche Forschungen

der Fakultät für Wirtschaftswissenschaften
an der Technischen Universität Berlin

Herausgegeben von

Prof. Dr. K. Mellerowicz, Prof. Dr. O. Schnutenhaus

Band 16

Scheingewinne und Eiserner Bestand

Von

Dr. Aribert Peeckel

DUNCKER & HUMBLOT / BERLIN

Gedruckt 1970 bei Alb. Sayffaerth, Berlin 61
Printed in Germany

Inhaltsverzeichnis

Abkürzungsverzeichnis

Akt.-Ges.	=	Aktiengesetz
AO.	=	(Reichs-)Abgabenordnung
BB.	=	Der Betriebs-Berater (Zeitschrift)
BFH.	=	Bundesfinanzhof
BFuP.	=	Betriebswirtschaftliche Forschung und Praxis (Zeitschrift)
BStBl.	=	Bundessteuerblatt
EStDV.	=	Einkommensteuer-Durchführungsverordnung
EStG.	=	Einkommensteuer-Gesetz
EStR.	=	Einkommensteuer-Richtlinien
Hdwb.	=	Handwörterbuch
KStG.	=	Körperschaftsteuergesetz
NBW.	=	Neue Betriebswirtschaft (Zeitschrift)
n. F.	=	neuer Fassung
RBewG.	=	Reichsbewertungsgesetz
RFH.	=	Reichsfinanzhof
RStBl.	=	Reichssteuerblatt
Slg.	=	Sammlung
Sp.	=	Spalte
StAnpG.	=	Steueranpassungsgesetz
StuW.	=	Steuer und Wirtschaft (Zeitschrift)
TDM	=	Tausend Deutsche Mark
Tz.	=	Textziffer
Wp.	=	Die Wirtschaftsprüfung (Zeitschrift)
Z.	=	Zeitschrift
ZfB.	=	Zeitschrift für Betriebswirtschaft
ZfhF.	=	Zeitschrift für handelswissenschaftliche Forschung
ZHuH.	=	Zeitschrift für Handelswissenschaft und Handelspraxis
Z.V.E.I.	=	Zentralverband der Elektrotechnischen Industrie e. V.

Überblick

In der Arbeit wird zunächst dargelegt, daß neben der nominellen Erhaltung des anfänglichen Geldkapitals auch die dynamische Erhaltung der anfänglichen Kapitalgüter als Voraussetzung eines echten Gewinnausweises in der Jahreserfolgsrechnung gefordert werden muß. Die offizielle, nur nominelle Jahresabschlußrechnung führt demgegenüber bei steigenden Anschaffungspreisen zu Scheingewinnen.

Ein Mittel, den Ausweis solcher Scheingewinne und entsprechender Scheinverluste wesentlich zu mindern, ist die feste Bewertung Eiserner Bestände des Vorratsvermögens.

Daß die Eiserne-Bestands-(EB-)Rechnung heute nur eine eng begrenzte Rolle in wenigen Unternehmungen spielt, hat eine Reihe von Gründen:

Betriebswirtschaftliche Einwände richten sich gegen die Starrheit der EB-Rechnung. Werden nämlich Eiserne Bestände unterschritten, dann wird die beabsichtigte erfolgsneutrale Festbewertung insoweit aufgehoben, und es lösen sich gegebenenfalls stille Reserven auf. Entsprechendes gilt bei qualitativen Änderungen (Form-, Qualitäts- und Artänderungen) der Vorräte. Die Eliminierung von Scheinerfolgen ist demnach nur bei rein reproduktiver Erhaltung der Eisernen Bestände möglich.

Handelsrechtlich bestanden bis 1965 keine Schwierigkeiten für eine sachgerechte Bilanzierung Eiserner Bestände. Sie ergeben sich aber aus der Einengung des Bewertungsspielraumes durch § 155 des Aktiengesetzes von 1965.

Steuerrechtliche Einwände gehen von der Nominalkapitalrechnung als gesetzlichem Prinzip aus. Wird das effektiv gebundene Vorratsvermögen als Eiserner Bestand betrachtet, so schließt die vorgeschriebene *Bewertung des einzelnen Wirtschaftsgutes* mit seinen Anschaffungskosten die angestrebte Festbewertung aus. Auch als *Bewertungsvereinfachung* ist die EB-Rechnung unzulässig, allein schon, weil sie eine feste Bewertung von Vorräten bei Preisschwankungen verlangt. Bewertungsvereinfachungen sollen zu keinem anderen Ergebnis als die Einzelbewertung führen. Soweit sich die EB-Rechnung auf das Wirtschaftsproblem der *Preisschwankungen* richtet, ist ihr die steuerrechtliche Grundlage durch § 51 EStG. 1955 entzogen worden. Darin wurde das Problem der Preissteigerungen auf andere Weise (s. Abschn. 6.2.2.) steuerrechtlich uneingeschränkt geregelt. Infolgedessen ist steuerrechtlich jedes davon abweichende Verfahren als Mittel gegen Scheingewinne ausgeschlossen.

In dieser Arbeit wird die EB-Rechnung wieder, wie ursprünglich von Schmalenbach, als *Mittel richtiger Jahreserfolgsrechnung* (und nicht lediglich als Mittel gegen Scheingewinne bei Preissteigerungen) vertreten. Es kommt darauf an, nachzuweisen, daß die EB-Rechnung keine Substanzrechnung ist, sondern daß es sich darum handelt, für eine besondere Kategorie von Kapitalgütern die richtige Bewertung und periodengerechte Aufwandszurechnung nach den Regeln der dynamischen Bilanzlehre vorzunehmen.

Das setzt eine ebenso allgemeingültige wie eindeutige Definition bilanzieller Eiserner Bestände zum Zweck ihrer praktischen Abgrenzung voraus. Deshalb wird versucht, die bisherigen Definitionen und Abgrenzungen in einer detaillierten Untersuchung weiterzuentwickeln zu einer an aktuellen Daten orientierten Normierung Eiserner Bestände. Die Lösung dieses Problems ist einerseits Voraussetzung einer steuerlichen Tatbestandstypisierung. Andererseits hebt sie die Starrheit der EB-Rechnung so weitgehend auf, daß auch die betriebswirtschaftlichen Einwände an Gewicht verlieren.

Wie darüber hinaus dynamische Substanzerhaltung durch die Einbeziehung von Substitutionsgütern in die EB-Rechnung möglich ist, wird ebenfalls dargelegt.

Bewertung und Abrechnung Eiserner Bestände werden besonders unter den zwei Aspekten der Einfachheit des Verfahrens und der Störungsfreiheit der laufenden Verbrauchsabrechnung erörtert. Anschließend wird die handels- und steuerrechtliche Vertretbarkeit dieser EB-Rechnung untersucht.

Im letzten Kapitel wird ein Vergleich vorgenommen zwischen der EB-Rechnung als Mittel richtiger Jahreserfolgsrechnung und anderen abrechnungstechnischen Verfahren, die eine Scheingewinneliminierung beim Vorratsvermögen bewirken sollen.

Um einer einseitigen Wertung sowohl des Scheingewinnproblems als auch der EB-Rechnung zu entgehen, wie sie sich einerseits aus unternehmenspolitischen, andererseits aus fiskalischen Interessen ergeben kann, wird in dieser Arbeit der übergeordnete Standpunkt eingenommen und die Organfunktion des Betriebes im Rahmen der Gesamtwirtschaft als ausschlaggebend für die Beurteilung angesehen. Nur auf dieser Basis ist eine Lösung nach beiden Seiten hin vertretbar.

1. Der Scheingewinnbegriff

1.1. formal

Es geht in dieser Arbeit nicht um „Scheingewinne“, wie sie sich bei der Anlagenabschreibung aus einer zeitlichen Verschiebung von Aufwandsverrechnung und effektivem Nutzverzehr in den einzelnen Abrechnungsperioden ergeben. Diese „Scheingewinne“ stören kaum die Vergleichbarkeit der Jahreserfolgsrechnungen. Im Durchschnitt gleichen sie sich in derselben Periode gegen entsprechende Scheinverluste aus[1].

Ebensowenig geht es hier um „Scheingewinne“, die sich aus der Auflösung stiller Reserven aus Vorräten in einer Periode ergeben. Sie gleichen nur Scheinverluste aus, die sich in früheren Perioden aus eben dieser stillen Reservenbildung ergaben[2].

Vielmehr geht es um Scheingewinne, die im Prinzip der kaufmännischen Nominalkapitalrechnung begründet sind.

Handels- und Steuerrecht gehen von der Nominalkapitalrechnung aus. Daneben gibt es eine Reihe anderer Kapitalauffassungen, deren jede für sich in Anspruch nimmt, zu einem „echten“ Ergebnis zu führen.

Der Unterschied zwischen einem echten und dem nominellen Ergebnis ist eine Ergebnisdifferenz.

Beispiel:	Echtes Ergebnis	10	
	Nominelles Ergebnis ..	30	
	Ergebnisdifferenz	20	= Nominelles Mehrergebnis

Ein nominelles Mehrergebnis (s. die folgenden Zahlenbeispiele) kann aus Scheingewinn oder aus von nominellem Erfolg verdecktem Verlust oder aus beidem gleichzeitig bestehen[3]. Entsprechend kann ein nominelles Minderergebnis aus Scheinverlust oder aus verdecktem materiellen Gewinn oder aus beidem gleichzeitig bestehen. Die Begriffe „Schein-

---

[1] Vgl. *Schmalenbach*, E.: Die steuerliche Behandlung der Scheingewinne. (Mitteilungen d. Gesellschaft f. Wirtschaftl. Ausbildung, Sonderband 1, 1. u. 2. Heft.) 2. und 3. unveränd. Aufl., Jena 1922, S. 1.

[2] Vgl. ebenda, S. 1 u. 2.

[3] Vgl. *Bansbach*, M. und *Vöhringer*, F.: Steuerausfall durch Eiserne Bestandsbewertung? In: Der Betriebs-Berater, 6. Jg. (1951), Heft 8, S. 203.

gewinn" und „Scheinverlust" können immer nur den Teil der Ergebnisdifferenz erfassen, der im Gewinnbereich oder im Verlustbereich liegt.

Echtes Ergebnis	20	20	20
Nom. Ergebnis	30	10	- 10
Ergebnisdifferenz	10 nom. Mehrerg.	- 10 nominelles Mindererg.	- 30 nominelles Mindererg.
bestehend aus:	10 Scheingewinn	10 verdeckt. Gewinn	10 Scheinverlust und 20 verdeckt. Gewinn

Echtes Ergebnis	- 20	- 20	- 20
Nom. Ergebnis	10	- 10	- 30
Ergebnisdifferenz	30 nom. Mehrerg.	10 nom. Mehrerg.	- 10 nominell. Mindererg.
bestehend aus:	20 verdeckt. Verlust und 10 Scheingewinn	10 verdeckt. Verlust	10 Scheinverlust

In der Praxis spielt der Scheingewinn die überragende Rolle, so daß sich Theorie und Praxis darauf beschränkt haben, von Scheingewinnen und ihrem Gegensatz, den Scheinverlusten, zu sprechen. Dabei wird das gesamte nominelle Mehrergebnis undifferenziert als Scheingewinn und das gesamte nominelle Mindererergebnis undifferenziert als Scheinverlust bezeichnet[4].

Daß der übliche Scheingewinnbegriff auch verdeckte Verluste einschließt, ist wesentlich. Denn es genügt nicht, nur den scheinbaren Gewinnteil aus dem Ergebnis zu eliminieren; auch der materielle Verlust muß ausgewiesen werden. Nur so kann dieser Verlust auf das nächste Jahr vorgetragen werden.

Die Methoden, mit deren Hilfe die nominelle Rechnung korrigiert werden kann, sind nicht alle auf die Eliminierung des gesamten nominellen Mehrergebnisses (des Scheingewinnes im üblichen Sinne) gerichtet, sondern z. T. nur auf die Eliminierung des Schein-*Gewinnes* im exakten Sinne, während verdeckte Verluste nicht berücksichtigt werden (so Substanzerhaltungsrücklagen, die nur soweit gebildet werden können, wie ein nomineller Gewinn ausreicht). Eine genaue, differenzierte Begriffsanwendung kann dehalb für bestimmte theoretische Untersuchungen notwendig sein. In dieser Arbeit wird es jedoch fast durchweg ausreichen, den Scheingewinnbegriff im üblichen Sinne mit dem

---

[4] Vgl. z. B. *Liebl*, J.: Kapitalerhaltung und Bilanzrechnung, Wolfenbüttel 1954 (Heft 6 d. Veröffentlichungen zur Betriebswirtschaft), S. 19 und 48; sowie *Eckardt*, H.: Die Substanzerhaltung industrieller Betriebe, Köln u. Opladen 1963 (Beiträge zur betriebswirtsch. Forschung, Bd. 19), S. 41.

nominellen Mehrergebnis (das also auch in den Verlustbereich hineinreichen kann) und den Scheinverlustbegriff mit dem nominellen Minderergebnis zu identifizieren. Wo die genauere Terminologie angewendet wird, wird auf diesen Abchnitt 1.1. Bezug genommen.

1.2. Der Scheingewinnbegriff materiell

Primäres und unabdingbares Motiv unternehmerischen Handelns ist die Gewinnerzielung[5]. Dabei muß aber „die Betriebserhaltung als dem Gewinnstreben immanent und vorgeschaltet“[6] erkannt werden. Die Jahreserfolgsrechnung muß den Erfolg der abgelaufenen Periode an der Kapitalmehrung oder -minderung messen, im Hinblick auf die Betriebserhaltung also an der Mehrung oder Minderung der Kapital*güter*, der Substanz[7]. „Die Substanz ist die Grundlage der Produktion, ja der gesamten Betriebsführung“[8].

Von der Kapital*erhaltung* abweichende Zielsetzungen, wie finanzielle Stärkung oder Vergrößerung des Unternehmens — oder auch Kapazitätsabbau, wenn die Substanzerhaltung ökonomisch falsch ist[9], sind Objekt der Unternehmenspolitik, nicht der Erfolgsrechnung[10]. In einem fortzuführenden Unternehmen (going concern) muß dem Gewinn*ausweis* die Kapitalerhaltung vorausgehen und der Gewinn*verteilung* die Betriebserhaltung (Existenzsicherung auf lange Sicht[11]). Gewinn ist das Erzielte, nicht das Verteilbare[12].

Da der betriebswirtschaftliche Gewinn „das Mehr an Kapital zwischen zwei Punkten einer Betriebsperiode“[13] ist, haben die verschiedenen Kapitalauffassungen große materielle Bedeutung. Jede Kapitalauffassung führt zu einem anderen Urteil darüber, wann Kapitalerhaltung als Grenzfall zwischen Gewinn und Verlust gegeben ist. Jeder Kapitalauffassung ist dementsprechend ein spezielles Kapitalerhaltungsprinzip zuzuordnen.

---

[5] Vgl. *Mellerowicz*, K.: Unternehmenspolitik, Bd. I, 2. Aufl., Freiburg i. Brsg. 1963, S. 49.

[6] Ebenda, S. 58.

[7] Einzelheiten zur Abgrenzung des Substanzbegriffs s. *Eckardt*, H., a.a.O., S. 12 und S. 11 Text und Fußnote 3.

[8] *Mellerowicz*, K.: Unternehmenspolitik, Bd. I, a.a.O., S. 51.

[9] Vgl. *Schnettler*, A.: Betriebsanalyse, 2. völlig neu bearb. Aufl., Stuttgart 1960, S. 20.

[10] Vgl. *Sandig*, C.: Die Führung des Betriebes, Stuttgart 1953, S. 77 f.

[11] *Mellerowicz*, K.: Unternehmenspolitik, Bd. I, a.a.O., S. 51,

[12] Vgl. *Schmalenbach*, E.: Dynamische Bilanz, 5. Aufl., Leipzig 1931, S. 89.

[13] *Mellerowicz*, K.: Allgemeine Betriebswirtschaftslehre, 2. Bd., 11. durchgesehene Aufl., Berlin 1962, S. 176.

Eine Gegenüberstellung der *wichtigsten* Kapitalerhaltungsprinzipe soll als Grundlage ihrer Diskussion dienen:

Sachkapital-(Kapitalgüter-) Erhaltung	*Geldkapital-(Kapitalrechte-) Erhaltung*
1. absolut	1. nominal
2. leistungs-(kapazitäts-)relativ	2. kaufkraftmäßig
a) einbetrieblich	
b) zwischenbetrieblich	
1) branchenrelativ	
2) gesamtwirtschaftsrelativ	
3. ertragsrelativ	
a) einbetrieblich	
1) nominal	
2) kaufkraftmäßig	
b) zwischenbetrieblich	
1) branchenrelativ	
2) gesamtwirtschaftsrelativ	

Eine Einordnung der in der Betriebswirtschaftslehre hauptsächlich gebräuchlichen Kapitalerhaltungsbegriffe in dieses Schema zeigt die Übersicht auf der folgenden Seite.

Im Hinblick auf die *Erfolgsrechnung* müssen die Kapitalerhaltungsziele darauf untersucht werden, ob sie es ermöglichen, die Kapital*erhaltung* der abgelaufenen Abrechnungsperiode zu beurteilen.

„Das Geldkapital steht am Anfang der Unternehmung und an ihrem Ende[14].“ Für eine allgemein vertretbare Erfolgsrechnung ist deshalb am Ende der Totalperiode eines Unternehmens ebenso wie zu Beginn allein das (nominelle) Geldkapital maßgeblich[15].

Auch bei der Jahreserfolgsrechnung ist es zunächst notwendig, daß vor Ausweis eines Gewinnes das Nominalkapital des Periodenanfangs erhalten ist; das erfordern die handels- und steuerrechtlichen Gewinnermittlungsvorschriften und die allgemeine Gültigkeit der nominellen Geldrechnung.

Nominelle Geldkapitalerhaltung liegt vor, wenn „ein investiertes, in Geld ausgedrücktes und weiterhin nur als gleiche Geldsumme gesehenes Kapital“[16] erhalten ist.

Die Jahreserfolgsrechnung hat allein nach dem Zeitmaß jährlich zu erfolgen, ungeachtet wirtschaftlicher Perioden. Gleiche Maßstäbe für die Erfolgsbeurteilung wie bei der Totalrechnung, die das Ende des Betriebslebens voraussetzt, können hier nicht befriedigen. Bei der Jahres-

---

[14] *Mellerowicz*, K.: Allgemeine ..., 1. Bd., 12. Aufl., Berlin 1964, S. 198.

[15] Vgl. *Mellerowicz*, K.: Unternehmenspolitik, Bd. III, 2. Aufl., Freiburg i. Brsg. 1965, S. 371.

[16] *Walb*, E.: Die Erfolgsrechnung privater und öffentlicher Betriebe, Berlin und Wien 1926, S. 331.

Einordnung der gebräuchlichen Kapitalerhaltungsbegriffe

Geldkapitalerhaltung

1. *nominal*
   „nominelle" oder „Nominalkapitalerhaltung"
2. *kaufkraftmäßig*
   „reale" oder „Realkapitalerhaltung"[17]

Sachkapitalerhaltung (Substanzerhaltung)

1. *absolut*
   „absolute" oder „materielle Kapitalerhaltung"
   „Erhaltung des realen Kapitals"[17]
   „reproduktive Kapitalerhaltung"
   „1. Stufe der Substanzerhaltung" (Schnettler)
2. *leistungs(kapazitäts)-relativ*
   a) *einbetrieblich*
      „einbetrieblich leistungsmäßige Substanzerhaltung"
      „2. Stufe der Substanzerhaltung" (Schnettler)
      „leistungsäquivalente Substanzerhaltung" (Hasenack/Eckardt)
   b) *zwischenbetrieblich*
      „leistungsäquivalente, entwicklungsadäquate Kapitalerhaltung" (Hasenack/Schieb/Liebl)
      „relative Kapitalerhaltung" (F. Schmidt)
      „zwischenbetrieblich leistungsmäßige Substanzerhaltung"
      „3. Stufe der Substanzerhaltung bzw. Substanzvermehrung" (Schnettler)
      „qualifizierte Kapitalerhaltung"
3. *ertragsrelativ*
   „organische Kapitalerhaltung"
   „Erfolgskapitalerhaltung"

---

erfolgsrechnung genügt deshalb eine nur nominelle Kapitalbeurteilung nicht. Bei steigenden Beschaffungspreisen kann ein Betrieb, der nur gerade das Nominalkapital erhält, seine Substanz nicht regenerieren. Wird aber ein Mehrerlös, den ein Unternehmen zur Regeneration benötigt, als Gewinn verteilt, so wird auf diese Weise die Regeneration aus eigener Kraft unmöglich.

---

[17] Bei Anwendung dieser Terminologie sind auch materielle Fehler leicht möglich. Der Begriff „reale Kapitalerhaltung" wird z. B. von A. Schnettler teils für absolute Substanzerhaltung, teils für kaufkraftmäßige Geldkapitalerhaltung benutzt; so in: Grundsätzliches zum Problem der betrieblichen Substanzerhaltung, in: Betriebsw. Forsch. und Praxis, 5. Jg. (1953), S. 193 ff. und in: Betriebsanalyse, a.a.O., S. 25, 28 u. 38. Beispiel aus „Betriebsanalyse", a.a.O., S. 25: „Eine Kapitalrechnung unter Berücksichtigung der realen Kaufkraftschwankungen (reale Kapitalerhaltung) müßte grundsätzlich ... die Kostenträger möglichst zu Wiederbeschaffungspreisen bewerten."

Die Berücksichtigung der Kaufkraftschwankungen führt zur kaufkraftmäßigen Geldkapitalerhaltung, die Berücksichtigung der speziellen Wiederbeschaffungspreise aber zur absoluten Substanzerhaltung.

Steht am Anfang und am Ende der Unternehmung das Geldkapital, so liegt dazwischen „die Produktionsphäre. Das ist die Sphäre des aktiven Kapitals, das in konkreten Gütern (in Sachgütern, wirtschaftlich verwertbaren Forderungen, in materiellen und immateriellen Gütern) werbend, ..., eingesetzt ist“[18]. Dem Denken in Geld-Ware-Geld steht das Denken in Ware-Geld-Ware gegenüber[19]. Es geht davon aus, daß die im wirtschaftlichen Kreislauf befindliche betriebsnotwendige Substanz des betrieblichen Organismus ständiger Reproduktion bedarf, wenn keine Funktionsstörung eintreten soll. „Von Abbaubetrieben abgesehen, ist der Betrieb zum dauerhaften Tätigsein bestimmt...“[20]. Dementsprechend ist auch für die betriebswirtschaftlich richtige Erfolgsrechnung davon auszugehen, „daß Gewinn immer erst dann erzielt wurde, wenn die Substanz erhalten ist, Substanzerhaltung muß also der Gewinnerzielung vorangehen“[21].

Eine Besonderheit, auf die hier nicht näher eingegangen werden soll, bilden Heimfallbetriebe, die bis zum Heimfall zusätzlich Kapital zur Abgeltung des investierten Kapitals akkumulieren müssen[22].

Welches der oben genannten Kapitalerhaltungsziele die beste Grundlage einer zweckgerechten Jahreserfolgsrechnung bietet, hängt davon ab, welches

die Funktion der organisierten Substanz am besten berücksichtigt, dabei aber

die Aufgabe der Erhaltungsmessung in der Periodenrechnung nicht verfehlt.

Die Jahreserfolgsrechnung soll dabei den Erfolg der abgelaufenen Periode feststellen.

Erhebliche Beachtung fand in Anbetracht inflationärer Geldentwertung das Prinzip der *kaufkraftmäßigen Geldkapitalerhaltung.* Auch hierbei geht es, wie bei der Nominalkapitalerhaltung, um Erhaltung des abstrakten Geldkapitals. Aber der unstabile Maßstab Geld ist mit Hilfe eines Kaufkraftindex (praktisch z. B. mit dem reziproken Großhandelspreisindex) in stabile „Indexmark“ umzurechnen. Kapitalerhal-

---

[18] *Mellerowicz,* K.: Allgemeine..., 1. Bd., a.a.O., S. 198.

[19] Vgl. *Walb,* E.: Geldhaftes und güterhaftes Wirtschaftsdenken, in: Z. f. handelswiss. Forschg., 35. Jg. (1941), Heft 7/8; sowie Hax, K.: Die Substanzerhaltung der Betriebe, 1. Aufl., Köln und Opladen 1957, S. 21 u. 63.

[20] *Mellerowicz,* K.: Unternehmenspolitik, Bd. I, a.a.O., S. 52. Ebenda: „Abbaubetriebe müssen nach Erschöpfung der geförderten Substanz zwar als Betrieb in der alten Form aufhören zu bestehen, ... aus dem erzielten Gewinn aber ist ein Kapitalstock aufzubauen, der der abgebauten Substanz an Wert entspricht.“ Vgl. auch: Ders., Der Wert der Unternehmung als Ganzes, Essen 1952, S. 62; ferner: Ders., Allgemeine..., a.a.O., 1. Bd., S. 17.

[21] *Mellerowicz,* K.: Unternehmenspolitik, Bd. I, a.a.O., S. 50/51.

[22] Vgl. *Mellerowicz,* K.: Der Wert..., a.a.O., S. 63.

tung ist erreicht, wenn ein Geldkapital unveränderter Kaufkraft erhalten ist[23].

Bei offener Inflation kann dieser Weg ein Notbehelf sein[24], um der Substanzverteilung tendenziell entgegenzuwirken. Durch „Herstellung der Wertgleichheit“[25] der Anfangs- und Endbestandspreise mit Hilfe der Indexrechnung werden die nominellen Werterhöhungen der Aktiva entsprechend dem Durchschnitt der allgemeinen (!) Preissteigerung erfolgsunwirksam gemacht.

Ein brauchbarer Index läßt sich besonders bei schleichender Geldentwertung nicht festlegen. Vor allem kann die Entwicklung der Beschaffungspreise eines Betriebes bzw. einer Branche erheblich von der durchschnittlichen Preisentwicklung abweichen[26], so daß ein Teil der Betriebe die Substanz nicht reproduzieren kann[27], während sich für einen anderen Teil besondere Vorteile ergeben. Man muß deshalb die Kapitalerhaltungsprinzipien in Betracht ziehen, die unmittelbar auf Substanzerhaltung abzielen.

Als erstes sei die *ertragsorientierte Substanzerhaltung* genannt. Sie verlangt „einen mindestens gleichen Marktanteil und gleiche Erträge“[28]; sie ist „Erfolgskapitalerhaltung“[29]. Die Erhaltung des Ertragswertes der Unternehmung geht dem Gewinn voraus[30]. Dieses weitestgehende Prinzip relativer Substanzerhaltung läßt eine völlige Anpassung der Unternehmung in Struktur und Funktion an veränderte Verhältnisse zu, wenn nur die bisherigen Reingewinne nachhaltig erzielbar bleiben. Damit geht auch die Betriebserhaltung (Existenzsicherung auf lange Sicht) dem Gewinnausweis voran. Gleichzeitig wird mit der Erhaltung des Ertragswertes in aller Regel auch das Geldkapital erhalten[31].

Allerdings steht einer allgemeinen Anwendung des Prinzips der ertragsorientierten Substanzerhaltung in der Jahreserfolgsrechnung ihre

---

[23] Vgl. zu diesem Absatz: *Schmalenbach*, K.: Die steuerliche ..., a.a.O., S. 11 ff.; *Walb*, E.: Die Erfolgsrechnung ..., a.a.O., S. 339 ff.; ders.: Kaufm. Betriebswirtschaftslehre, Leipzig 1938, S. 104.

[24] Vgl. *Hax*, K.: Bilanzgewinn und Geldwertschwankungen, in: Z. f. handelswiss. Forschg., 3. Jg. n. F. (1951), S. 446.

[25] *Walb*, E.: Kaufmännische ..., a.a.O., S. 104.

[26] Vgl. z. B.: *Mahlberg*, W.: Der Tageswert in der Bilanz, Leipzig 1925, S. 16; *Liebl*, J., a.a.O., S. 18.

[27] Vgl. *Eckardt*, H., a.a.O., S. 20.

[28] *Mellerowicz*, K.: Unternehmenspolitik, Bd. I, a.a.O., S. 51.

[29] *Busse von Colbe*, W.: Substanzerhaltung, in: Handwörterbuch d. Betriebswirtschaft (begr. v. H. Nicklisch) Bd. III, 3. völlig neu bearb. Aufl., Stuttgart 1960, Spalte 5310.

[30] Vgl. *Schnettler*, A.: Grundsätzliches ..., a.a.O., S. 196.

[31] Eckardt betrachtet die ertragsorientierte Substanzerhaltung deshalb als Form der Geldkapitalerhaltung (vgl. *Eckardt*, H., a.a.O., S. 19).

vielschichtige Problematik entgegen[32]. Die Sicherung dieser „organischen Kapitalerhaltung ... erfolgt außerhalb des systematischen Rechnungsapparates bei Finanzierungsoperationen ... im Hinblick auf den organischen Betriebswert“[33].

Wie weit werden nun die *leistungs(kapazitäts)-bezogenen Kapitalauffassungen* der Funktion der im Betrieb organisierten Substanz und gleichzeitig der Aufgabe der Erhaltungsmessung gerecht? „Die Betriebe, die nach dem Verzehr ihrer Produktionsfaktoren neue Güter beschaffen, tun dies nicht, um eine bestimmte Gütermenge zu erhalten, ..., sondern um ihre Produktion fortführen zu können“[34]. Aus diesem Grunde sind nunmehr die Substanzerhaltungsziele in Betracht zu ziehen, welche „die Leistung direkt als Ziel der Regeneration“[35] ansehen.

Die Formen der *zwischenbetrieblich leistungsrelativen Substanzerhaltung*[36] verlangen die Erhaltung einer Leistungsfähigkeit, die, bezogen auf die Entwicklung der übrigen Betriebe (der Branche[37] oder der Gesamtwirtschaft[38]), relativ gleich bleibt. Zu diesem Zweck ist eine Anpassung der Kapazität an die Entwicklung der Wirtschaft nötig, bevor ein Gewinn ausgewiesen wird.

Die ‚qualifizierte Kapitalerhaltung‘ verlangt dabei ein „Mitgehen mit der organischen, technischen und organisatorischen Entwicklung“[39], um „größer und wirtschaftlich kräftiger“[40] zu werden. Zum Ausbau des Betriebes und Abfangen von Konjunkturrisiken künftig benötigte Mittel „sind als Wachstumssicherungsaufwand dem Verlust- und Gewinnkonto vor Feststellung des Gewinnes zu belasten“[41] und in einer Wachs-

[32] Vgl. dazu *Mellerowicz,* K.: Wert und Wertung im Betrieb, Essen 1952, S. 70; ders.: Der Wert..., a.a.O., S. 66; ders.: Unternehmenspolitik, Bd. II, 2. Aufl., Freiburg i. Brsg. 1963, S. 439.

[33] *Schnettler,* A.: Grundsätzliches..., a.a.O., S. 197.

[34] *Eckardt,* H., a.a.O., S. 36.

[35] Ebenda.

[36] Vgl. dazu *Schmidt,* F.: Die organische Tageswertbilanz, 3. durchges. u. erweit. Aufl., Leipzig 1929, unveränd. Nachdruck Wiesbaden 1951, S. 34 u. 146; *Schieb,* B.: Grundsätzliche Probleme der Kapitalerhaltung (Heft 3 der Veröffentlichungen zur Betriebswirtschaft, Fragen der Kapitalerhaltung und Finanzierung), Wolfenbüttel 1949, S. 28; *Liebl,* J., a.a.O., S. 45; *Schnettler,* A.: Betriebsanalyse, a.a.O., S. 18 u. 19.

[37] So die leistungsäquivalente Kapitalerhaltung lt. Liebl und Eckardt. Vgl. dazu *Liebl,* J., a.a.O., S. 44 Fußnote; *Eckardt,* H., a.a.O., S. 22, Fußnote 46 (die „Untersuchungen“ von W. Hasenack, auf die Eckardt Bezug nimmt, sind nicht veröffentlicht).

[38] Vgl. *Schmidt,* F.: Die organische..., a.a.O., S. 146.

[39] *Sommerfeld,* H.: Der Unternehmer als Verwalter des Volksvermögens, Hamburg 1934, S. 13.

[40] *Sommerfeld,* H.: Bilanz (eudynamisch), in: Handwörterb. der Betriebswirtschaft (Hrsg. H. Nicklisch), 1. Aufl., Bd. I, Stuttgart 1926, Spalte 1340.

[41] Ebenda; vgl. auch *Groß,* R.: Selbstfinanzierung deckt Zukunftskosten, in: Handelsblatt, Deutsche Wirtschaftszeitung, 14. Jg. (1959), v. 20. 10. 1959.

tumssicherungsreserve zu sammeln[42]. Ziel der qualifizierten Kapitalerhaltung ist die nachhaltige Existenzsicherung[43].

Die erwirtschafteten Mittel für Zukunftssicherung und künftige Kapazitätserweiterung sind nun fraglos nicht Aufwand, sondern Gewinn der abgelaufenen Periode. Selbst bei einer Bindung der Wachstumsrate an die Entwicklung der Gesamtwirtschaft (also bei wirtschaftsrelativem Gleichbleiben der Leistungsfähigkeit des Betriebes) ist doch für den Betrieb ein Substanzzuwachs, also in der abgelaufenen Periode ein Gewinn zu verzeichnen[44].

Gegen die wirtschaftsrelative Substanzerhaltung als Prinzip der Erfolgsrechnung spricht außerdem, daß die Disposition des Kapitalgebers über sein Eigentum übermäßig eingeschränkt wird[45], wenn selbst der Substanzzuwachs nicht als Gewinn erscheint. Ferner ist in einer wachsenden Volkswirtschaft die Deckung des Bedarfszuwachses durchaus durch als solche bezeichnete Kapazitätserweiterungen mit zusätzlichem Kapital[46] oder durch neue Betriebe[47] sinnvoll. „Die Erfüllung der volkswirtschaftlichen Aufgaben ausschließlich durch die schon bestehenden Betriebe ist nicht notwendig“[48]. Angepaßte Expansion muß in der offiziellen Erfolgsrechnung folglich nicht als Erhaltung angesehen werden[49].

Die *leistungsrelative Substanzerhaltung* ist als Kapitalerhaltungsprinzip der Jahreserfolgsrechnung zur Kontrolle der abgelaufenen Periode jedoch vertretbar, wenn man sie *einbetrieblich* auffaßt.

Eckardt, der im Gegensatz zu Schieb und Liebl die leistungsäquivalente Substanzerhaltung nach Hasenack als einbetrieblich leistungsmäßige Substanzerhaltung interpretiert[50], hat bereits herausgearbeitet,

---

[42] Vgl. *Le Coutre,* W.: Bilanztheorien, in: Hdwb. d. Betriebswirtschaft (begr. v. H. Nicklisch) Bd. I, 3. Aufl., Stuttgart 1956, Sp. 1167.

[43] Vgl. *Groß,* H.: Reingewinn ist Scheingewinn, in: Unternehmerbrief d. Deutschen Industrieinstituts, 10. Jg., v. 7. 1. 1960.

[44] Vgl. dazu *Saage,* G.: Selbstfinanzierung, stille Reserven und Aktienrechtsreform, in: Die Aktiengesellschaft, 4. Jg. (1959), S. 240; *Schnettler,* A.: Betriebsanalyse, a.a.O., S. 18; *Heinen,* E.: Handelsbilanzen, Wiesbaden 1960, S. 132.

[45] Vgl. *Eckardt,* H., a.a.O., S. 28/29; *Seischab,* H.: Demontage des Gewinns durch unzulässige Ausweitung des Kostenbegriffs, in: Z. f. Betriebswirtschaft, 22. Jg. (1952), S. 19 ff.; über Interessengegensatz zwischen Aktionär und Betriebsleitung vgl. *Mellerowicz,* K.: Rechnungslegung und Konzernabschluß, in: Beiträge zur Aktienrechtsreform (Hrsg. Hengeler), Heidelberg 1959, S. 209.

[46] Vor allem durch Selbstfinanzierung (ergänzt durch solide Außenfinanzierung) (vgl. *Mellerowicz,* K.: Unternehmenspolitik, Bd. III, a.a.O., S. 374 f.).

[47] Vgl. *Eckardt,* H., a.a.O., S. 29.

[48] Ebenda.

[49] Die unternehmenspolitische Zielsetzung der Existenzsicherung auf lange Sicht verlangt dagegen wirtschafts-, zumindest branchenrelative Beurteilung.

[50] Vgl. *Eckardt,* H., a.a.O., S. 31 ff., speziell Fußnote 110.

daß dieses Prinzip für die Jahreserfolgsrechnung anzustreben ist. Die technische Leistungsfähigkeit wird vor Gewinnausweis erhalten, die Entstehung neuer Betriebe wird nicht behindert, da eine Anpassung an das gesamtwirtschaftliche Wachstum nicht auf Kosten des Gewinnausweises erfolgt, und die Eigentümer werden die zur absoluten Erhaltung der bisherigen Leistungshöhe notwendige Gewinnschmälerung (gegenüber dem nominellen Gewinn) hinnehmen, da sie die absolute Höhe der Leistungsfähigkeit des Betriebes nicht mindern möchten[51].

Einbetrieblich leistungsrelative Substanzerhaltung bedeutet absolute Erhaltung der „Totalkapazität"[52] bei unveränderter Periodenkapazität.

Nach Schnettler bezieht sich die Kapazitätserhaltung[53]

im *Fabrikbetrieb* vor allem auf die Produktionskapazität (Maschinen) und das Umlaufvermögen,
im *Handel* vor allem auf Warenvorräte, dann erst auf Räumlichkeiten usw.,
in *Dienstleistungsbetrieben* vor allem auf Einrichtungen zur Dienstleistung, Kundenstamm usw.

Im Rahmen der gegebenen technischen Leistungsfähigkeit können notwendige Artänderungen als Substitution aufgefaßt werden[54], so daß wirtschaftlich gesehen kein „anderes" Gut, sondern ein Ersatzwirtschaftsgut beschafft wurde. Es kommt „zunächst auf einen *gleichen*, letzten Endes aber auf einen *gleich leistungsfähigen* Gegenstand an. Denn für den Betrieb kommt es auf die Leistungsfähigkeit an"[55]. Um den Ausstoß nach Art und Menge unverändert zu ermöglichen, sind häufig andere Kapitalgüter als zu Beginn des Geschäftsjahres erforderlich (z. B. Automaten statt manuell bedienter Maschinen).

Die einbetrieblich leistungsrelative Substanzerhaltung berücksichtigt die dynamischen Veränderungen, soweit sie zur Leistungserhaltung notwendig sind, geht aber — vorausgesetzt, daß Substitution als Erhaltung anerkannt wird — nicht über echte Erhaltung vor Gewinnausweis hinaus. Sie kann deshalb der *Erhaltungsmessung unter dynamischen Bedingungen* und damit in betriebswirtschaftlich geeigneter Weise der Jahreserfolgsrechnung dienen.

Gewisse Schwierigkeiten ihrer praktischen Anwendung vermeidet die enger begrenzte absolute Substanzerhaltung.

---

[51] Vgl. *Eckardt*, H., a.a.O., S. 33.

[52] Vgl. *Neubert*, H.: Anlagenfinanzierung aus Abschreibungen, in: Z. f. handelswiss. Forschg., 3. Jg. n. F. (1951), S. 368.

[53] Vgl. *Schnettler*, A.: Betriebsanalyse, a.a.O., S. 17 ff.

[54] Vgl. *Hax*, K.: Die Substanzerhaltung ..., a.a.O., S. 18.

[55] *Mellerowicz*, K.: Grundlagen betriebwirtschaftlicher Wertungslehre Berlin 1926, S. 118.

Absolute Substanzerhaltung liegt vor, wenn nach Art und Menge gleiche Substanz erhalten (bzw. reproduzierbar) ist[56].

Diese ‚reproduktive Substanzerhaltung'[57] berücksichtigt demnach nicht die Veränderungen der Substanz, die unter dynamischen Verhältnissen zur Erhaltung derselben Leistungsfähigkeit erforderlich sind. Die Feststellung der Kapitalerhaltung kann deshalb nur auf den artmäßig unveränderten Teil der Güter angewendet werden.

Technisch hat die reproduktive Substanzerhaltung — soweit sie anwendbar ist — den Vorteil, daß der Mengenvergleich gleicher Güter einfacher ist, als der Vergleich der Leistungspotenz unterschiedlicher Güter, wie ihn die leistungsrelative Substanzerhaltung verlangt. Die absolute Substanzerhaltung ist deshalb unter den Substanzerhaltungszielen rechnungstechnisch am leichtesten feststellbar. Sie wird im Hinblick auf die Jahreserfolgsrechnung als mindestnotwendige Substanzerhaltung vor Gewinnausweis angesehen[58].

Ist die einbetrieblich leistungsrelative Substanzerhaltung für die Jahreserfolgsrechnung anzustreben, so muß die absolute Substanzerhaltung als Ausgangsbasis dafür dienen. Die Lücke zwischen absoluter und einbetrieblich leistungsmäßiger Substanzerhaltung muß für qualitative Änderungen durch Gleichsetzung leistungserhaltender Substitutionsgüter mit den ursprünglichen Wirtschaftsgütern und für qunantitative Änderungen durch eine Substitutionsmengen-Rechnung geschlossen werden. Beides sind nur Substitutionsvorgänge. Insofern kann man die *einbetrieblich-leistungsrelative* Substanzerhaltung auch als dynamische Form der absoluten Substanzerhaltung ansehen und sie zwar nicht als dynamische Substanzanpassung, aber als dynamische Substanzerhaltung bezeichnen. Als Resultat dieser Erörterung wird als bilanzieller *Scheingewinn* der Überschuß des auszuweisenden nominellen Jahresergebnisses über ein niedrigeres, nach den Prinzipien dynamischer Substanzerhaltung ermitteltes Ergebnis bezeichnet.

Objekt der dynamischen Substanzerhaltung ist die betriebsnotwendige Substanz. Demzufolge entsteht eine relevante Ergebnisdivergenz bei Preisänderungen nur für diesen Teil der Aktiva. Für spekulative und diesen gleichzusetzende Bestände gibt es keine Scheingewinne im

---

[56] Vgl. *Geldmacher*, E.: Wirtschaftsunruhe und Bilanz, Teil 1, Berlin 1923, S. 9.

[57] Vgl. *Schnettler*, A.: Ziele und Grenzen der betriebl. Werterhaltung, in: Z. f. handelswiss. Forschg., 7. Jg. n. F. (1955), S. 523; *Hax*, K.: Substanzerhaltung ..., a.a.O., S. 18/19.

[58] Vgl. *Mellerowicz*, K.: Unternehmenspolitik, Bd. III, a.a.O., S. 302; *Schnettler, A.*: Ziele ..., a.a.O., S. 523; *Hax*, K.: Die Substanzerhaltung ..., a.a.O., S. 18.

definierten Sinne, weil deren Wertänderungen als Spekulationserfolge zu betrachten sind[59].

Die zur Erhaltung des Nominalkapitals einerseits und der Total- und Periodenkapazität des Betriebes andererseits in der abgelaufenen Periode erforderlich gewesenen Beträge sind nicht Gewinn. Die darüber hinaus erzielten Erträge sind Gewinn, aus dem die berechtigten Gewinnansprüche[60] zu befriedigen sind.

[59] Vgl. *Eckardt,* H., a.a.O., S. 75.

[60] Vgl. *Mellerowicz,* K.: Unternehmenspolitik, Bd. III, a.a.O., S. 426 f.; dass., Bd. I, a.a.O., S. 59.

2. Das Scheingewinnproblem

2.1. Entstehung

Bei Geldwertminderung verlieren die eigenen Geldmittel und Forderungen an Wert, aber auch die Verbindlichkeiten. Daraus resultieren einerseits Scheingewinne und andererseits Scheinverluste. Werden in der Bilanz Geldmittel und Forderungen gegenüber den Verbindlichkeiten in Menge und Fristigkeit im Gleichgewicht gehalten, so kompensieren sich Scheingewinn und Scheinverlust in diesem Bereich. Relevant bleiben unter dieser Voraussetzung bilanzielle Scheingewinne bei Anlagen und Vorräten.

Diese bilanziellen Scheingewinne entstehen in der Jahreserfolgsrechnung in dem Maße, wie die betriebsnotwendigen Aktiva, soweit sie den Jahresanfangsbeständen entsprechen, höher bewertet werden als beim Vorjahresabschluß.

Es gibt den Einwand, daß eine Höherbewertung nur dann zu einem Gewinnausweis führt, wenn auch die nötigen Erlöse für die Bezahlung der höheren Preise zuvor erzielt wurden, und daß dann aus Gewinn finanziert wurde.

Das Problem ergibt sich aber in der Praxis aus dem rein nominellen Gewinnausweis. Die Gewinnanteilsberechtigten wollen über den ausgewiesenen Gewinn verfügen. Das macht folgende Maßnahmen notwendig:

> Entweder man verzichtet auf vollständige Wiederbeschaffung der Substanz und hält den entsprechenden Geldbetrag zur „Gewinn"-Verteilung bereit.[1]
> Oder man verkauft einen Teil der reproduzierten Substanz, um den „Gewinn" verteilen zu können.[2]

Beides führt zu Substanzverzehr.

Oder man nimmt Kapital auf, um es als „Gewinn" zu verteilen. So kann man die Substanz erhalten. Eine Erhaltung aus eigener Kraft aber ist auch in diesem Falle ausgeschlossen.

Das Scheingewinnproblem entsteht also bei steigenden Preisen aus dem rein nominellen Gewinnausweis, der Scheingewinne enthält. In der

---

[1] Vgl. *Hax*, K.: Die Substanzerhaltung..., a.a.O., S. 17/18.

[2] Vgl. *Schnur*, K.: Das Problem der Scheingewinne unter besonderer Berücksichtigung der organischen Bilanztheorie, Dissertation, Freiburg 1953, S. 24.

Betriebswirtschaftslehre entwickelte sich die Diskussion um das Scheingewinnproblem erst, nachdem Preissteigerungen, Fehldispositionen infolge Scheingewinnausweises und nicht zuletzt die Zwangsverteilung von Scheingewinnen infolge erheblich gestiegener Gewinnsteuersätze Anfang der zwanziger Jahre zusammenkamen.

2.2. Bedeutung

Die Bedeutung des Scheingewinnproblems ergibt sich aus den Folgen des Scheingewinnausweises.

Diese Folgen wurden besonders deutlich in Zeiten starker, das Preisniveau hochtreibender Geldentwertung[3].

Unmittelbare Folge des Scheingewinnausweises war die Verteilung des Scheingewinnes, also von Substanz, vor allem in Form von Steuern und Dividenden.

Darüber hinaus gab der Scheingewinnausweis Anlaß zu höheren Lohnforderungen und zu Fehlinvestitionen. Die Produktion von Gütern wurde ausgedehnt, wenn sich ein nomineller Gewinn ergab, obgleich die umgesetzten Güter nicht ohne Kapitalaufnahme reproduziert werden konnten. Substanzverzehr und Zahlungsunfähigkeit führten zu zahlreichen Unternehmenszusammenbrüchen.

Denkt man an die Bedeutung der Betriebe als Produktionsstätten, als Einkommensquellen, als Steuerquellen und als Symbionten im Gefüge der Gesamtwirtschaft, dann wird deutlich, welchen Schaden bei steigenden Beschaffungspreisen der nominelle Gewinnausweis herbeiführen kann und herbeigeführt hat[4].

Der Korea-Boom zu Beginn der fünfziger Jahre mit seinen erheblichen Preissteigerungen an den internationalen Rohstoffmärkten hat gezeigt, daß mit plötzlichen erheblichen Preissteigerungen jederzeit gerechnet werden muß.

Auch eine schleichende Geldentwertung führt zu ständigen Preissteigerungen. Wenn dabei der Scheingewinnausweis nicht sogleich katastrophale Auswirkungen hat, so kann doch im Laufe der Zeit eine Aus-

---

[3] Vgl. z. B. *Schmalenbach*, E.: Die steuerliche ..., a.a.O., S. 8 ff.; *Prion*, W.: Die Finanzierung und Bilanz wirtschaftlicher Betriebe unter dem Einfluß der Geldentwertung, Berlin 1921, S. 68; ders.: Die Finanzpolitik der Unternehmung, 2. u. 3. unveränderte Aufl., Jena 1922, S. 85.

[4] Vgl. dazu *Weber*, A.: Kurzgefaßte Volkswirtschaftspolitik, 6. neubearb. Aufl., Berlin 1951, S. 43; *Mellerowicz*, K.: Der Betrieb als Organismus und Organ, in: Betriebsw. Forschg. u. Praxis, 4. Jg. (1952), S. 144 ff.; *Meurer*, E.: Die Auswirkungen überhöhter Besteuerung auf die Leistungskraft industrieller Betriebe, in: Z. f. handelswiss. Forschg., 1. Jg. n. F. (1949), S. 328; *Hax*, K.: Die Substanzerhaltung ..., a.a.O., S. 3 ff.

höhlung der Substanz eintreten, während die Entwicklung des nominellen Kapitals günstiger erscheint[5].

Die Bedeutung des Scheingewinnproblems wird verschiedentlich mit dem Hinweis in Frage gestellt, daß sich Scheingewinne und Scheinverluste auf lange Sicht ausgleichen, und zwar jeweils, wenn der anfängliche Geldwert wieder erreicht werde[6].

Nun ist das Scheingewinnproblem nicht eine Frage des Geldwertes, sondern eine Frage der Preisänderungen, die nicht nur durch Geldwertänderungen bedingt sind.

Ferner ist die Aussicht auf rückläufige Preise für die Betriebe nutzlos, die im Laufe der Preissteigerungen zugrunde gegangen sind.

Drittens ist die Annahme der Preisreversion in heutiger Zeit weitgehend eine Illusion, wie am Beispiel der Preise ausgewählter Grundstoffe auf der folgenden Seite gezeigt wird. Höchste Wirtschaftlichkeit kann nicht erreicht werden, wenn die betriebsnotwendige Substanz nicht erhalten wird. Dadurch wird die steuerliche Leistungskraft der Betriebe ebenso gestört wie ihre volkswirtschaftliche und soziale Funktion.

2.3. Lösungswege

Das Scheingewinnproblem ist nur z. T. währungspolitisch beeinflußbar, da in der Marktwirtschaft die Preise infolge Angebots- und Nachfrageverschiebungen, technischer und wirtschaftlicher Entwicklungen u. a. selbst dann nicht stabil sind, wenn es möglich ist, den Geldwert stabil zu halten. Deshalb ist eine Lösung auf der betriebswirtschaftlichen Ebene notwendig.

Kapitalerhöhungen als Ausgleich für die Verteilung von Scheingewinnen haben sich als gefährlich erwiesen (Fehlinvestitionen)[7]. Es ist notwendig, bereits die Verteilung von Scheingewinnen zu vermeiden. Dazu gibt es nur zwei Wege:

1. die im ausgewiesenen Gewinn enthaltenen Scheingewinne nicht zu verteilen oder
2. sie nicht erst als Gewinn auszuweisen.

Zu 1.: Die Einbehaltung ausgewiesener Scheingewinne setzt voraus, daß juristische Möglichkeiten bestehen, eine Verteilung eines ausgewiesenen Gewinnteiles mit Sicherheit auszuschließen.

---

[5] Vgl. *Fuchs*, J.: Der Betriebswirt der Praxis zwischen Konjunkturschwankungen und Betriebspolitik, in: Z. f. Betriebswirtsch., 26. Jg. (1956) S. 413/414.

[6] Vgl. *Seischab*, H.: Der Scheingewinn — ein Scheinproblem?, in: Deutsche Zeitung u. Wirtschaftszeitung v. 5. 7. 1952 (Nr. 54), S. 13.

[7] Vgl. *Gürtler*, M.: Schweizerische Bilanzen unter dem Einfluß von Konjunktur und Scheingewinn, Berlin u. Wien 1925, S. 67 u. 170 ff.

Preisentwicklung

der „Rohstoffe" / „Grundstoffe" von 1840 bis 1955
und „ausgewählter Grundstoffe" von 1954 bis 1966[1] (1913 = 100)

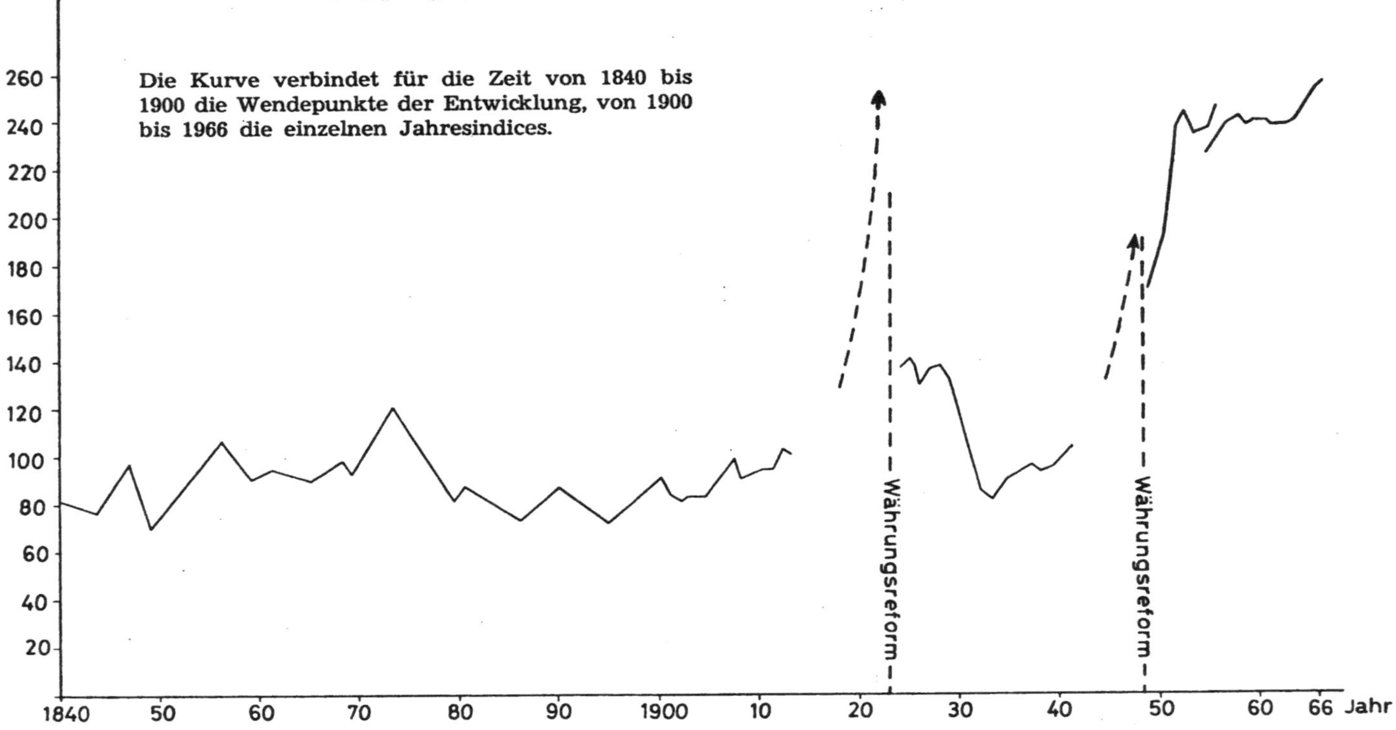

1 *Quellen* der teils umbasierten Zahlen: Statist. Jahrb. f. d. Deutsche Reich, 59.Jg. 1941/42, S. 361 f.; Statist. Jahrbücher f. d. Bundesrep. Dtschl. 1956, S. 439 u. 1963, S. 469; Wirtschaft und Statistik 1967 Heft 4, Teil: Statist. Monatszahlen, S. 269.

Die handelsrechtlichen Möglichkeiten sind folgende:

Dem Einzelkaufmann steht es frei, Scheingewinne nicht zu entnehmen.

Der Gesellschafter der OHG ist zur Entnahme eines über 4% des vorjährigen Kapitalanteils hinausgehenden Gewinnanteils gem. § 122 HGB nicht berechtigt, soweit die Ausschüttung „zum offenbaren Schaden der Gesellschaft gereicht".

Aus § 161 in Verbindung mit § 169 ergibt sich bei der KG für den Komplementär die gleiche Lage.

Bei der AG ist es zulässig, zur Bestandserhaltung einen Teil des nominellen Jahresüberschusses bzw. des nominellen Gewinnes in freie Rücklagen einzustellen (§§ 58 u. 174 Akt.-Ges.)[8].

Bei der GmbH und den Genossenschaften entscheidet die Gesellschafter- bzw. Mitgliederversammlung darüber, ob der Scheingewinn ausgeschüttet werden oder durch eine Rücklage Berücksichtigung finden soll.

In jedem Falle ist es zweckmäßig, mit Hilfe einer entsprechenden Klausel im Gesellschaftsvertrag die Ausschüttung von Scheingewinnen von vornherein auszuschließen[9].

Bei einer Erfolgsbeteiligung der Arbeitnehmer ist eine nachträgliche Aussonderung der Scheingewinne besonders problematisch; denn selbst, wenn es eine vertragliche Formel dafür gäbe, bliebe sie eine Quelle belastender Meinungsverschiedenheiten.

In der Steuerbilanz bedeutet die vom Gesetzgeber seit 1955 mit § 51 Abs. 1 Ziff. 2 EStG. zugelassene zeitweilig steuerfreie Rücklagenbildung für Preissteigerungen (Selbstbehalt 10%), soweit sie trotz des Selbstbehalts zur Wirkung kommt, in der Mehrzahl der praktischen Fälle eine Art Steuerstundung[10]. Die Preissteigerungsrücklagen sind innerhalb von 6 Jahren (EStG. 1957) aufzulösen, wenn nicht bei wesentlichen Preissenkungen eine frühere Auflösung bestimmt wird. Im übrigen ist die Auflösungsfrist ohne Rücksicht auf den tatsächlichen Preisverlauf einzuhalten. Gegenüber den Gewinnentnahmen durch Kapitaleigner wiegen die Steuerlasten erheblich schwerer. Das beruht nicht nur auf dem hohen Anteil der Steuern am Gewinn[11], sondern auch auf der starren

---

[8] Vgl. *Kropff*, B.: Aktiengesetz, Düsseldorf 1965, S. 76.

[9] Vgl. auch *Willems*, R.: Die Bewertung des Vorratsvermögens im Eisenhandel, Bochum 1956, S. 44.

[10] Vgl. ebenda, S. 51; ferner *Hax*, K.: Die Substanzerhaltung ..., a.a.O., S. 169 ff.

[11] Vgl. Sie sollten wissen, 5. Abschnitt (o. Verf.), in: Unternehmerbrief des Deutschen Industrieinstituts, 2. Jg. (Köln 1952), Nr. 52/53 v. 22. 12. 1952, Blatt 3.

Bindung der Steuer an die Bemessungsgrundlage, den nominellen Gewinn.

Die Möglichkeit, als Gewinn ausgewiesene Scheingewinne in jedem Fall einbehalten zu können, ist nicht gegeben. Besonders aus steuerlichen, aber auch aus handelsrechtlichen Gründen ist es deshalb sinnvoll, den Gewinnausweis von Scheingewinnen zu bereinigen[12].

Zu 2.: Wird der Ausweis von Scheingewinnen durch eine Korrektur der offiziellen Erfolgsrechnung vermieden, dann wird allen Beteiligten nur das als Gewinn gezeigt, was über die Erhaltung hinaus erzielt wurde. Auf diese Weise werden Fehleinschätzungen der Gewinnlage eines Unternehmens vermieden, wie sie durch Fiskus, Kapitalgeber, Arbeitnehmer, ja selbst durch die Betriebsleitungen[13] üblich sind.

Auch das Prinzip der marktwirtschaftlichen Auslese der Betriebe wird dadurch gestört, daß nicht Verlustbetriebe, sondern die erfolgreichen Betriebe, die zuvor die erforderlichen Erlöse erzielt haben, infolge einer ungeeigneten Gewinnrechnung Substanzverluste erleiden[14].

Die Fiktion statischer Preisverhältnisse gewährleistet zwar Klarheit und Sicherheit der Abrechnung. Die Folge ist aber, daß der wirklichen Dynamik des Wirtschaftsgeschehens nur durch unzulängliche und meist verspätete Sonderregelungen Rechnung getragen wird.

Zwar erklären die Vertreter der reinen Geldrechnung, es gäbe keine Scheingewinne infolge von Preissteigerungen, da die Nominalrechnung maßgeblich sei. Die Substanzverteilung sei eine Folge von Wertschwankungen, die im allgemeinen Unternehmerwagnis zu berücksichtigen seien.

Diese Beurteilung ist aber unrealistisch. Sie verlangt, daß die Unternehmen rechtzeitig so hohe Gewinne einbringen, daß sie bei später steigenden Preisen die Substanz daraus refinanzieren können. Wenn ein Unternehmen aber in der Wettbewerbswirtschaft die zur späteren Finanzierung von Preissteigerungen nötigen hohen Gewinne verlangt, ist es nicht konkurrenzfähig und scheidet schon aus, bevor die Preissteigerungen begonnen haben. Verlangt es die hohen Gewinne aber erst in der Zeit steigender Preise, so verbleibt ihm nach der „Gewinn"-Verteilung nur ein Teil zur Refinanzierung übrig. (Außerdem fördert es die Preissteigerungstendenz.) Das Unternehmerwagnis kann die permanenten Preissteigerungen nicht abfangen.

---

[12] Vgl. *Hax*, K.: Die Substanzerhaltung ..., a.a.O., S. 9 u. 11.

[13] Vgl. *Littmann*, E.: Nominelle und materielle Gewinnrechnung in Handels- und Steuerbilanz, in: Wirtschaftsprüfung, 2. Jg. (1949), S. 344; *Eckardt*, H., a.a.O., S. 50/51 u. S. 192; *Schmalenbach*, E.: Dynamische Bilanz, 12. Aufl., unter Mitw. v. R. Bauer, Köln/Opladen 1956, S. 177.

[14] Vgl. *Hax*, K.: Die Substanzerhaltung ..., a.a.O., S. 10.

Das Problem bleibt die *an den Gewinnausweis gebundene* Verteilung von Substanz.

Daß überhaupt eine Verteilung von Substanz (Scheingewinnen) eintritt, liegt keineswegs in der wirtschaftlichen Natur der Sache, sondern ist die Folge einer bestimmten Technik der Erfolgsermittlung, die sich damit als reformbedürftig erweist.

Die im Laufe des Geschäftsjahres durch steigende Anschaffungspreise entstandenen nominellen Werterhöhungen, die in einem gegenüber dem Vorjahresabschluß erhöhten Bilanzansatz für gleiche Güter zum Ausdruck kommen (Scheingewinn), sind für die verschiedenen Gruppen des Sachkapitals verschieden verursacht, zeitlich verschieden verteilt und verschieden groß[15].

Für die Behandlung des bilanziellen Scheingewinnproblems unterscheidet man zweckmäßig die folgenden drei Gruppen als Scheingewinnquellen[16]:

a) Anlagevermögen, das der Abnutzung unterliegt,
b) Vorräte (Roh-, Hilfs- und Betriebsstoffe, unfertige Erzeugnisse, fertige Erzeugnisse, Waren) und
c) Geldmittel.

Zu a: Scheingewinne aus *Anlagen* entstehen, soweit die Abschreibungen nicht die Ersatzkosten decken; sie verteilen sich auf die Jahre der Abschreibung der Anlage. Tritt während der Abschreibungszeit wieder ein Preisrückgang ein, so vermindert sich der Gesamtscheingewinn entsprechend.

Zu b: Scheingewinne aus *Vorräten* entstehen im Abrechnungsjahr in Höhe des höheren Bilanzwertes reproduzierter Güter gegenüber ihrem Bilanzwert am Periodenanfang.

Zu c: Scheingewinne aus *Geldmitteln* — soweit die Jahresanfangsmenge am Jahresende vorhanden ist — entstehen entsprechend der Kaufkraftminderung zwischen Periodenanfang und Periodenende. Bei einer Unterschreitung des betriebsnotwendigen Anlage- oder Vorratsvermögens müssen zusätzlich die zur Reproduktion dieser Güter ausreichenden Geldmittel in die Substanzerhaltung eingeschlossen werden, ehe ein echter Gewinn ausgewiesen werden kann.

Als wichtigste abrechnungstechnische Verfahren, die den Ausweis von Scheingewinnen *beim Vorratsvermögen* vermeiden oder zumindest verringern, sind zu nennen:

---

[15] Vgl. *Schmalenbach*, E.: Die steuerliche ..., a.a.O., S. 3—6.
[16] Vgl. *Mellerowicz*, K.: Unternehmenspolitik, Bd. III, a.a.O., S. 359.

I. Korrekturen, welche die Aktivseite der Bilanz betreffen:

1. Korrekturen, die von der Bestandsbewertung ausgehen
   a) Eiserne-Bestands-Rechnung
   b) Endbestands-Bewertungsabschläge
2. Korrekturen, die von der Verbrauchsbewertung ausgehen
   a) Highest-in-first-out-(Hifo-)Bewertung des Verbrauchs
   b) Last-in-first-out-(Lifo-)Bewertung des Verbrauchs

II. Korrekturen, welche die Passivseite der Bilanz betreffen:

1. Bildung offener Substanzerhaltungsrücklagen nach der Bestandsbewertungsmethode
2. Bildung offener Substanzerhaltungsrücklagen nach der Verbrauchsbewertungsmethode

Gelegentlich kann auch die Durchschnittsbewertung der Bestände von Nutzen sein. Im Prinzip ist sie jedoch keine Methode zur Scheingewinneliminierung; denn bei ständig etwa gleichmäßig steigenden Preisen erhöhen sich auch die Durchschnitte im selben Maße.

Hat es sich bei steigenden Anschaffungskosten als notwendig erwiesen, vor einem Gewinnausweis neben der Nominalkapitalerhaltung die Substanzerhaltung zu sichern, so soll die Substanzrechnung doch nicht den Vorrang vor der Nominalkapitalrechnung bekommen. Die nominelle Geldrechnung soll als Grundlage der Gewinnermittlung und Bilanzierung bestehen bleiben. Aber sie soll durch abrechnungstechnische Maßnahmen so ergänzt werden, daß auch bei steigenden Preisen der Erhaltungsaufwand für das betriebsnotwendige Vermögen nicht als Gewinn ausgewiesen wird[17]. Das heißt: Eine allgemeine Lösung des Problems bietet sich in der Erfolsrechnung nach dem „Prinzip des doppelten Minimums“[18] an; danach soll in der Jahreserfolgsrechnung ein Gewinn erst dann ausgewiesen werden, wenn *sowohl* das nominelle Geldkapital *als auch* die Substanz erhalten ist[19].

In Anbetracht dessen muß man offenbar Hax folgen, der bezüglich der EB-Rechnung ausführt: „Wenn man diese Methode in die steuerliche Gewinnrechnung einführen will, dann muß das ... geschehen ... mit dem Hinweis auf die Notwendigkeit einer betrieblichen Substanzrechnung“[20].

So einleuchtend das zunächst zu sein scheint, so wenig ist auf diesem Wege die EB-Rechnung durchsetzbar.

---

[17] Vgl. *Mellerowicz*, K.: Unternehmenspolitik, Bd. III, a.a.O., S. 368.

[18] *Hax*, K.: Die Substanzerhaltung..., a.a.O., S. 279.

[19] Vgl. *ter Vehn*, A.: Gewinnbegriffe in der Betriebswirtschaft, in: Zeitschr. f. Betriebswirtschaft, 1. Jg. (1924), S. 368; *Liebl*, J., a.a.O., S. 63.

[20] *Hax*, K.: Die Substanzerhaltung..., a.a.O., S. 95.

Da Handels- und Steuerrecht einseitig auf dem Prinzip der Nominalkapitalrechnung basieren, muß jedes mit dem Ziel der Substanzrechnung begründete Abrechnungsverfahren abgelehnt werden.

Die sachgerechte EB-Bilanzierung kann nur dann in Handels- und Steuerrecht allgemein zugelassen werden, wenn kein Zweifel daran besteht, daß es sich um eine richtige Bewertung der Vorräte handelt, mit dem Ziel, die Vergleichbarkeit der Jahreserfolgsrechnungen nach den Grundsätzen dynamischer Bilanzlehre zu verbessern.

3. Die Entwicklung der EB-Rechnung

3.1. Der Eiserne Bestand (EB) — eine grundlegende Begriffsklärung

Der landläufige Begriff des ‚eisernen Bestandes' (eiserne Ration) kennzeichnet eine nur für den Notfall gehaltene Reserve, die unter normalen Umständen niemals angegriffen, sondern höchstens hin und wieder gegen einen neuen, gleichen Bestand ausgetauscht wird[1]. Soweit derartige Reserven in den Lägern der Betriebe gehalten werden, handelt es sich um *lagerwirtschaftliche eiserne Bestände*. Im Jahre 1919 hat Schmalenbach den Begriff ‚Eiserner Bestand' in die Bilanzlehre eingeführt und bezeichnete damit die Normalbestände an Waren[2]. *Bilanzielle Eiserne Bestände* sind danach also ein über die lagerwirtschaftlichen eisernen Bestände hinausgehender Teil des Vorratsvermögens[3], das seinerseits Bestandteil des Umlaufvermögens ist.

Dem von Findeisen vertretenen Gedanken, die Idee des Eisernen Bestandes auch auf alle anderen betriebsnotwendigen Aktiva auszudehnen (Betriebsfonds)[4], wurde bereits von Bertrams aus praktischen Erwägungen als unmöglich widersprochen[5]. Die Anwendung des EB-Begriffes bei allen Aktivposten kam über den Bereich der theoretischen Diskussion[6] nicht hinaus.

Zu den Eisernen Beständen zählte Schmalenbach die Assortimentsläger der Handelsbetriebe[7], die normalen Vorräte von Fabrikbetrieben

---

[1] Vgl. *Findeisen*, F.: Grenzbestimmung des eisernen Bestandes, in: Zeitschr. f. Handelswissensch. u. Handelspraxis, 16. Jg. (1923/24), S. 176; *Bertrams*, O.: Der eiserne Bestand in der Bilanz, in: Zeitschr. f. handelswissensch. Forschg., 17. Jg. (1923), S. 449.

[2] Vgl. *Schmalenbach*, E.: Grundlagen dynamischer Bilanzlehre, in: Zeitschr. f. handelswissensch. Forschg., 13. Jg. (1919), S. 90.

[3] Zum Begriff Vorratsvermögen vgl. Sofort-Hilfe-Gesetz v. 8. Aug. 1949, § 11 Ziff. 3, und DM-Bilanz-Gesetz v. 21. Aug. 1949, § 20.

[4] Vgl. *Findeisen*, F.: Der eiserne Bestand in betriebswirtschaftlicher und steuerlicher Beziehung, Berlin 1923, S. 84.

[5] Vgl. *Bertrams*, O., a.a.O., S. 477.

[6] Vgl. *Findeisen*, F.: Betriebsfonds (einschl. Eiserner Bestand und assortiertes Lager), in: Handwörterb. d. Betriebswirtsch. (Hrsg. H. Nicklisch), Bd. I, Stuttgart 1926, Spalte 1069—1072; ders.: Betriebsfonds, seine Erneuerung, in: ebenda, Spalte 1073—1075; *Nicklisch*, H.: Grundfragen für die Betriebswirtschaft, 6 Vorträge (Organisation, Bd. IX), Stuttgart 1928, S. 21; *Lax*, W.: Der Betriebsfondsgedanke in der Morphologie der Unternehmung, Dissertation, Berlin 1935, S. 17.

[7] Vgl. *Schmalenbach*, E.: Grundlagen ..., a.a.O., S. 90.

an Material und Halbfabrikaten und ihre Assortimentsläger an Fabrikaten[8].

Schmalenbach wies darauf hin, daß der Betrieb ohne diese Vorräte ebensowenig arbeiten kann, wie ohne Räume und Geräte. Zwar verändert ein Lager fortgesetzt seine Zusammensetzung, niemals aber seine Gesamtnatur, wie auch „ein organisches Wesen sich in seinen Zellen fortgesetzt erneuert, ohne daß man sagen kann, daß es ein anderes Wesen werde“[9].

Die anlagenähnliche Gebundenheit der Eisernen Bestände wurde von einzelnen Unternehmen unter Hinweis auf Schmalenbach zum Anlaß genommen, Eiserne Bestände des Vorratsvermögens dem Anlagevermögen zuzuordnen[10]. Schmalenbach wollte jedoch für Eiserne Bestände den Unterschied zum Anlagevermögen nicht aufheben, sondern nur mildern[11].

Steuerrechtlich wurde zu der Frage vom Bundesfinanzhof entschieden[12], daß auch ein *„Sammelposten ‚Eiserner Bestand‘“* Vorratsvermögen als Teil des Umlaufvermögens bleibt.

Der BFH. hat dabei allerdings nicht über einen Eisernen Bestand im Sinne Schmalenbachs, sondern über einen Sammelposten beim Vorratsvermögen (Bewertungsvereinfachung) geurteilt. Da diese Einschränkung des Begriffs auf die für eine Gruppenbewertung geeigneten anlageähnlichen Güter des Vorratsvermögens in der Rechtsprechung verbreitet ist[13] und es sich dabei nicht um die bilanziellen Eisernen Bestände der Betriebswirtschaftslehre handelt, sind also zu unterscheiden:

die lagerwirtschaftlichen eisernen Bestände (künftig Reservebestände genannt),
die bilanziellen Eisernen Bestände und
die steuerrechtlichen „Eisernen Bestände“.

Objekt der EB-Rechnung sind die bilanziellen Eisernen Bestände des Vorratsvermögens.

3.2. Die EB-Rechnung nach Schmalenbach

Für die richtige Berechnung des Jahreserfolges ist nach Schmalenbach zu beachten, daß das alte Geschäftsjahr am Eisernen Bestand nichts verlieren und nichts gewinnen kann. „An den Vorräten, die es mehr

[8] Vgl. *Schmalenbach,* E.: Grundlagen ..., a.a.O., S. 92.
[9] Ebenda, S. 90.
[10] Vgl. BFH.-Urteil III 29/50 S v. 3. März 1951, BStBl. 1951 III, S. 93.
[11] Vgl. *Schmalenbach,* E.: Dynamische Bilanz, 4. Aufl., Leipzig 1926, S. 209.
[12] S. Fußnote 10.
[13] Vgl. OFH.-Gutachten I D 2/49 S v. 3. Juni 1949, Ministerialbl. d. Bundesminist. d. Finanzen 1949/50, S. 333; BFH.-Urteil I 140/52 U v. 1. März 1955, BStBl. 1955 III, S. 144.

liefert, gewinnt es dagegen bei steigenden und verliert es bei fallenden Preisen[14]."

Dementsprechend ist es nötig, in der Jahresbilanz die Vorräte in Höhe der Eisernen Bestände mit festen Preisen zu bewerten, während Mehr- oder Minderbestände zum Zeitwert des Inventurstichtages an- bzw. abzusetzen sind[15].

Wird der Eiserne Bestand stets mit einem unveränderten Wert bilanziert, so bleibt er künftig bis zur Auflösung der Unternehmung ohne Einfluß auf die Erfolgsrechnung. Damit wird eine bessere Vergleichbarkeit der Periodenerfolge erzielt.

Um nicht wegen des Niederstwertprinzips bei sinkendem Marktzeitwert den EB-Wert herabsetzen zu müssen und damit doch die Erfolgsrechnung zu beeinflussen, sollte in Übereinstimmung mit den damaligen handelsrechtlichen Bewertungsvorschriften von Anfang an ein besonders niedriger Wert angesetzt werden, der dann beibehalten werden konnte.

Der Zweck der festen Bewertung Eiserner Bestände war eine Verbesserung der Erfolgsrechnung als Wirtschaftlichkeitsrechnung[16]. Nicht dagegen wollte Schmalenbach damit das Scheingewinnproblem behandeln[17]. Im Hinblick auf das Scheingewinnproblem vertrat Schmalenbach die kaufkraftmäßige Geldkapitalerhaltung[18].

3.3. Die weitere Entwicklung

3.3.1. Die Entwicklung der EB-Rechnung in der Betriebswirtschaftslehre

Zuerst (1919) definierte *Schmalenbach* die Eisernen Bestände als „gebundene Vorräte" oder als „feste Normalbestände, die nur vorübergehend und keineswegs stark unterschritten werden dürfen"[19]. Später (1926) betonte er den Norm-Charakter des Eisernen Bestandes und führte aus, diese Norm werde „nicht ganz zutreffend als ‚eiserner Bestand' und besser als ‚Normalbestand' bezeichnet"[20]; die Mengen der gebundenen Vorräte könnten effektiv nach oben oder unten von dieser Norm abweichen.

Dann wurde (1948) der Eiserne Bestand als „das vom Betrieb benötigte Minimum der Vorräte"[21] definiert. Der Begriff „Normalbestand" war ausgeschieden.

---

[14] *Schmalenbach*, E.: Grundlagen ..., a.a.O., S. 91.
[15] Vgl. ebenda, S. 90/91.
[16] Vgl. ebenda, S. 91.
[17] Vgl. *Schmalenbach*, E.: Die steuerliche ..., a.a.O., S. 16.
[18] Vgl. ebenda, S. 11 ff.
[19] *Schmalenbach*, E.: Grundlagen ..., a.a.O., S. 91.
[20] Ders.: Dynamische Bilanz, 4. Aufl., a.a.O., S. 210.
[21] Dass., 9. Aufl., Leipzig 1948, S. 163.

Schließlich (1953) wurde etwas unbestimmt ausgeführt, daß es sich bei den Eisernen Beständen der Bilanzlehre um Vorräte handele, „die für den Umsatz bestimmt sind“, aber es handele sich um solche, „die eine gewisse Ähnlichkeit mit den Anlagegegenständen haben“[22].

In der 12. und 13. Auflage der Dynamischen Bilanz [23] (1956 und 1962) wurde zum Begriff des Eisernen Bestandes nichts hinzugefügt, sondern lediglich näher auf die inzwischen gebräuchliche Auffassung Eiserner Bestände und die steuerrechtlichen Grenzen ihrer Anwendung hingewiesen.

„Kam es Schmalenbach in erster Linie auf die richtige Ermittlung des Periodenerfolges an, so ist mit diesem Bewertungsprinzip doch zugleich die mengenmäßige Erhaltung des eisernen Bestandes erreichbar[24].“ Deshalb wurde diesem Bewertungsprinzip von Anfang an stärkste Beachtung geschenkt.

Nicklisch versuchte (1922) eine formelmäßige Mengenbestimmung. Nach Gleichsetzung des Eisernen Bestandes mit dem Mindestbestand (M) nannte er[25] als Formel für einen EB:

$$M = X \cdot U.$$

U = Monatsumsatz; X = Zeit für die M reichen soll.

Der Zeitfaktor blieb damit nur frei umschrieben.

Nach *Findeisen* (1923) sind Eiserne Bestände „die zur ökonomischen Fortführung eines Betriebes in einem gewissen (bisherigen) Umfang erforderlichen Mengen von Waren ... (Rohstoffe, Halbfabrikate, Fertigfabrikate, Handelswaren)“[26]. Für einen Eisernen Bestand sei in der Regel nicht „Substanzidentität“ sondern „Mengenidentität“ gegeben[27].

Findeisen gliederte die Eisernen Bestände in Fabrikbetrieben in solche *vor* dem, *im* und *nach* dem Produktionsprozeß[28].

Zur Frage der Abgrenzung und Bewertung sagte Findeisen, daß nicht jede Mehr- oder Mindermenge bei jeder einzelnen Warengruppe zum Zeitwert des Jahresabschlusses bewertet werden könne, da das die Inventur erschwere. Der Eiserne Bestand sei „in seiner Gesamtheit zu

---

22 Dass., 11. Aufl. unter Mitwirkung v. R. Bauer, Köln/Opladen 1953, S. 186.

23 Vgl. dass., 12. Aufl., a.a.O., S. 186—188; dass., 13. verb. u. erweit. Aufl., bearb. v. R. Bauer, Köln/Opladen 1962, S. 202 f.

24 *Mellerowicz*, K.: Unternehmenspolitik, Bd. III, a.a.O., S. 258.

25 Vgl. *Nicklisch*, H.: Wirtschaftliche Betriebslehre, 6. Aufl., Stuttgart 1922, S. 216.

26 *Findeisen*, F.: Der eiserne Bestand..., a.a.O., S. 35.

27 Vgl. ebenda, S. 40 u. 71.

28 Vgl. ebenda, S. 36 ff.

betrachten"[29]. Eine allgemeine Lösung des Problems der Abgrenzung sei nicht möglich[30].

Nach *Bertrams* (1923) ist der bilanzielle Eiserne Bestand „derjenige Warenbestand, dessen ein Betrieb dauernd bedarf, um das Optimum des möglichen Erfolges zu erzielen"[31]. Praktisch wollte Bertrams die Menge jedoch anders fixieren; er schlug vor, z. B. aus den Jahresendbeständen der letzten 3 Jahre und der nach dem Trend zu erwartenden Entwicklung einen vorsichtig auf die Zukunft gerichteten Eisernen Bestand zu errechnen[32].

Bertrams hob hervor, daß der Gesamtwert eines Eisernen Bestandes durch Multiplikation des Festpreises mit der jeweiligen EB-Menge festgestellt wird[33].

Findeisen revidierte (1923/24) seine ursprüngliche Meinung, daß eine eindeutige Mengendefinition Eiserner Bestände nicht möglich sei und schlug zur Mengenbestimmung des bilanziellen Eisernen Bestandes die Formel:

„Eiserner Bestand = Wiederbeschaffungsfrist · Tagesbedarf"[34]

vor. Dazu führte er aus, „daß sich auf dieser Grundlage eine scharfe Trennung zwischen Eisernem Warenbestand und Spekulationslager durchführen läßt"[35].

Auf die Notwendigkeit, jegliche vom beibehaltenen EB ausgehende Erfolgswirkung auszuschließen, wies *Mahlberg* (1925) noch einmal hin.

Nach Mahlberg kommt es beim EB auf die „Abtötung seines Wertes"[36] an (kein Umsatzgewinn aus ruhendem Vermögen). Nur der Umsatzerfolg aus umgesetzten Leistungen könne Gewinn sein, während der am Anfang und am Ende der Periode gleich große Eiserne Bestand keine Wertänderung erfahren dürfe. Man könne ihn ähnlich wie ein Grundstück auf ein ruhendes Konto setzen[37].

---

[29] Ebenda, S. 49; so auch *Meumann*, K.: Der eiserne Vorratsbestand und seine Bewertung in der Bilanz gewerblicher Unternehmungen, in: Mitteilungen d. Steuerstelle d. Reichsverbandes d. Deutschen Industrie, 1922, S. 155 ff.

[30] Vgl. *Findeisen*, F.: Der eiserne Bestand ..., a.a.O., S. 38—40.

[31] *Bertrams*, O., a.a.O., S. 450.

[32] Vgl. ebenda, S. 452 f.

[33] Vgl. ebenda, S. 474. Ähnlich: *ter Vehn*, A., a.a.O., S. 368; *Engelmann*, K.: Methoden zur Neutralisierung von Preis- und Wertschwankungen im betrieblichen Abrechnungswesen, in: Betriebsw. Forschg. u. Praxis, 4. Jg. (1952), S. 15; *Hax*, K.: Die Substanzerhaltung ..., a.a.O., S. 96; *Willems*, R., a.a.O., S. 68 u., aus juristischer Sicht, S. 70.

[34] *Findeisen*, F.: Grenzbestimmung ..., a.a.O., S. 177.

[35] *Findeisen*, F.: Grenzbestimmung ..., a.a.O., S. 177.

[36] *Mahlberg*, W.: Der Tageswert ..., a.a.O., S. 22.

[37] Vgl. ebenda, S. 18 ff.

Dazu betonte *Walb* (1926), daß auch die Einheiten der Eisernen Bestände umgesetzt werden, so daß „auch das eiserne Bestandskonto einen Umsatzerfolg“[38] aufweist.

Dieser Einwand konnte das Interesse daran, Eiserne Bestände in der Bilanz ihrer wirtschaftlichen Funktion entsprechend zu bewerten, nicht beseitigen. Die Mengenbestimmung blieb das primäre Problem.

Nicklisch wies (1928) darauf hin, daß es „nicht nur eiserne Bestände, sondern eine eiserne Zone für die Bewegung der Bestände“[39] gibt.

Aber schon der Begriff „Eiserner Bestand“ wurde nicht einheitlich angewandt. Nach Nicklisch wurde (1932) als Eiserner Bestand in der Regel der Meldebestand angesehen, obwohl der Bestand, der tatsächlich „eisern“ gehalten werde, der Mindestbestand (Reservebestand) sei[40].

Begriffliche Unklarheiten entstanden vorwiegend, weil der bilanzielle Eiserne Bestand immer wieder (selbst innerhalb einer Arbeit) mit dem lagerwirtschaftlichen eisernen Bestand (Reservebestand) identifiziert wurde.

Mit der Abgrenzung Eiserner Bestände zur Betriebsfondsermittlung hat sich *Lax* eingehend befaßt (1935). Er bezeichnete die Grenzen Eiserner Bestände als „wohl immer mehr oder weniger breite Bänder“[41].

Für die Bewertung Eiserner Bestände sowie der Mehr- oder Minderbestände ist jedoch Voraussetzung, bestimmte Mengen abzugrenzen. Bis heute finden sich in der Literatur die deskriptive und die mathematische Methode nebeneinander, um Eiserne Bestände abzugrenzen. Dabei wurden seit dem Korea-Boom zu Beginn der fünfziger Jahre Eiserne Bestände wieder ausschließlich als Scheingewinnquelle beim Vorratsvermögen behandelt, d. h. ohne Ausdehnung des EB-Begriffs auf den Betriebsfonds. Das Vorgehen wurde pragmatischer. Auch hiervon seien in zeitlicher Reihenfolge Beispiele genannt, die Fortschritte und Irrtümer erkennen lassen.

Nonnemann beschrieb (1950) Eiserne Bestände, indem er eine prozessuale Gliederung der Vorräte mit punktuellen Hinweisen verband. Er nannte als EB[42]:

a) den Rohstoffvorrat, der den Betrieb von Zufälligkeiten in der Anlieferung, Transportschwierigkeiten und dergl. in einem angemessenen Umfang unabhängig macht; dabei ist je nach der Branche zu berücksichtigen

[38] *Walb*, E.: Die Erfolgsrechnung ..., a.a.O., S. 376.

[39] *Nicklisch*, H.: Grundfragen ..., a.a.O., S. 21.

[40] Vgl. *Nicklisch*, H.: Die Betriebswirtschaft, 7. Aufl. der Wirtschaftl. Betriebslehre, Stuttgart 1932, S. 453.

[41] *Lax*, W., a.a.O., S. 87.

[42] Vgl. *Nonnemann*, W.: Zur Frage des „Eisernen Bestandes“ bei den Warenvorräten, in: Der Betriebs-Berater, 5. Jg. (1950) S. 164.

z. B. die Lagerfähigkeit der betreffenden Rohstoffe, Sortiment, besondere Lagerzeit zur Erlangung der Fabrikationsreife;

b) in der Fertigung den bei normaler Beschäftigung im Produktionsprozeß befindlichen Teil des Vorratsvermögens (z. B. in der Textilindustrie der Maschinenbelag; in der Brauindustrie der Bestand in Sudkesseln, Gärbottichen usw.; in der Lederindustrie der Häutebestand in den Wasserwerkstätten, den Gerbgruben usw.);

c) bei mehrstufigen Betrieben Zwischenläger zwischen den Produktionsstufen, soweit diese zur Aufrechterhaltung des normalen Betriebsablaufes unerläßlich sind;

d) Fertigwaren, wenn nicht auf Vorausbestellung gearbeitet, sondern brancheüblich ab Lager verkauft wird, besonders, wenn die Kundenbestellungen nach Katalogen, Auswahlangeboten und dergl. erfolgen und sofortige Belieferung nach Eingang der Bestellung brancheüblich oder durch Konkurrenz bedingt ist; ferner Fertigwaren, um diese verkaufsreif werden zu lassen (Beispiele: Bier im Gärprozeß, Wein im Klärprozeß, Holzerzeugnisse bei der Trocknung).

Diese Gliederung läßt die Verschiedenartigkeit Eiserner Bestände erkennen und macht die Schwierigkeit einer allgemeingültigen Abstraktion deutlich.

Nach *Binder* (1950) ist die EB-Menge[43]

EB = Betriebsgewöhnlicher Mengenumsatz : Fertigungsdauer.

Diese Formel ergibt aber einen um so kleineren EB, je länger die Fertigungsdauer ist. Das kann offensichtlich nicht richtig sein.

Eine zweite von Binder angeführte Mengenermittlung ist unergiebig. Nach Binder besagt die Rechnung

Normaler Mindestbestand : Normaler monatlicher Umsatz = X,

daß ein X-Monatsumsatz der EB ist.

Man kommt dadurch aber stets wieder zu dem normalen Mindestbestand, von dem die Rechnung ausgeht.

Theis variierte (1951) die Formel Findeisens[44]. Er berechnete den EB aus Menge × Zeit. Dabei ist die Menge der Tagesverbrauch, errechnet aus dem gewogenen Durchschnitt vom Jahresverbrauch; als Zeitfaktor wurde die Durchlaufzeit der Stoffe angesetzt (weil die Wiederbeschaffungszeit willkürlich angesetzt werden könnte). Mehrschichtenbetriebe sollen einen dementsprechend mehrfachen EB halten.

Eine Verfeinerung und Erweiterung der Formel Findeisens nahm *Brenk* vor (1951)[45]. Danach ist der

---

[43] Vgl. *Binder*, O.: Der eiserne Bestand in der Praxis, in: Der Betriebs-Berater, 5. Jg. (1950), S. 911.

[44] Vgl. *Theis*, J.: Verhinderung der Substanzwegsteuerung durch „Eisernen Bestand", in: Der Betrieb, 4. Jg. (1951), S. 375.

[45] Vgl. *Brenk*, W.: Um den Eisernen Bestand, in: Neue Betriebswirtschaft, 4. Jg. (1951), S. 36 f.

EB = Tagesbedarf · (betriebl. Durchlaufzeit + Lieferfrist einschließl. Bestellfrist und Versanddauer + Sicherungszuschlag).

Nach *Hax* (1957) sind die bilanziellen Eisernen Bestände in der Regel „Mindestbestände", die bei engster Auslegung den *technisch* bedingten Mindestbestand umfassen, d. h. „den durch den eigentlichen Produktionsprozeß bedingten Bestand an Halbfabrikaten, etwa die Ofen- und Apparatefüllungen oder den Maschinenbelag"[46]. Nehme man die *wirtschaftlich* bedingten Mindestvorräte, die aus Sicherheitsgründen in den Roh-, Hilfs- und Betriebsstofflägern, in Zwischenlägern und im Fertigfabrikatelager gehalten werden, hinzu, so komme man zu Eisernen Beständen, die „identisch mit den ‚betriebsnotwendigen Beständen' oder den ‚gebundenen Vorräten'"[47] seien. Praktisch seien die Eisernen Bestände identisch mit den Beständen, „die am Bilanzstichtag notwendig sind, also mit den Stichtagsbeständen"[48].

Es ist aber weder vertretbar, in den Lägern nur die aus Sicherheitsgründen gehaltenen Mindestvorräte als identisch mit den ‚betriebsnotwendigen' oder ‚gebundenen Vorräten' zu bezeichnen, noch ist es vertretbar, die effektiven Vorräte als folglich notwendig und diese sogenannten notwendigen Vorräte als folglich Eiserne Vorräte anzusprechen.

Unter praktischen Gesichtspunkten scheinen die Stichtagsbestände zwar die einfachste Lösung für die Bemessung der Eisernen Bestände zu bieten. Damit würde man aber wieder effektive Bestände statt Eiserne Bestände verwenden. Man würde auf die Abgrenzung spekulativer Vorräte ebenso wie auf die Feststellung von Unterschreitungen eines objektiv vertretbaren Eisernen Bestandes verzichten. Die Ergebniskorrektur wäre weitgehend zufallsabhängig[49].

Schnettler rechnete (1960) zum Eisernen Bestand einen bestimmten Normalbestand an Roh-, Hilfs- und Betriebsstoffen sowie an Fertigfabrikaten (Waren), jedoch keine Halbfabrikate[50].

Nach *Mellerowicz* wird (1964) unter dem Eisernen Bestand der betriebsnotwendige Mindestbestand des Vorratsvermögens verstanden[51].

3.3.2. Die Entwicklung der EB-Rechnung in Gesetzgebung und Rechtsprechung

3.3.2.1. Handelsrechtliche Entwicklung

Weder die Handels- noch die Steuergesetze sprechen von Eisernen Beständen.

---

[46] *Hax*, K.: Die Substanzerhaltung..., a.a.O., S. 110.
[47] Ebenda.
[48] Ebenda; vgl. auch S. 132 f. u. S. 138 f. ebenda.
[49] Vgl. *Engelmann*, K.: Methoden..., a.a.O., S. 15.
[50] Vgl. *Schnettler*, A.: Betriebsanalyse, a.a.O., S. 30.
[51] Vgl. *Mellerowicz*, K.: Unternehmenspolitik, Bd. III, a.a.O., S. 258.

Handelsrechtlich muß der Wert, der den einzelnen Vermögensgegenständen nach § 40 HGB im Zeitpunkt des Geschäftsjahresabschlusses beizulegen ist, nach den Grundsätzen ordnungsmäßiger Bilanzierung bestimmt werden. Bis zum Jahre 1965 waren zu diesem Zweck im einzelnen die Bestimmungen des § 133 Aktiengesetz 1937 zu beachten[52]. Darin waren für die Gegenstände des Umlaufvermögens Höchstwerte genannt. Ein niedrigerer Wertansatz, bei dem über die stillen Zwangsreserven hinaus stille Ermessensreserven in dem Maße gebildet wurden, daß „nicht aus Gesetzes- und Gewohnheitsrücksichten plötzliche Einflüsse auf die Erfolgsrechnung“[53] entstanden, war also zulässig. Da man auf diese Weise „einen richtigen Wertansatz für den betrieblichen Verbrauch (Aufwand) ... auch in Zeiten ungewöhnlich großer Marktpreisveränderungen“[54] erzielt, entsprach die Eiserne-Bestands-Rechnung bis 1965 den Grundsätzen ordnungsmäßiger Buchführung[55].

Eine andere Rechtslage ergibt sich aus dem Aktiengesetz 1965[56]. Nach § 155 des Gesetzes sind die Gegenstände des Umlaufvermögens zu den Anschaffungs- oder Herstellungskosten zu bilanzieren (Abs. 1). Ist der Wert, der sich aus dem Börsen- oder Marktpreis ergibt oder der den Gütern am Abschlußstichtag mangels eines Börsen- oder Marktpreises beizulegen ist, niedriger, so muß dieser niedrigere Wert angesetzt werden (Abs. 2).

Ein darunter liegender Wert darf angesetzt werden, soweit er

„1. ... notwendig ist, um zu verhindern, daß in der nächsten Zukunft der Wertansatz ... auf Grund von Wertschwankungen geändert werden muß oder

2. für Zwecke der Steuern vom Einkommen und vom Ertrag für zulässig gehalten wird“ (§ 155, Abs. 3).

Ein Wertansatz, der unter den Anschaffungs- oder Herstellungskosten liegt, darf beibehalten werden, auch wenn seine Gründe nicht mehr bestehen (Abs. 4).

Die Möglichkeit, eine Erfolgswirksamkeit eventueller späterer Wertminderungen durch sofortige hinreichende Ermessensreserven zu vermeiden, wird durch § 155 Abs. 3 Ziffer 1 entscheidend eingeschränkt, da nur die „in der nächsten Zukunft“ zu erwartenden Preisminderungen

---

[52] Vgl. Handelsgesetzbuch, erläut. v. E. Geßler, W. Hefermehl, W. Hildebrandt u. G. Schröder (Hrsg. Franz Schlegelberger), 4. überarb. u. ergänzte Aufl., 1. Bd., Berlin u. Frankf./M. 1960, Inhaltsangabe zum Kommentar des § 40 HGB., S. 265 und Anmerkung 6 zu § 40, S. 268.

[53] *Schmalenbach*, E.: Dynamische ..., 9. Aufl., a.a.O., S. 159.

[54] *Geldmacher*, E.: Gegen den Substanzschwund in den Betrieben, in: Industriekurier Nr. 23 v. 9. 2. 1952, S. 5.

[55] Ebenda; vgl. auch Gutachten des Deutschen Industrie- und Handelstages für den BFH. (siehe BFH.-Urteil I 140/52 U vom 1. März 1955, BStBl. 1955 III S. 144).

[56] Vgl. Aktiengesetz v. 6. Sept. 1965, in: Bundesgesetzbl. 1965 I S. 1124.

durch eine Wertabsetzung berücksichtigt werden dürfen. Als „nächste Zukunft“ kann ein Zeitraum von etwa zwei Jahren angesehen werden[57].

Durch § 155 Akt.-Ges. ist die EB-Bilanzierung bei steigenden Preisen handelsrechtlich ausgeschlossen, wenn man nicht die Anschaffungs- oder Herstellungskosten vom Zeitpunkt der Entstehung des Eisernen Bestandes als maßgeblich ansehen oder sich auf eine steuerliche Zulassung der EB-Bilanzierung beziehen kann.

Dagegen läßt § 155 in Abs. 1 nunmehr ausdrücklich zu, im Hinblick auf den Wertansatz gleichartiger Gegenstände des Vorratsvermögens eine Verbrauchsreihenfolge, wie etwa die Lifo-Fiktion, zu unterstellen, soweit es den Grundsätzen ordnungsmäßiger Buchführung entspricht.

Bei dem durch § 40 Abs. 4 des HGB zugelassenen gleichbleibenden Wertansatz für Gegenstände des Vorratsvermögens handelt es sich um eine Bewertungsvereinfachung, die auf Roh-, Hilfs- und Betriebsstoffe beschränkt und an die Bedingungen geknüpft ist, daß Wert und Zusammensetzung der Vorräte nur geringfügig schwanken. Das schließt eine feste Bewertung bei größeren Preisschwankungen aus.

3.3.2.2. Steuerrechtliche Entwicklung

Nach § 16 des preußischen Einkommensteuergesetzes von 1891 waren außer den Gewinnen, die ausgeschüttet oder dem Reservefonds zugewiesen wurden, nur die „zur Verbesserung oder Geschäftserweiterung ... verwendeten Beträge“[58] steuerpflichtig. Demnach waren Überschüsse, mit denen der Erhaltungsaufwand abgedeckt wurde, nicht einkommensteuerpflichtig.

Zu Beginn der zwanziger Jahre, als die Preise stark stiegen, wurde offenbar, daß das neue Einkommensteuergesetz vom 20. März 1920 bei steigenden Preisen zur Scheingewinnbesteuerung führt und daß die gestiegenen Steuersätze dementsprechend die Substanzerhaltung entscheidend beeinträchtigen.

Seither wurde versucht, „die wirtschaftlich richtigen Gedanken, die eine Erhaltung der Substanz fordern“[59], im Steuerrecht wieder durchzusetzen. Dabei nahm die Frage der EB-Bilanzierung im wesentlichen folgende Entwicklung:

Im Jahre *1922* hatte Meumann angestrebt, für „dauernde Bestände“ unter Hinweis auf § 139 der Reichsabgabenordnung in der Steuerbilanz

[57] Vgl. Urteil des Reichsgerichts in Zivilsachen II 94/26 vom 11. Febr. 1927, in: Entscheidungen des Reichsgerichts in Zivilsachen, Bd. 116, Berlin u. Leipzig 1927, S. 133; s. auch *Kropff*, B., a.a.O., S. 247 Fußnote 2.

[58] Einkommensteuergesetz vom 24. Juni 1891, in: Gesetz-Sammlung für die Königlichen Preußischen Staaten 1891 Nr. 19, Berlin 1891, S. 182.

[59] OFH.-Gutachten I D 2/49 S v. 3. Juni 1949, Ministerialbl. d. Bundesminist. d. Finanzen 1949/50 S. 333.

die Bewertung als *wirtschaftliche Einheit* zu erreichen[60]. Der Gedanke wurde vorübergehend in den Hintergrund gedrängt, als im Jahre *1923* der Entwurf eines § 33 a zum Einkommensteuergesetz, der Wertänderungen Eiserner Bestände von der Einkommensteuer freistellen sollte, vom beauftragten Ausschuß des Reichstages abgelehnt wurde. Es hieß, der EB sei ein rein theoretischer Begriff, mit dem in der Praxis infolge der *Abgrenzungsschwierigkeiten* nichts anzufangen sei[61].

Nach dem RFH.-Urteil vom 19. Okt. 1923[62] schließlich gehört ein Eiserner Bestand „nicht zu den Gegenständen des Betriebsvermögens, für welche ein Anschaffungs- oder Herstellungspreis gegeben ist"[63]. Damit wurde am Grundsatz der *Einzelbewertung* festgehalten.

1938 entschied der Reichsfinanzhof[64], daß *Warenvorräte nicht* als *Eiserner Bestand* bewertet werden dürfen. Darüber hinaus schrieb er für die Bewertung vertretbarer Güter die Anwendung der Fifo-Fiktion vor.

1949 gab der OFH. ein Gutachten ab, in dem es heißt[65]:

„Güter des Vorratsvermögens, die im Betrieb in größerer Menge vorhanden und im wesentlichen gleichartig und gleichwertig sind, können zu einem Sammelposten „Eiserner Bestand" zusammengefaßt werden, soweit sie anlageähnlichen Charakter haben."

Das bedeutet, daß die EB-Bilanzierung als Mittel der *Bewertungsvereinfachung* behandelt wurde. Die Bestimmung und Abgrenzung Eiserner Bestände sollte danach erfolgen, ob der betreffende Vorrat für diese Bewertungsvereinfachung die nötigen Voraussetzungen bot. Diese Definition als Sammelposten hatte den Zweck, wenigstens eine teilweise Anwendung der EB-Bilanzierung zu ermöglichen. Damit ging aber der OFH. am Wesen der EB-Rechnung als Verfahren richtiger Erfolgsrechnung vorbei[66].

Anfang *1951* erhielten die Finanzämter die Anweisung, das Gutachten vom 3. Juni 1949 „so eng wie möglich" auszulegen, da „hinsicht-

---

[60] Vgl. *Meumann*, K., a.a.O., S. 155 ff.

[61] Vgl. Bericht v. 7. März 1923 des 11. Ausschusses über d. Entwurf eines Gesetzes über die Berücksichtigung der Geldentwertung in den Steuergesetzen — Nr. 5490 der Drucksachen —, in: Verhandlungen des Reichstages, I. Wahlperiode 1920, Band 376, Anlagen zu den Stenographischen Berichten, Nr. 5404 bis 5615, Berlin 1924, Aktenstück Nr. 5600 S. 6333 u. 6337.

[62] Vgl. RFH.-Urteil I A 111/23 v. 19. Okt. 1923, in: Sammlg. d. Entscheid. u. Gutachten d. Reichsfinanzhofs, Bd. 13, München 1924, S. 69 ff.

[63] Ebenda, S. 71.

[64] Vgl. RFH.-Urteil VI 593/38 v. 19. Okt. 1938, Reichssteuerbl. 1939 S. 26 f.

[65] OFH.-Gutachten I D 2/49 S, a.a.O., S. 333.

[66] Ähnlich Theis, J.: Verhinderung ..., a.a.O., S. 375; ders.: Eiserner Bestand und Festwert beim Vorratsvermögen, in: Der Betrieb, 8. Jg. (1955), S. 880. Ausführlich über Unterschiede vgl. *Hax*, K.: Gruppenbewertung und Rechnen mit eisernen Beständen beim Vorratsvermögen, in: Der Betriebs-Berater, 10. Jg. (1955), S. 793.

lich der Auslegung und Tragweite dieses Gutachtens ... inzwischen berechtigte Zweifel laut geworden" seien[67].

Die „EB"-Bilanzierung, wie sie im OFH.-Gutachten vom 3. Juni 1949 eine spezielle Rechtsgrundlage gefunden hatte, wurde zuerst abgelöst durch Billigkeitsmaßnahmen bei der Besteuerung von Scheingewinnen gemäß den Erlassen der Länder-Finanzminister vom August *1952*[68], nachdem bereits durch die Einkommensteuer-Richtlinien 1950 und folgende diese „EB"-Bilanzierung nicht akzeptiert worden war.

Besondere Bedeutung für die Bestimmung Eiserner Bestände im Steuerrecht kommt dem BFH.-Urteil vom 17. Mai *1952*[69] zu. Für ein Halbzeugwerk der Edelmetall-Industrie wurde die Festbewertung eines Gold- und Silber-Metallstockes zugelassen.

Der Fabrikationsgang verlangt eine größere Menge Edelmetall als nachher im Produkt den Betrieb verläßt. Diese Mehrmenge, die als Abfall, Ausschuß usw. übrig bleibt, wird wieder eingesetzt und befindet sich so als Metallstock in ständigem innerbetrieblichen Kreislauf.

Nach dem BFH.-Urteil kann die Menge Edelmetall als Eiserner Bestand fest bewertet werden, für die bei *wirtschaftlicher Betrachtungsweise* eine *Gewinnverwirklichung nicht vorliegt.*

Die BFH.-Urteile vom 1.[70] und 3. März 1955[71] behandeln den EB wieder als Mittel zur *Bewertungsvereinfachung.* Die „EB"-Bilanzierung wird als „Weiterentwicklung der sogenannten Gruppenbewertung" anerkannt, soweit sie den Grundsätzen ordnungsmäßiger Buchführung entspricht.

„Eiserne Bestände" waren danach nur zulässig, wenn sie für eine Sammelbewertung geeignet waren — sie mußten also „in größerer Menge vorhanden, gleichartig und gleichwertig"[72] sein — und anlagenähnlichen Charakter hatten. Darin entsprachen diese Urteile formal dem OFH.-Gutachten vom 3. Juni 1949. Materiell engten sie aber den EB-Begriff weiter ein:

Im OFH.-Gutachten wurden als anlagenähnlich die Mindestbestände angesehen, die notwendig sind, die reibungslose Fortführung des Betriebes bis zum Eingang von Ersatzgütern unter gemeingewöhnlichen Verhältnissen zu sichern (Überbrückungsvorräte). Es hieß ferner, daß auch ohne weiteres der anlagenähnliche Charakter bei dem Maschinenbelag der Textilindustrie oder bei den im Durchlauf durch die Apparate befindlichen Rohstoffen der Chemischen Industrie einleuchtet.

---

[67] In Berlin interne Rundverfügung vom 27. April 1951.
[68] Vgl. BStBl. 1952 II S. 98.
[69] BFH.-Urteil I 4/52 U, BStBl. 1952 III S. 208.
[70] BFH.-Urteil I 140/52 U, BStBl. 1955 III S. 144.
[71] BFH.-Urteil IV 203/53 U, ebenda, S. 222.
[72] RFH.-Urteil VI A 1756/32 v. 5. Juli 1933, RStBl. 1933 S. 763.

Demgegenüber wurde im BFH.-Urteil vom 1. März 1955 zwar zugebilligt, daß für Hilfsstoffe, wie Öle, Fette, Kohle, der Durchschnittsbestand zu einem „Eisernen Bestand" zusammengefaßt werden kann; aber an Rohstoffen wurden als anlagenähnlich nur Überbrückungsvorräte für Notstände gebilligt, „die das Unternehmen nicht selbst herstellt, sondern für die eigene Produktion von anderen Firmen bezieht"[73]. Außerdem schieden „neben den Fertigfabrikaten ... alle im Fertigungsprozeß befindlichen Wirtschaftsgüter, insbesondere also die Halbfabrikate aus"[74].

Dazu ist vom betriebswirtschaftlichen Standpunkt zu bemerken, daß ein bereits technisch fixierter Maschinenbelag zumindest ebenso anlagenähnlich ist wie ein in gewissem Maße frei bestimmbarer Überbrückungsvorrat. Indem „Eiserne Bestände" im Urteil vom 1. März 1955 als Mittel zur Bewertungsvereinfachung behandelt wurden, ging das Urteil an einer Definition betriebswirtschaftlicher Eiserner Bestände vorbei.

Ausdrücklich wurde durch das genannte Urteil die EB-Bilanzierung für die Zeit ab 1. Januar 1955 als Mittel zur Substanzerhaltung bei steigenden Preisen abgelehnt, weil dieses Wirtschaftsproblem ab 1. Januar 1955 durch § 51 Abs. 1 Ziff. 2 b EStG. 1955 steuerrechtlich uneingeschränkt geregelt und damit die bisherige Gesetzeslücke geschlossen worden war.

Diese gesetzliche Regelung sieht eine *bedingte, teilweise und festbefristete* Zulassung steuerfreier *Rücklagen* vor. Voraussetzungen sind, daß es sich um vertretbare Güter des Vorratsvermögens handelt und daß die jährliche Preissteigerung mehr als 10% beträgt[75]. Das steuerliche Entgegenkommen erstreckt sich dann nur auf die diese 10% übersteigende nominelle Wertsteigerung. Soweit dann noch steuerfreie Rücklagen zustande kommen, sind sie (auch bei weiter steigenden Preisen) lt. EStG. 1957 spätestens innerhalb von 6 Jahren gewinnerhöhend aufzulösen. Bei etwa gleichbleibenden Rücklagenbildungen halten sich im Laufe der Zeit die Auflösungen und Neubildungen die Waage, so daß die Besteuerung nur anfangs verzögert wird.

Die gesetzliche Regelung bietet nur bei sehr starken, relativ schnell vorübergehenden Preissteigerungen eine wirksame Entlastung[76]. Unter den gegebenen Umständen ist sie im wesentlichen unwirksam[77].

---

[73] BFH.-Urteil I 140/52 U, a.a.O., S. 150.

[74] Ebenda.

[75] Vgl. im einzelnen § 74 EStDV. 1961, BStBl. 1962 I S. 572.

[76] Vgl. *Mellerowicz*, K.: Betriebswirtschaftslehre der Industrie, Bd. 2, 3. durchges. u. erweit. Aufl., Freiburg i. Brsg.1958, S. 419; *Eckardt*, H., a.a.O., S. 95 ff.

[77] Vgl. bereits *Görres*, P.: Substanzbesteuerung, in: Der Betriebsberater, 10. Jg. (1955), S. 896.

Die eine Zeitlang erörterte Möglichkeit, Eiserne Bestände nach Unternehmensspaltung in Besitz- und Betriebsgesellschaft fest zu bewerten, ist durch das BFH.-Urteil I 44/57 U vom 13. Januar *1959*[78] ausgeschlossen worden.

Die mit dem BFH.-Urteil vom 1. März 1955 zugelassene Zusammenfassung von Teilen des Vorratsvermögens zu einem Sammelposten „Eiserner Bestand" zum Zwecke der Bewertungsvereinfachung ist inzwischen an weitere Bedingungen geknüpft worden.

Bezüglich der Abgrenzung echter Eiserner Bestände ist durch das BFH.-Gutachten I D 1/59 U vom 26. August *1960*[79] eine Präzisierung des höchstrichterlichen Standpunktes erfolgt.

Eiserne Bestände beim Umlaufmetallstock in der NE-Metall-Industrie werden danach steuerlich nur unter der Voraussetzung anerkannt, daß die Gewinnrealisierung schon dadurch ausgeschlossen wird, daß dem Kunden kein Metall in Rechnung gestellt wird (Umarbeitungsgeschäfte)[80]. Führt das Halbzeugwerk sowohl Umarbeitungen als auch Vollpreisgeschäfte durch, so darf der Metallstock entsprechend aufgeteilt werden.

Wenn auch das deutsche Einkommensteuerrecht bezüglich der Scheingewinneliminierung wenig fortschrittlich ist[81], so sollte doch die EB-Rechnung nicht als allgemein undurchführbar betrachtet werden. Die EB-Rechnung hat primär weder die Bewertungsvereinfachung noch den Ausgleich nur von Preissteigerungen zum Ziel. Ihr Zweck ist vielmehr die möglichst richtige Jahreserfolgsrechnung. Dieser Zweck ist aber rechtlich vertretbar. Im BFH.-Urteil vom 1. März 1955 wurde z. B. im Hinblick auf die Standardbewertung ausdrücklich betont, daß sie nicht nur in der Absicht der Bewertungsvereinfachung, sondern vielmehr auch durch das Ziel, den Aufwand richtig zu ermitteln, begründet sein kann[82].

Nach den EStR. 1965 ist eine Festbewertung von Roh-, Hilfs- und Betriebsstoffen zur Erleichterung der Inventur und der Bewertung in Übereinstimmung mit § 40 Abs. 4 Ziff. 2 HGB zulässig, „wenn ihr Bestand in seiner Größe, seinem Wert und seiner Zusammensetzung nur geringen Veränderungen unterliegt"[83].

---

[78] Vgl. BStBl. 1959 III S. 197.

[79] BStBl. 1961 III S. 31.

[80] Soweit bereits BFH.-Urteil I 4/52 U v. 17. Mai 1952, BStBl. 1952 III S. 208.

[81] Vgl. *Schmidlin*, L.: Das Prinzip der Substanzerhaltung in Betriebswirtschaftslehre, Praxis und Steuerrecht (unter Berücksichtigung der Steuerrechte westeuropäischer Länder), in: Die Unternehmung, 15. Jg. (1961), S. 212.

[82] Vgl. BFH.-Urteil I 140/52 U BStBl. 1955 III S. 149.

[83] EStR. 1965, BStBl. 1966 Teil I S. 515, Abschn. 36.

Hiermit wird auch steuerrechtlich nur eine Bewertungsvereinfachung ermöglicht. Eine feste Bewertung Eiserner Bestände bei größeren Preisschwankungen kann sich darauf nicht stützen.

3.3.3. Die Entwicklung der EB-Rechnung in der betrieblichen Praxis

Eine Untersuchung, welche Entwicklung die EB-Rechnung in den inoffiziellen Erfolgsrechnungen der Unternehmungen genommen hat, kann wegen Mangels an geeignetem Material nicht vorgenommen werden. Gewiß ist nur, daß der Korea-Boom eine Verbreitung der EB-Bilanzierung gefördert hatte.

Die Entwicklung wurde im wesentlichen von drei Faktoren bestimmt:
von der Betriebswirtschaftslehre
von den steuerrechtlichen Beschränkungen und
von den betriebsindividuellen Möglichkeiten und Grenzen.

Die praktische Entwicklung der EB-Rechnung liegt im wesentlichen in dem durch die aufgezeigte steuerrechtliche Entwicklung gezogenen Rahmen. Dabei hatte besonders das OFH.-Gutachten vom 3. 6. 1949 stark fördernd gewirkt. Die Entwicklung nochmals nachzuzeichnen erübrigt sich hier. Es ist lediglich zu erwähnen, daß EB-Bilanzierungen in den Handelsbilanzen nur zögernd aufgegeben wurden, nachdem das Steuerrecht auf Preissteigerungsrücklagen übergegangen ist.

Die Praxis hat jedoch eigene Methoden zur EB-Rechnung beigesteuert, auf die hier hinzuweisen ist.

Als nach dem OFH.-Gutachten vom 3. 6. 1949 der Ansatz gewisser „Eiserner Bestände" zulässig war, wurden sie zumeist verhältnismäßig roh geschätzt bzw. *mit der Finanzbehörde ausgehandelt,* soweit die Mengen nicht durch technische Gegebenheiten fixiert waren. Im allgemeinen hatten die Unternehmen keine Schwierigkeiten, die Mengen anzugeben, die sie als Eiserne Bestände anzusetzen wünschten[84]. Z. T. zeigten sich dann aber erhebliche Unterschreitungen der gemeldeten Mengen.

z. B. wurde zwei großen Unternehmen der Elektrotechnischen Industrie vom Finanzamt eingeräumt, „daß im Gesamtdurchschnitt ein Kupferbestand für 6 Monate als EB zugrunde gelegt werden kann"[85]. Die Eisernen Bestände sollten im allgemeinen nicht wesentlich unterschritten werden.

Das eine Unternehmen hatte gegenüber dem bewilligten EB (6-Monats-Bestand) ein *Gesamt*bestands-Soll von einem 3-Monats-Bestand

[84] Vgl. *Eckardt,* H., a.a.O., S. 86.
[85] Beispiele nach Akten und Angaben der Firmen.

und effektiv bei der Inventur einen 5-Monats-Bestand an Kupfer. Bei dem anderen Unternehmen zeigte ein Betrieb die größte Abweichung, der einen EB von 290 t Kupfer gemeldet hatte und dann über einen effektiven Inventurbestand von nur 19 t verfügte.

Nun ließe die Unterschreitung eines mit einem geeigneten, objektiven Maßstab begründeten Eisernen Bestandes lediglich darauf schließen, daß eine besondere Belastung der vertretbare Anlaß ist. Hier aber ließ der Unterschied zwischen den ausgehandelten Eisernen Beständen und den erheblich niedrigeren effektiven Gesamtbeständen Zweifel an der Vertretbarkeit der genannten Eisernen Bestände und bei der Finanzbehörde mehr denn je den Wunsch nach einem brauchbaren Maßstab für Eiserne Bestände entstehen. Nicht zuletzt, weil ein Maßstab fehlte. wandte sich die Finanzbehörde gegen die EB-Bilanzierung. Eine objektive Abgrenzung Eiserner Bestände lag deshalb auch im Interesse der Industrie[86].

Aus der gleichen Zeit gibt es einen *Vorschlag* des Zentralverbandes der Elektrotechnischen Industrie, den *EB nur wertmäßig* auf der Basis eines Standardjahres, also einen Festwert, festzulegen[87]. In den Folgejahren ist dann dieser Betrag entsprechend der betriebsindividuellen Teuerung hochzurechnen und der Saldo aus dem neuen Nominalbetrag und dem alten Festwert als Scheingewinn auszubuchen.

Beispiel:

EB-Festwert	DM 2,0 Mill.
Inventurbestand aller Vorräte gem. Aufnahme und Bewert. zu Anschaff.- oder Herstellungskosten	DM 3,5 Mill.
Darin sind enthalten:	
Nominalwert des EB = Festwert · Teuerungsfaktor = 2,0 Mill. · (z. B.) 1,25 =	DM 2,5 Mill.
Für die übrigen Vorräte verbleiben demnach	DM 1,0 Mill.
Als Scheingewinn auszubuchen:	
EB-Nominalwert DM 2,5 Mill.	
./. EB-Festwert DM 2,0 Mill.	= DM 0,5 Mill.
Demnach zu bilanzieren:	
EB-Festwert	DM 2,0 Mill.
Übrige Vorräte	DM 1,0 Mill.
Zusammen	DM 3,0 Mill.

Es ist allerdings kein EB festgestellt worden. Ein solcher kann naturgemäß für das heterogene Vorratsvermögen nicht global ermittelt wer-

[86] Vgl. Erfahrungsaustausch über Eisernen Bestand, herausgeg. v. Hessischen Institut f. Betriebswirtschaft e. V., Frankf./M., d. 2. 1. 1952, S. 6.

[87] Die Festwertrechnung für Bestände in der Elektroindustrie, herausgeg. v. Zentralverband d. Elektrotechnisch. Industrie, Frankf./M., 1951, S. 19.

den. Der Vorschlag hat im Gegenteil den Zweck, ohne EB-Feststellung durch einen Festwert für „den Gesamtbestand (soweit er nicht spekulativen Charakter hat)“[88] die Eliminierung von Scheingewinnen zu erreichen.

Besonders problematisch ist dadurch allerdings das Abgrenzen von spekulativen Vorräten, da jede Beurteilung von Einzelbeständen sowohl der Art als auch der Menge nach entfällt.

Obgleich das Verfahren des Z.V.E I die *betriebsindividuelle* Kostensteigerung aus dem Gewinn eliminiert, entspricht es doch nicht dem Prinzip der Substanzerhaltung. Es fehlt die Anlehnung an die betriebsnotwendige Substanz oder an die Leistung, und damit fehlt die den Substanzänderungen entsprechende Wertelastizität. Statt dessen wird eine an die betriebsindividuelle Kaufkraftminderung gebundene Geldkapitalerhaltung erzielt. Diese „Materialgeld-Rechnung“ auf der Basis des Standardjahres entspricht einem nicht vertretbaren Währungsdualismus.

Daß eine alleinige Wertbindung auch starke nicht leistungsgebundene Beständeänderungen beinhalten kann und nach dem erfolgsrechnerischen Prinzip der dynamischen Erhaltung (nicht Einschränkung und auch nicht Ausdehnung) der Substanz zu kritisieren ist, zeigt ein Beispiel:

Bisher verwendet a-Metall für DM 10 000,— (Basiswert) = 30 t,
statt dessen jetzt b-Metall für DM 10 000,— (Basiswert) = 40 t.

Kommt dann noch hinzu, daß das spezifische Gewicht des b-Metalls niedriger ist als das des a-Metalls, so ist die Materialmenge (Anzahl der Bleche) weit überdimensioniert.

Ebenso kann sich zufällig der umgekehrte Fall ergeben.

Steuerlich war das Verfahren nicht zulässig.

Die Praxis hat ferner Methoden verwendet, mit denen qualitativ und quantitativ veränderte Vorräte gleichgesetzt und somit einer Festbewertung zugänglich gemacht werden können.

So wurde verschiedentlich eine *Äquivalenzziffernrechnung* mit Hilfe der Tagespreise eingeführt. Der Grundgedanke ist, daß die Mengen der einzelnen Sorten im Verhältnis ihrer Tagespreise in die Standardsorte umgetauscht werden können. Es werden z. B. die Mengen verschiedener Zinksorten auf eine Hüttenrohzinkmenge oder die Mengen verschiedener Kupfersorten auf eine Kathodenkupfermenge umgerechnet[89].

---

88 Ebenda, S. 16.

89 Vgl. *Hax*, K.: Die Substanzerhaltung ..., a.a.O., S. 114 u. 135.

Beispiel[90]:

Kupfersorte	Bestand in t	Tagespreis %kg	Gesamtwert in 1000,— DM
Kathoden-Kupfer	1500	132,— DM	1980
Wirebars	1800	133,50 DM	2403
Raffinade-Kupfer	3500	111,— DM	3885
Alt-El.-Kupfer	700	104,— DM	763
Mischkupfer	1100	99,— DM	1089
	8600		10 120

Der Betrag von DM 10 120 000,— geteilt durch DM 132,— ergibt eine errechnete Kathoden-Kupfer-Menge von 7 666 t.

Bei Anwendung einer solchen Äquivalenzrechnung kommt es darauf an, Gruppen zu bilden, in welchen die Preisentwicklungen der einzelnen Sorten untereinander auch bei größeren Preisschwankungen minimal divergieren. Eine solche Gruppe erscheint dann mit Hilfe ihrer Standardsorte als *eine* Bestandsposition.

Ein anderes Verfahren, das dazu dient, verschiedenartige Artikel auf gleiche Einheiten zurückzuführen, ist die *getrennte Materialrechnung*. Diese Methode ist besonders für die NE-Metall- und Edelmetall-Industrie geeignet und wird dort seit Jahrzehnten angewandt[91].

Das Material wird dabei nach Maß, Zahl oder Gewicht erfaßt und wird in diesen Einheiten durch den gesamten Fertigungsprozeß verfolgt, unabhängig vom Bearbeitungsstadium.

Z. B. sind in einem Messingwerk die Metallbestände getrennt für Kupfer, Zink, Nickel usw., aber für jedes Metall insgesamt in kg zu führen, gleichgültig ob es z. T. in unlegierten Masseln, flüssig in Legierung oder in Fabrikaten vorhanden ist. Werden 100 t fertiger Messingrohre verkauft, die aus einer Legierung von z. B. 70% Cu und 30% Zn bestehen, so werden aus den Skontren der reinen Metalle 70 t Kupfer und 30 t Zink abgebucht.

Durch getrennte Materialrechnung wird erreicht, daß mit ständig gleichbleibenden Bestandssorten gerechnet wird, auch wenn die äußere Form der Halbfabrikate und Produkte und die Mischungsverhältnisse der eingesetzten Stoffe sich ändern. Dadurch kann ein Scheingewinn so weit eliminiert werden, wie er durch erhöhte Anschaffungskosten des *Materials* entstanden ist. Scheingewinnbildend bleiben die in den Wertansatz der Halb- und Fertigfabrikate eingegangenen Lohnerhöhungen.

[90] Vgl. *Görres*, P.: Zur Problematik der Bewertung von Metallvorräten (Hrsg. Wirtschaftsvereinigung Nichteisenmetalle e. V.), Düsseldorf 1950, S. 24.

[91] Vgl. Erfahrungsaustausch über Eisernen Bestand, a.a.O., S. 5.

4. Untersuchung der Möglichkeit einer Weiterentwicklung der EB-Rechnung

4.1. Aufgabenstellung

Die EB-Rechnung umfaßt

die EB-Bilanzierung,
das ist die bezüglich Abgrenzung, Mengenermittlung und Bewertung sachgerechte Bilanzierung Eiserner Bestände, und
die ergänzenden Buchungen,
das sind die erforderlichen Abschluß- und Eröffnungsbuchungen sowie weitere Buchungen, die für unterschrittene Eiserne Bestände vorzunehmen sind.

Bei der Untersuchung der Möglichkeit einer Weiterentwicklung der EB-Rechnung kann man zwei betriebswirtschaftliche Problemkreise unterscheiden:

die Abgrenzung und Mengenbemessung und
die Bewertung und Abrechnung Eiserner Bestände.

Beide Gebiete sind so zu behandeln, daß nach Möglichkeit Grundlagen für eine handels- und steuerrechtliche Zulassung der EB-Rechnung geschaffen werden.

Als Mängel der EB-Rechnung bei der Eliminierung von Scheinerfolgen werden genannt, daß sie

1. bei Fehlen einer Norm „dann ... versagt, wenn die Bestände schwanken"[1] und daß sie
2. in jedem Fall versagt, wenn die „Prämisse qualitativer Konstanz"[2] der Vorräte nicht gegeben ist.[3]
3. Eine Begrenzung ist der EB-Rechnung immanent, weil sie sich eben nur auf Eiserne Bestände und nicht auf darüber hinausgehende Vorräte erstreckt.

Aus diesen drei Fakten ergeben sich spezielle Anforderungen, die bei der Bearbeitung des ersten Problemkreises zu beachten sind.

Zu 1.: Qantitative Elastizität ist nur erreichbar, wenn eine sinnvolle Normierung Eiserner Bestände möglich ist. Wenn ein objektiver Maß-

---

[1] *Eckardt,* H., a.a.O., S. 77.

[2] *Hax,* K.: Kontrolle der Substanzerhaltung mit Hilfe der Unternehmungsrechnung, in: Stahl und Eisen, 82. Jg. (1962), S. 380.

[3] Vgl. *Mellerowicz,* K.: Unternehmenspolitik, Bd. III, a.a.O., S. 262.

stab gefunden wird, können die Eisernen Bestände jedes Jahr an die geänderten Betriebsverhältnisse angepaßt werden[4], und es ist ein „Nachteil der bisherigen Methoden der Substanzrechnung, nämlich die fehlende Anpassungsfähigkeit an wechselnde Mengenverhältnisse behoben“[5]. Dann kann auch eine Unterschreitung der EB-Norm durch eine Rückstellung für Lagererhaltung[6] gedeckt werden, sofern erhöhte Wiederbeschaffungspreise dies erfordern.

Wegen der für eine offizielle Rechnungslegung erforderlichen Sicherheit muß eine willkürliche Mengenbemessung ausgeschlossen werden[7].

Zu 2.: Eine qualitative Elastizität der EB-Rechnung ist denkbar, soweit für qualitative Änderungen der Vorräte ein Substitutionsnachweis geführt werden kann.

Zu 3.: Was schließlich den Anwendungsbereich der EB-Rechnung anbetrifft, so kommt der Definition Eiserner Bestände entscheidende Bedeutung zu.

Die im zweiten Problemkreis — der Bewertung und Abrechnung Eiserner Bestände — zu lösenden Aufgaben ergeben sich im einzelnen erst nach der Abgrenzung und Mengenbemessung Eiserner Bestände.

Die praktische Lösung des Scheingewinnproblems im Rahmen der Jahreserfolgsrechnung leidet unter der Gegensätzlichkeit unternehmenspolitischer und fiskalischer Interessen: Die Tendenzen zur Substanzerhaltung vor Gewinnausweis stehen dem Prinzip des Gewinnausweises nach Nominalkapitalerhaltung gegenüber.

Die gemeinsame Basis für eine Lösung kann nur die Anerkennung der Organfunktion der Betriebe in der Gesamtwirtschaft sein. Wachstum darf nicht über die Kosten, sondern muß aus neuen Mitteln finanziert werden. Aber das Abrechnungsverfahren darf andererseits nicht einen Teil der erhaltenen Substanz eines laufenden Betriebes als Gewinn ausweisen.

Eine Lösung muß unter dem Aspekt des übergeordneten öffentlichen Interesses erfolgen.

Die hier gesuchte EB-Norm soll dementsprechend nicht das Instrument der Lagerplanung oder Hilfsmittel der Lager- oder Bilanzpolitik, sondern Instrument öffentlicher Kontrolle (durch Finanzamt, Aktionäre u. a.) sein. Die Verfahren der Lagerhaltung und die Grundsätze der Lager-, Bilanz- und Unternehmenspolitik werden vorausgesetzt und sind erforderlichenfalls in Betracht zu ziehen. Die gesuchte Norm muß

---

[4] Vgl. *Hax*, K.: Die Substanzerhaltung ..., a.a.O., S. 131.
[5] *Hax*, K.: Die Substanzerhaltung ..., a.a.O., S. 153.
[6] Vgl. *Schmalenbach*, E.: Dynamische ..., 4. Aufl., a.a.O., S. 207.
[7] Vgl. auch *Eckardt*, H., a.a.O., S. 76.

betriebswirtschaftichen Bedingungen entsprechen; und zwar in dem Maße, wie diese Bedingungen dem Betrieb als *Organismus* zugebilligt werden müssen, damit seine *Organ*funktion nicht beeinträchtigt wird.

4.2. Grundlagen normierter Mengenbestimmung Eiserner Bestände

4.2.1. Definition bilanzieller Eiserner Bestände

Die Definition der bilanziellen Eisernen Bestände ist die Grundlage aller weiteren Überlegungen.

In der geschichtlichen Entwicklung sind vor allem die folgenden Definitionen hervorgetreten:

1. EB = Normalbestand (im Sinne einer Norm für den EB)
2. EB = optimaler Bestandsdurchschnitt
3. EB = Jahresdurchschnittsbestand
4. EB = Maximalbestand des Jahres
5. EB = betriebsnotwendiges Minimum der Vorräte

Die Bezeichnung des Eisernen Bestandes als *Normalbestand* im Sinne einer Norm läßt die Frage nach der Bestimmung dieser Norm offen[8].

Der *optimale Bestandsdurchschnitt* kann als Normmenge eines Eisernen Bestandes in Betracht kommen. Aber er kann kaum auf einfache Weise als Dritten gegenüber beweiskräftige und leicht kontrollierbare Meßzahl in der Praxis ermittelt werden.

Durchschnitts- und *Maximalbestand* können nur dann als EB in Erwägung gezogen werden, wenn sie von spekulativen (und diesen gleichzusetzenden) Vorräten bereinigt sind.

Der bereinigte Durchschnittsbestand ist tatsächlich durchschnittlich vorhanden; aber er ist nicht gerade in dieser Höhe bei der einzelnen Position „eisern" gebunden.

Der (bereinigte) Maximalbestand wird sogar nur kurze Zeit erreicht und ist meistens unterschritten. Er wird nur als EB vertreten, damit die Mittel für seine Wiederbeschaffung erhalten bleiben[9]. Hier bestimmt mehr noch als beim Durchschnittsbestand die Substanzerhaltungsidee die EB-Definition, ungeachtet der Grenzen der EB-Rechnung.

Es bleibt das *betriebsnotwendige Minimum der Vorräte* zu erörtern. Versteht man unter dem Minimum der Vorräte das Minimum eines Zeitraumes, etwa eines Geschäftsjahres, dann bezeichnet es die effektiv niedrigste Menge dieses Zeitraumes. Diese Menge ist eisern,

[8] Vgl. *Schmalenbach*, E.: Grundlagen ..., a.a.O., S. 91.
[9] Vgl. *Hax*, K.: Die Substanzerhaltung ..., a.a.O., S. 133.

d. h. anlagenähnlich gebunden, indem sie nicht unterschritten (wenngleich auch gewälzt) wurde.

Es muß jedoch an den Zweck der EB-Rechnung gedacht werden. Weder ist die Substanzerhaltung das unmittelbare Ziel, noch soll die ununterbrochene Bindung von Vorräten honoriert werden; vielmehr soll die Vergleichbarkeit der Jahreserfolgsrechnung verbessert werden. Zu diesem Zweck wollte Schmalenbach die betriebsgebundenen Vorräte, die an aufeinanderfolgenden Bilanzstichtagen in gleicher Art und Menge dem nächsten Geschäftsjahr weitergereicht werden, stets unverändert bewertet bilanzieren.

Demnach sind nicht die dauerhaft ununterbrochen im Betrieb gebundenen, sondern die an aufeinanderfolgenden Bilanzstichtagen vorhandenen Vorräte nach Art und Menge in Betracht zu ziehen. In einem Zeitpunkt gibt es nur *den* effektiven Bestand; ein Bestandsminimum läßt sich dafür nicht effektiv, sondern nur normativ ermitteln. *Deshalb* fassen wir als Minimum die betriebsnotwendige Menge auf. Nicht die Anlagenähnlichkeit, sondern die Betriebsnotwendigkeit an aufeinanderfolgenden Bilanzstichtagen begründet danach bilanzielle Eiserne Bestände.

Der effektive Inventurbestand wird meist vom bilanziellen Eisernen Bestand nach oben (Mehrbestand) oder auch nach unten (Unterschreitung) abweichen.

Was während des Geschäftsjahres mit den Vorräten geschah, ist für die EB-Bilanzierung unbeachtlich, wenn nur das abgelaufene Geschäftsjahr eine gleiche bzw. gleich leistungsfähige Menge, wie es selbst empfangen hatte, dem neuen Geschäftsjahr weiterreicht. Eine andere Frage ist es, ob aus rechtlichen Gründen die ununterbrochene Mengenbindung Voraussetzung für die Möglichkeit der Festbewertung ist.

Vom betriebwirtschaftlichen Standpunkt aus können die Eisernen Bestände der Bilanzlehre unter Beachtung der Grundsätze dynamischer Substanzerhaltung definiert werden als diejenigen Mengen der einzelnen Artikel des Vorratsvermögens, die am Geschäftsjahresende betriebsnotwendig sind, um bei dynamisch erhaltener Kapazität die gleiche Leistung wie am Geschäftsjahresanfang zu vollbringen.

Diese Definition ist jedoch praktisch nur schlecht verwendbar. Nach Art und Menge leistungsgleiche Bestände sind nicht direkt bestimmbar. Auch die Bewertung wäre sehr problematisch, da infolge der vorgeschriebenen Einzelbewertung der Güter nicht ohne weiteres der gleiche Wert für leistungsgleiche Bestände angesetzt werden kann. Praktisch empfiehlt es sich, entsprechend der bisherigen Theorie und Praxis, einen Eisernen Bestand zunächst nach den Grundsätzen reproduktiver Substanzerhaltung festzustellen. Als Eiserne Bestände der Bilanzlehre werden deshalb diejenigen Mengen der einzelnen Artikel des Vorratsvermögens bezeichnet, die an beiden Stichtagen aufeinanderfolgender Jahresabschlüsse betriebsnotwendig sind. Die Anpassung an die Erfordernisse dynamischer Substanzerhaltung muß dann für qualitative Änderungen durch Gleichsetzung leistungserhaltender Substitutionsgüter mit den ersetzten Wirtschaftsgütern des Geschäftsjahresanfangs und für quantitative Änderungen durch eine Substitutionsmengen-Rechnung erreicht werden. Es bleibt zu untersuchen, welche Güter qualitativ und quantitativ Substitutionsgüter sind, damit nicht allein durch Substitution erfolgswirksame Wertänderungen bilanziert werden.

Die betriebsnotwendigen Mengen sind zunächst nach den Daten des Geschäftsjahresendes zu ermitteln.

Nach der EB-Definition sind nur die Mengen Eiserner Bestand, die an aufeinanderfolgenden Geschäftsjahresenden betriebsnotwendig sind. Demnach ist stets nur die kleinere der beiden aufeinanderfolgenden betriebsnotwendigen Mengen Eiserner Bestand (vertretbarer EB). Natürlich hat ein von der Geschäftsleitung niedriger angesetzter EB den Vorrang (bilanzierter EB). Bei Eisernen Beständen kommt es also nicht auf eine Vielzahl von Zugehörigkeitsjahren an.

Ein Vergleich mit den am Vorjahresende bilanzierten Eisernen Beständen zeigt, ob ein EB unverändert, aufgestockt, herabgesetzt (evtl. auch gänzlich aufgelöst) oder neu entstanden ist.

Aber erst fundierte, einheitliche Grundsätze für die Mengenbemessung Eiserner Bestände ermöglichen es,

daß die Eisernen Bestände Dritten gegenüber in der offiziellen Erfolgsrechnung generell vertretbar sind,
daß sie den technischen und wirtschaftlichen Veränderungen nach einheitlichen Maßstäben folgen können und
daß bei einer Bestandsminderung erkannt werden kann, ob es eine Herabsetzung oder eine Unterschreitung eines Eisernen Bestandes ist.

Bei den Eisernen Beständen kann „leicht ... die Willkür ... verderben, was sie an theoretischem Vorzug besitzen“[10]. Deshalb muß eine allgemein vertretbare EB-Norm gesucht werden, die sich an anerkannte Maßstäbe hält.

Schmalenbach hatte aus Gründen der Vergleichbarkeit eine Bestandsnorm für Eiserne Bestände für besser gehalten als die jährliche Weiterrechnung vom anfänglichen effektiven gebundenen Bestand[11]. Aber er wies auch sofort auf die Schwierigkeiten der Abgrenzung hin[12]. Und

---

[10] *Schmalenbach*, E.: Dynamische Bilanz, 6. Aufl., Leipzig 1933, S. 210.
[11] Vgl. *Schmalenbach*, E.: Dynamische ..., 4. Aufl., a.a.O., S. 210.
[12] *Vgl. Schmalenbach*, E: Grundlagen ..., a.a.O., S. 91.

1962 heißt es in der Dynamischen Bilanz, daß man mit Versuchen, die EB-Mengen mit mathematischen Mitteln zu bestimmen, keinen Erfolg gehabt hat, und zwar im wesentlichen wegen der unumgänglichen Bestandsschwankungen während des Geschäftsjahres[13].

Nun verliert dieser entscheidende Hinderungsgrund hier seine Bedeutung, da jeweils nur die Betriebsnotwendigkeit im Inventurzeit p u n k t für die EB-Mengenbestimmung zu beurteilen ist. Bestandsschwankungen während des Geschäftsjahres sind außer Betracht zu lassen.

Die Einbeziehung höherer als der *bilanziellen* Eisernen Bestände ist nicht nur methodisch kaum lösbar — wie sich in Jahrzehnten gezeigt hat —, sondern nähme außerdem der EB-Rechnung als Mittel richtiger Erfolgsrechnung die Legitimation. Die EB-Rechnung würde sich als ein Verfahren der Substanzrechnung ausweisen, das keinesfalls gesetzliche Rechtfertigung finden kann.

Es bleibt ein Ziel, vertretbare Eiserne Bestände auf einfache, möglichst formelmäßige Weise nachzuweisen und damit gleichzeitig die materielle Anpassung der bilanziellen Eisernen Bestände an die dynamische Entwicklung zu ermöglichen.

Dabei können nicht starre Normen vorgeschrieben werden, die nicht den Erfordernissen des Einzelfalles Rechnung tragen.

Aber einheitliche Grundsätze für Meßzahlen zur Grenzbestimmung Eiserner Bestände müssen gesucht werden.

4.2.2. Gruppenbildung als Arbeitsgrundlage

Eine Normierung Eiserner Bestände darf einen Betrieb nicht ungeachtet individueller Verhältnisse (etwa der Liquiditätslage) darauf festlegen, eine bestimmte Menge als Eisernen Bestand zu halten. Andererseits soll ausgeschlossen werden, daß willkürlich große Vorratsmengen als EB deklariert werden. Die Normierung hat deshalb den Rahmen zu schaffen, in dem vom Betrieb angegebene Eiserne Bestände vertreten und allgemein anerkannt werden können.

Es muß also eine an betriebsindividuellen aktuellen Daten orientierte, allgemein vertretbare Norm als Obergrenze gesucht werden. Im Steuerrecht würde man von einer Tatbestandstypisierung sprechen, die auszunutzen dem einzelnen freisteht.

Um in diesem Sinne zu einer aus praktischen Gründen möglichst formelmäßigen Norm zu kommen, müssen die Bestimmungsfaktoren für die Höhe der verschiedenen Vorratsgruppen herangezogen werden.

---

[13] Vgl. *Schmalenbach*, E.: Dynamische ..., 13. Aufl., a.a.O., S. 203.

Zu diesem Zweck muß zunächst einmal das Vorratsvermögen in entsprechende Gruppen gegliedert werden.

Die bilanzielle Gliederung in Roh-, Hilfs- und Betriebsstoffe, in unfertige, fertige Erzeugnisse und Waren ist dafür nicht geeignet. Z. B. ist die Menge der unfertigen Erzeugnisse in Zwischenlägern von anderen Faktoren abhängig als die Menge der unfertigen Erzeugnisse in der Fertigung.

Die von Findeisen vorgenommene Gliederung in Vorräte vor, in und nach dem Fertigungsprozeß kommt einer hier brauchbaren Gruppierung schon näher.

Eine Prozeßgliederung vom Rohstofflager über Fertigung und Zwischenlager zum Fertiglager, wie sie Nonnemann vornahm[14], führt zu einem Katalog von Fällen, in denen Eiserne Bestände möglich sind. Dieser Katalog ist aber wenig abstraktionsfähig.

Die Art der Bestimmungsfaktoren, die für die Höhe eines Bestandes irgendwo im Betrieb maßgeblich sind, hängt nicht von der Produktionsstufe ab, auf der sich der Vorrat befindet, sondern von der Aufgabe, die zu erfüllen ist. Die Vorräte werden deshalb zunächst nach ihren Funktionsbereichen gegliedert in:

Lagerbestände,

Fertigungsbestände,

Entwicklungsbestände und

Werbebestände.

Echte Entwicklungsbestände (soweit es sich also *nicht* um Entwicklungs*fertigung* handelt) sind nicht zu aktivieren. Sie können deshalb außer Betracht bleiben.

Werbebestände sind Vorräte, die von der Vertriebs- bzw. Werbe-Abteilung für Werbezwecke aus der Fertigung oder aus dem Lager entnommen wurden. Die Aufgabe, Werbezwecken zu dienen, kann zu aktivierungspflichtigen Beständen führen. Sie werden, besonders wenn sie hochwertig sind, der Fertigung oder dem Lager nach Erfüllung ihrer Werbeaufgabe wieder zurückgegeben oder direkt verkauft (z. B. auf Messen ausgestellte Sender).

Die fraglos größte Bedeutung haben aber Lager- und Fertigungsbestände. Lagerbestände befinden sich in den Material-, Zwischen- und Fertigfabrikate-(Handelswaren-)Lägern, Fertigungsbestände im Fertigungsprozeß.

---

[14] s. S. 37 f.

Auf Eiserne Bestände der Bilanzlehre sind also die *betriebsnotwendigen*

Lagerbestände,
Fertigungsbestände und
Werbebestände

zu untersuchen.

Die betriebsnotwendigen Bestände *in den Lägern* sind zum Ausgleich der Divergenzen zwischen Zugang und Bedarf erforderlich. Um diese Aufgabe zu erfüllen, müssen

1. Vorräte zum planmäßigen Verbrauch vorhanden sein. Sie seien ihrer Funktion entsprechend als *Verbrauchsbestände* bezeichnet. Diese genügen aber nicht, wenn ein Mehrbedarf oder Verzögerungen in der Beschaffung auftreten. Dafür sind

2. Funktionssicherungsbestände notwendig.
Normalerweise reichen als solche die *Reservebestände* aus, die als lagerwirtschaftlich eiserne Bestände nur dann vorübergehend angegriffen werden, wenn durch üblichen Ausschuß oder übliche Beschaffungsverzögerungen der Verbrauchsbestand nicht ausreicht.
In Sonderfällen sind darüber hinaus zur Funktionssicherung des Lagers *Sicherheitsbestände* nötig, um größere Beschaffungsstörungen oder ungewisse Umsatzstöße abzufangen[15].

Spekulative Lagerbestände, deren „Gebundenheit allein in der Erwartung des besseren Preises liegt"[16] und bei denen „andere Betriebsnotwendigkeiten auf ihre Erhaltung oder ihren fortlaufenden Ersatz nicht drängen"[17], müssen wegen unterschiedlicher Bewertung[18] von den betriebsnotwendig gebundenen Beständen abgegrenzt werden. Die Möglichkeit weiter steigender Preise gibt den Betrieben Anlaß, u. U. erhebliche spekulative Vorräte zu horten. Ungewollte Überbestände in Lägern, in Fertigung oder Werbung entstehen z. B. durch mangelhaften Bestelleingang, während auf Lager gearbeitet wird. „Derartige Vorräte sind in ganz besonderem Grade bereit, in den Markt zu gehen und daher in ganz besonderem Grade ungebunden"[19]. Schmalenbach stellt sie den Spekulationsvorräten gleich[20].

Vereinzelt werden zwar auch spekulative Bestände als „betriebsnotwendig oder zumindest betriebsbedingt"[21] bezeichnet, weil auch sie

---

[15] Vgl. *Mellerowicz*, K.: Unternehmenspolitik, Bd. II, a.a.O., S. 262.
[16] *Schmalenbach*, E.: Dynamische ..., 4. Aufl., a.a.O., S. 210.
[17] Ebenda.
[18] Vgl. ebenda, S. 175 ff. u. 198 ff.; *Walb*, E.: Die Erfolgsrechnung ..., a.a.O., S. 371 ff.; *Schmidt*, F.: Die organische ..., a.a.O., S. 83 f.
[19] *Schmalenbach*, E.: Dynamische ..., 9. Aufl., a.a.O., S. 157.
[20] Vgl. ebenda.
[21] *Hax*, K.: Die Substanzerhaltung ..., a.a.O., S. 103.

dem Geschäftserfolg nützen sollen. In der spekulativen Erfolgserwartung zeigt sich jedoch ihre gegensätzliche Funktion zu den Vorräten, die mit einer gewissen Regelmäßigkeit am Bilanzstichtag betriebsnotwendig sind. Als bilanzielle Eiserne Bestände scheiden sie deshalb von vornherein aus.

Die betriebsnotwendigen Vorräte *in den Lägern,* die auf bilanzielle Eiserne Bestände zu untersuchen sind, werden also gegliedert in:

Verbrauchsbestände,
Reservebestände und
Sicherheitsbestände.

Diese Terminologie wird weiterhin *einheitlich* für Material-, Zwischen- und Fertigfabrikate-(Handelswaren-)Läger angewandt. Eine nach diesen Teilmengen getrennte Lagerung ist im allgemeinen nicht zu finden. Die Aufteilung des Lagerbestandes eines jeden Artikels nach Verbrauchs-, Reserve- und Sicherheitsbestand erfolgt hier jedoch gedanklich, um die unterschiedlichen Bestimmungsfaktoren dieser Teilmengen zu ermitteln.

Der *Verbrauchsbestand* eines Artikels ist die im Lager unmittelbar zum Verbrauch bereitgehaltene Menge. Technisch erforderliche Lagerung für Reifungsprozesse und ähnliches gehört zum Fertigungsprozeß, der entsprechende Bestand also zum Fertigungsbestand. Bedarfsbestände des Rohmateriallagers gehören dagegen zu den Verbrauchsbeständen.

Wo z. B. der Zugang stoßweise, der Verbrauch aber mehr oder weniger kontinuierlich erfolgt (im allgemeinen bei Vorratsmaterial, Hilfs- und Betriebsstoffen im Materiallager oder auch bei Halbfabrikaten im Zwischenlager), sind Verbrauchsbestände grundsätzlich gegeben; ebenso z. B., wo der Zugang mehr oder weniger kontinuierlich, aber der Verbrauch stoßweise erfolgt (häufig im Fertigfabrikatelager wie auch im Zwischenlager).

Das Problem, für Verbrauchsbestände eine EB-Norm zu finden, besteht — ganz abgesehen vom Problem der Bestimmungsfaktoren — schon in der Grundsatzfrage, ob für den variablen Verbrauchsbestand überhaupt ein bilanzieller Eiserner Bestand gebildet werden kann; denn Verbrauchsbestände pflegen zwischen Zugangsmenge (+ Verbrauchsbestandsrest) und Null (+ Verbrauchsbestandsrest) zu schwanken.

Die von Nicklisch erwähnte „eiserne Zone für die Bewegung der Bestände“[22] ist durch die Gruppe „Verbrauchsbestände“ zu erklären. Demzufolge ist die von Lax ausführlich behandelte, in Mengenschwankun-

[22] *Nicklisch,* H.: Grundfragen ..., a.a.O., S. 21.

gen begründete Problematik der EB-Mengenbestimmung[23] auf die Verbrauchsbestände zurückzuführen.

Die beste Grundlage für bilanzielle Eiserne Bestände an Lagervorräten bilden die *Reservebestände*. Wird ein Reservebestand angegriffen, so muß die Fehlmenge unverzüglich ersetzt werden. Der Reservebestand ist „bei unveränderten Produktionsbedingungen, vor allem gleichem Beschäftigungsgrad, ein langfristig gleichbleibender Bestand, der grundsätzlich nicht unterschritten wird, also, der Menge nach, nie verarbeitet wird“[24].

Ob und wie hoch *Sicherheitsbestände* eingelagert werden, ist „sowohl von politisch als auch konjunkturell bedingten Schwankungen abhängig“[25], so daß „für die Höhe des Sicherheitsbestandes zugleich spekulative Momente wirksam“[26] werden[27]. Die Ungewißheit im Einzelfall über die jeweils notwendige Menge kennzeichnet den Charakter der Sicherheitsbestände. Sollen die Vorräte Bedarf decken, der mit gewisser Regelmäßigkeit zu erwarten ist, so sind es Verbrauchs- oder Reservebestände.

Sicherheitsbestände sind somit wegen ihrer unregelmäßigen Betriebsnotwendigkeit für die Bildung und Normierung bilanzieller Eiserner Bestände unzugänglich.

Die betriebsnotwendigen *Fertigungsbestände* setzen sich aus den fertigungstechnisch gebundenen und aus den fertigungsorganisatorisch gebundenen Beständen zusammen. Über das technisch oder organisatorisch notwendige Maß hinausgehende Fertigungsbestände sind nicht gebunden und können keine Eisernen Bestände bilden.

Analog sind bei den betriebsnotwendigen *Werbebeständen* werbetechnisch und werbeorganisatorisch gebundene Bestände zu unterscheiden. Beide zusammen sind werbungsgebunden.

Sind nach Art und Menge bestimmte fertigungsgebundene oder werbungsgebundene Bestände mit gewisser Regelmäßigkeit am Bilanzstichtag vorhanden, so können dort Eiserne Bestände vorliegen.

Zusammenfassend ist festzustellen:

Für Entwicklungs-, Spekulations- und Sicherheitsbestände kommt eine EB-Feststellung nicht in Betracht. Dagegen können die folgenden vier Vorratsgruppen bilanzielle Eiserne Bestände aufweisen:

---

[23] Vgl. *Lax*, W., a.a.O., S. 87.

[24] *Mellerowicz*, K.: Unternehmenspolitik, Bd. II, a.a.O., S. 262.

[25] Ebenda.

[26] Ebenda.

[27] Vgl. auch *Schwarz*, H.: Grundfragen der Abstimmung von Materialbeschaffung, Fertigung und Vertrieb. Habilitationsschrift, TU Berlin 19. Juli 1958, S. 35 Fußnote 56.

Reservebestände,
Verbrauchsbestände (wenn man sie einbeziehen will),
fertigungsgebundene Bestände und
werbungsgebundene Bestände.

Für diese Gruppen ist nun die Möglichkeit einer Normierung der vertretbaren EB-Mengen im einzelnen zu untersuchen.

4.2.3. Untersuchung der Vorratsgruppen auf bilanzielle Eiserne Bestände

4.2.3.1. Der EB beim Reservebestand

Die zur Funktionserhaltung des Betriebes notwendigen Mengen sind in jeder der genannten vier Vorratsgruppen von verschiedenen Bestimmungsfaktoren abhängig. Diese müssen als Grundlage erörtert werden, selbst wenn schließlich für die Praxis nur vereinfachte Bestimmungsfaktoren in Frage kommen.

In allen Lägern (Roh-, Hilfs- und Betriebsstoff-, Halb- und Fertigfabrikateläger/Handelsläger) sind Reservebestände zur Funktionssicherung erforderlich, wenn für die betreffenden Artikel fortlaufend (Vorratsbestände) oder latent (etwa Betriebsstoffe für Notbetriebs-Anlagen) Bedarf besteht.

Es ist im allgemeinen nicht möglich, für Reservebestände eine optimale Menge als die betriebswirtschaftlich richtige Menge[28] praktisch zu bestimmen[29]. Eine optimale Beschaffungsmenge läßt sich nicht bestimmen, weil, von Einzelfällen abgesehen, ein Reservebestand nicht separat beschafft wird. Er ist lediglich ein gedanklich gesonderter Teil des Gesamtbestandes[30] und wird durch eine Soll-Zahl (= von der Geschäftsleitung gewünschter Reservebestand) festgelegt.

Eine optimale Menge läßt sich im allgemeinen auch nicht dadurch feststellen, daß man für verschiedene Mengen die Lagerhaltungskosten mit dem Nutzen vergleicht; denn es ist ungewiß, wann, wie oft, ob überhaupt und für welchen speziellen Fall der Reservebestand eingesetzt wird.

Dennoch wurde z. B. in „Manufacturing Industries“ die Vielzahl der variablen und teils unwägbaren Faktoren zu einer Formel zusammengefaßt[31]. Bei der praktischen Lagerdisposition werden aber die Reservebestände auf andere Weise bestimmt.

---

[28] Vgl. *Mellerowicz*, K.: Wert..., a.a.O., S. 84.
[29] Vgl. ders.: Betriebswirtschaftslehre..., a.a.O., 2. Bd., S. 22 f.
[30] Vgl. ebenda. S. 20.
[31] Vgl. *Narath*, H.: Die Ermittlung des wirtschaftlich günstigsten Lagerbestandes, des günstigsten Zeitpunktes der Nachbestellung und der Größe des Reserve-Lagerbestandes (Nach Manufacturing Industries, Bd. 13 Nr. 3), in: Zeitschrift für Betriebswirtschaft, 4. Jg. (1927), S. 475 f.

Grundsätzlich ist der mögliche Schaden durch Fehlen eines Reservebestandes so hoch einzuschätzen, daß man dem Betrieb einen zur Funktionssicherung hinreichenden Reservebestand generell zubilligen muß.

Welche Menge ist in diesem Sinne „hinreichend"?

Nicklisch hatte den Mindestbestand durch die Formel $M = X \cdot U$ ausgedrückt. Dabei ist U der Monatsumsatz. X ist die Zeit, für die der Mindestbestand (M) reichen soll[32]. An die Stelle der Frage, welche Reserve-Menge hinreichend ist, ist damit die Frage getreten, für welche Zeit die Reserve-Menge reichen soll. Die Reserve-Menge muß, wie Findeisen ausführte, für die Wiederbeschaffungsfrist ausreichen[33]. Dadurch wird die Funktionssicherung des Lagers erreicht und der Reservebestand ist „gerade so hoch bemessen ..., daß eine reibungslose Betriebsfortführung gewährleistet wird"[34].

Praktisch ist die Wiederbeschaffungsfrist aber keine Größe, die vorher genau feststeht. Auch ist der Monatsumsatz (Nicklisch) bzw. der Tagesbedarf (Findeisen) gewissen Schwankungen unterworfen. Mellerowicz hat darauf hingewiesen und ausgeführt:

„Der eiserne Bestand muß mindestens so groß sein wie der Materialbedarf für den Umsatz der Beschaffungsperiode. Er sollte aber so hoch veranschlagt werden, daß er auch kleinere, nicht erwartete Schwankungen in der Beschaffungsdauer oder im Verbrauch abdecken kann. Er reicht aber nicht aus, um merkliche Umsatzschwankungen abzufangen."[35]

Oder allgemeiner:

„Der eiserne Bestand jeder Stoffart muß mindestens so groß sein wie der Verbrauch dieses Stoffes in der für ihn in Betracht kommenden Beschaffungszeit. Er muß um so größer sein, je größer das Risiko für eine Beschaffungsstockung ist."[36]

Bleibt man bei einem formelmäßigen Ausdruck, so erfordern diese Definitionen eine Erweiterung der Formel Findeisens um gewisse Sicherheitszuschläge, und es ergibt sich als *Meßzahl* für den

$$\text{Reservebestand} = (\text{Beschaffungszeit in Tagen} + \text{Sicherheitszuschl.}) \cdot (\text{Bedarf pro Tag} + \text{Sicherheitszuschlag})$$

oder kurz

$$= (t + s) \cdot (B + S).$$

Die *Beschaffungszeit* (t) beinhaltet bei den Materiallägern außer der reinen Lieferzeit die Nebenzeiten, die zur Anforderung bei der Einkaufsabteilung und zur Unterbringung der Bestellung beim Lieferanten

---

[32] Vgl. Seite 35 dieser Arbeit.

[33] Vgl. ebenda, S. 36.

[34] *Mellerowicz*, K.: Betriebswirtschaftlehre ..., a.a.O., 2. Bd., S. 22; vgl. auch ders.: Allgemeine ..., 3. Bd., 11. Aufl., Berlin 1963, S. 62.

[35] *Mellerowicz*, K.: Betriebswirtschaftslehre ..., a.a.O., 2. Bd., S. 22 f.

[36] *Mellerowicz*, K.: Allgemeine ..., 3. Bd., a.a.O., S. 62.

benötigt werden, bei den Zwischen- und Fertiglägern außer der reinen Fertigungszeit auch die Anforderungs- und Fertigungseinleitungszeit. Es ist die notwendige betriebsübliche Beschaffungszeit unter den am Geschäftsjahresende absehbaren normalen Verhältnissen[37] zugrunde zu legen.

Der *Sicherheitszuschlag* (s) muß ausreichen, um alle tatsächlich möglichen, d. h. in praxi: alle aus bisherigen Geschäftsvorfällen unter gemeingewöhnlichen Umständen nachweisbar möglichen kleineren Verzögerungen (über die normale Beschaffungszeit hinaus) einzuschließen. Nicht dazuzurechnen sind ungewöhnliche Verzögerungen wie sie sich aus Naturkatastrophen, politischen Störungen, Streiks, Liefersperren usw. ergeben können[38].

Als *Bedarf* (B) ist am Geschäftsjahresende der nachweisbar zu erwartende Tagesbedarf der folgenden Beschaffungszeit anzusetzen. Häufig wird dieser Faktor Null sein; z. B. im Fertiglager, wenn erst auf Bestellung gefertigt wird, aber für den betreffenden Artikel keine Bestellung vorliegt. Ein Reservebestand entfällt dann. In anderen Fällen steht der künftige Bedarf fest, sei es auf Grund fester Kundenbestellungen, sei es, daß er dem Absatzplan entnommen werden kann, sei es im Zwischenlager- und Rohlagerbereich auf Grund des Fertigungsplanes. Für Vorratsmaterial können objektive Bedarfszahlen der Lagerkartei entnommen werden, in der die Richtzahlen den Monatsbedarf je Artikel angeben. Auch der latente Tagesbedarf für eigene Notbetriebsanlagen ist bekannt.

Es erübrigt sich, die oben genannten Faktoren etwa für das Fertiglager bei Einzelfertigung als nicht anwendbar zu erklären, weil sie bei Vorliegen von Kundenbestellungen einen Bedarf und also einen Reservebestand ergeben würden, während tatsächlich in solchen Fällen kein Reservebestand an Fertigfabrikaten gehalten wird. Es erübrigt sich erstens, weil stets nur der im Betrieb als Soll vorgegebene Reservebestand maßgeblich ist, wenn er niedriger als die rechnerische Norm ist; und es erübrigt sich zweitens, weil letztlich nur ein Vorrat als bilanzieller Eiserner Bestand in Frage kommt, der an aufeinanderfolgenden Bilanzstichtagen in gleicher Art und Menge betriebsnotwendig ist. Damit scheiden alle ungeeigneten Fälle aus, und es bleiben diejenigen Artikel übrig, die in der Praxis echte Eiserne Bestände bilden.

---

[37] Vgl. *Findeisen*, F.: Der eiserne Bestand ..., a.a.O., S. 177: „Eine verlängerte Wiederbeschaffungszeit, die in Zukunft zu erwarten ist, (muß) in den Eisernen Bestand hineindiskontiert" werden.

Dagegen *Willems*, R.: S. 77: Zugrunde zu legen sei die betriebsübliche Bezugsmöglichkeit „unter gemeingewöhnlichen Verhältnissen".

[38] Vgl. *Brenk*, W., a.a.O., S. 36 f.

Da die Errechnung der Meßzahl nicht vom Bestand, sondern vom Bedarf ausgeht, wird eine Aussonderung spekulativer Vorräte erreicht. Den Beständen selbst kann man ihren Charakter nicht ansehen, weshalb Liebl eine Abgrenzung spekulativer Vorräte für ausgeschlossen hielt[39].

Der *Sicherheitszuschlag* (S) zum Bedarf soll den Mehrverbrauch decken, mit dem man nachweisbar stets infolge von Konstruktionsfehlern, Material- und Fertigungsfehlern, sowie von Lager- und Transportschäden rechnen muß. Auch er ist, wie der Sicherheitszuschlag zur Beschaffungszeit, nur in der Höhe allgemein vertretbar, wie er sich aus bisherigen Unterlagen als notwendig nachweisen läßt (z. B. Mehrverbrauch gegenüber Fertigungsprogramm in ähnlichen Fällen).

Es kann, je nach der praktischen Ermittlungsmöglichkeit, eine Vereinfachung bedeuten, wenn man die Summanden t und s einerseits oder die Summanden B und S andererseits zu je einer Summe zusammenfaßt.

Bezeichnet man t kurz gesagt als die normale Beschaffungszeit am Geschäftsjahresende und s als die normalerweise höchstmögliche Verzögerung, dann kann man $t + s$ zusammengefaßt als die normale Beschaffungshöchstzeit am Geschäftsjahresende bezeichnen ($t_{max.}$).

$B + S$ zusammen ergeben den am Geschäftsjahresende bevorstehenden Tageshöchstbedarf ($B_{max.}$), errechnet aus dem Höchstbedarf des dem Bilanzstichtag folgenden Beschaffungszeitraumes geteilt durch die Anzahl der Tage.

D. h.: $t + s = t_{max.}$; $B + S = B_{max.}$.

Dadurch kann die Formel je nach praktischer Zweckmäßigkeit modifiziert werden. Z. B. Reservebestands-Meßzahl $= t_{max.} \cdot (B + S)$.

In einem praktischen Fall (Schwachstromtechnische Industrie) hat man für den Reservebestand, dort Mindestbestand (M) genannt, je Bestandsposition die Formel angewendet:

$$M = U (f + s).$$

U = durchschnittlicher monatlicher Umsatz;
f = Beschaffungsdauer in Monaten;
s = Sicherheitszuschlag in Monaten für Umsatzstöße, Lieferungsverzug und Ersatz für Ausschuß.

Bemerkenswert ist daran die Handhabung des Sicherheitszuschlages. Er soll, wie es in der internen Anweisung heißt, die Zeit abdecken, für die die Lieferung nicht mehr ausreicht, wenn Umsatzstöße, Liefer-

[39] Vgl. *Liebl*, J., a.a.O., S. 64.

verzug oder Mehrverbrauch durch Ausschuß auftreten. Trennt man die Mehrbedarfsanlässe nach möglichem Mehrbedarf an Material und möglichem Mehrbedarf an Zeit, dann ergibt sich ein gesonderter Sicherheitszuschlag S zum Faktor U für Umsatzstöße und Ausschuß und ein Sicherheitszuschlag s zur Beschaffungsdauer f für Lieferverzug. Die Formel lautete dann:

$$\text{Mindestbestand } M = (U + S) \cdot (f + s).$$

Das deckt sich mit der Formel, die oben in Anlehnung an die Definition von Mellerowicz aufgestellt wurde.

Das praktische Beispiel hat eine weitere Möglichkeit der Modifizierung der Formel gezeigt. Aber der globale Sicherheitszuschlag für Zeit- und Mengenschwankungen beeinträchtigt die Transparenz und Anpassungsfähigkeit der Rechnung.

Neben der bisher erörterten Meßzahl müssen aber noch andere Möglichkeiten der Grenzbestimmung eines allgemein vertretbaren Reservebestandes untersucht werden. Sollzahlen, Istzahlen und Normalzahlen sind in Betracht zu ziehen.

Die Höhe der von der Geschäftsleitung vorgegebenen *Sollzahlen* für Reservebestände hängt vom Ermessen der Geschäftsleitung ab[40]. Deshalb können die Reservebestands-Sollzahlen nicht als objektive, allgemein vertretbare Norm für Reservebestände gelten. Nur wenn sie niedriger sind als die allgemein anerkannte Norm, erlangen sie den Vorrang und kennzeichnen direkt den vertretbaren Reservebestand; denn man kann nicht mehr als Reservebestand anerkennen als vom Betrieb selbst dafür vorgesehen ist.

Die *Istzahlen* können für die offizielle Begründung einer bestimmten Reservebestands-Menge überhaupt keine Rolle spielen. Ist der effektive Gesamtbestand höher als die Reservebestands-Sollzahl, so besteht für den Reservebestand kein Unterschied zwischen Soll und Ist; der effektive Reservebestand ist nur ein durch die Sollzahl bestimmter Teil des effektiven Gesamtbestandes.

Auch wenn der effektive Gesamtbestand eines Artikels niedriger ist als die Reservebestands-Sollzahl bleibt die Istzahl unbeachtlich. Ein wohlbegründeter Reservebestand kann wiederholt unterschritten werden. Gerade darin kann der Beweis seiner Notwendigkeit liegen, wenn z. B. die Beschaffung nicht einwandfrei funktioniert.

Ebensowenig wie die Istzahl am Bilanzstichtag ist das effektive Bestandsminimum eines längeren Zeitraumes geeignet, die Höhe eines

[40] Spekulative Gründe können z. B. hohe, Liquiditätsgründe o. a. niedrige Sollzahlen bewirken. Vgl. *Mellerowicz*, K., Betriebswirtschaftslehre ..., 2. Bd., S. 21 f.

vertretbaren Reservebestandes anzugeben. Das Minimum kann Null sein, wenn der Reservebestand in vollem Umfang benötigt wurde. Andererseits kann es überhöht sein, weil darin längere Zeit gehortete spekulative Vorräte eingeschlossen sein können.

Welche Bedeutung kommt nun dem *normalen* oder durchschnittlichen Reservebestand für die Begründung eines vertretbaren Reservebestandes zu?

Ein Reservebestand kann betriebsnormal oder branchennormal sein. Man kann ihn ermitteln aus den Sollzahlen des Reservebestandes eines längeren Zeitraumes unter Berücksichtigung des Trends. Die Normalzahl ist damit abhängig vom Soll und bietet deshalb keinen objektiven Maßstab zur Kontrolle des Solls darauf, in welcher Höhe es allgemein anerkannt werden kann. Zumindest trifft diese Ablehnung für den betriebsnormalen Reservebestand zu. Der branchennormale Reservebestand wäre je Artikel(-Gruppe) etwa aus den Reichweiten der Reservebestände bei den einzelnen Betrieben der Branche zu ermitteln. Branchennormale Reservebestände als Maßstab lassen zumindest erkennen, von welchen Betrieben extrem hohe Reservebestände gefordert werden, so daß bei diesen die Vertretbarkeit der Reservebestände u. U. anzuzweifeln ist. Es ist eher eine praktische Frage, ob sich branchenweise solche Zahlen ermitteln lassen oder nicht. Schmalenbach hielt in einigen Branchen den Betriebsvergleich in dieser Hinsicht für möglich[41]; doch gelten so ermittelte Durchschnittssätze nicht auch für den einzelnen Betrieb[42], z. B. wegen unterschiedlicher Versorgungsmöglichkeiten mit Rohstoffen.

Ferner kann das Sonderinteresse einer Branche zu überhöhten Reservebeständen in dieser Branche führen. Branchennormale Reservebestände sind dann keineswegs ein objektiver Maßstab für die allgemeine Vertretbarkeit der Reservebestands-Mengen.

Schließlich sind noch die rein statistisch-mathematischen Verfahren zur Errechnung von Reservebeständen zu erwähnen. Sie sind eher für Grobplanung und überschlägige Kontrolle geeignet als für die Lagerdisposition im Einzelfall[43]. Da diese Errechnungsverfahren einen höheren Aufwand erfordern als die oben behandelte Meßzahl für Reservebestände, kommen wir auf die Meßzahl zurück und fassen zusammen:

$$\text{Reservebestands-Meßzahl} = (t + s) \cdot (B + S).$$

[41] Vgl. *Schmalenbach*, E.: Dynamische ..., 12. Aufl., a.a.O., S. 187: dass. 13. Aufl., a.a.O., S. 203.

[42] Vgl. *Hax*, K.: Die Substanzerhaltung ..., a.a.O., S. 132.

[43] Vgl. *Magee*, J. P.: Production Planning and Inventory Control, New York 1958, S. 183.

$t + s = t_{max.}$;

$B + S = B_{max.}$;

t = normale Wiederbeschaffungszeit in Tagen (bzw. in Monaten);

s = Sicherheitszuschlag in Tagen (bzw. in Monaten) für Lieferungsverzögerungen üblicher Art;

B = Bedarf je Tag (bzw. je Monat) während der bevorstehenden Wiederbeschaffungszeit;

S = Sicherheitszuschlag für Mehrbedarf je Tag (bzw. je Monat) durch Konstruktions-, Fertigungs- und Materialfehler sowie Lager- und Transportschäden in bisher nachweisbarer Höhe.

Die Höhe der vier Faktoren muß durch Belege fundiert sein (Lagerkartei, Auftragsbestätigungen der Lieferanten, Fertigungspläne, Terminpläne, Mehraufwandsnachweise o. a.).

Von der *Meßzahl* und der *Sollzahl* des Reservebestandes ist jeweils nur die niedrigere der allgemein vertretbare Reservebestand. Soweit er sich mit der vertretbaren Reservebestands-Menge (das ist nicht der EB) des Geschäftsjahresanfangs deckt, ist er bilanzieller Eiserner Bestand. Liegt der effektive Bestand am Inventurstichtag unter dem EB, so liegt eine *Unterschreitung* des gültigen Eisernen Bestandes vor.

Wo es nach der Definition bilanzielle Eiserne Bestände gibt, ergeben sie sich auch praktisch bei den Reservevorräten aus der Formel. Wo diese Rechnung keinen EB ergibt, kann auch kein bilanzieller EB, wie er oben definiert wurde, vorliegen.

Bezüglich der praktischen Durchführung sind noch einige Einzelfragen und die möglichen Vereinfachungen zu erörtern.

Durch Vorausbestellung kann in manchen Fällen ein kurzer Lieferrhythmus erzielt werden, etwa indem ein Jahresauftrag erteilt wird mit der Maßgabe, 12 monatliche Teillieferungen vorzunehmen. Dagegen sei die Beschaffungszeit bei Einzelbestellung beispielsweise 3 Monate. Welches ist die maßgebliche Beschaffungszeit? Die Beantwortung der Frage hängt davon ab, ob der Betrieb mit der Zuverlässigkeit des Lieferanten rechnet oder ob er jederzeit damit rechnet, sich wieder im übrigen Markt eindecken zu müssen. Im Zweifelsfall wird man deshalb dem Betrieb den längeren Zeitraum als Beschaffungszeit zubilligen müssen, wenn er ihn für die EB-Bemessung in Anspruch nehmen will.

Ein differenziertes Vorgehen je nach Branche, etwa danach ob die Betriebe nach Bestellung oder auf Lager fertigen, ob die Produktion beim Verlassen der Werkstätten oder erst nach einem Reifungsprozeß (ablagern) abgeschlossen ist, wäre nach Nonnemann in allen Lägern nötig[44]. Diese verschiedenen Verhältnisse werden jedoch in den Fak-

[44] Vgl. *Nonnemann*, W., a.a.O., S. 164.

toren der Formel berücksichtigt, weil die nachweisliche Beschaffungs- bzw. Fertigungszeit und der nachweisliche Bedarf überall verschieden sind. Allerdings sind Bestände, die einen Reifungs-, Gärungs- o. ä. Prozeß durchmachen, Fertigungsbestände und nicht Lagerbestände, wenn sich auch der Fertigungsprozeß technisch in Form einer Lagerung vollzieht. Problematische Grenzfälle — etwa bei der Holzlagerung — sind denkbar. Entscheidend für die Zuordnung muß der vorwiegende Zweck der Lagerung sein.

An Vereinfachungen für die praktische Ermittlung der „vertretbaren Reservebestände" können vor allem die folgenden drei genannt werden:

1. Man kann die Errechnung der Meßzahlen vereinfachen, vorausgesetzt, daß die Ergebnisse dadurch nicht höher werden. Und zwar kann die Rechnung materiell vereinfacht werden, indem ein oder mehr Faktoren der Formel nicht für jeden Artikel individuell, sondern etwa für eine Artikelgruppe einheitlich (dann relativ niedrig) angesetzt werden (z. B. die Beschaffungszeit).

Die Rechnung kann formal vereinfacht werden durch Weglassen eines oder beider Sicherheitszuschläge.

Im allgemeinen dürften die Richtzahlen und die Beschaffungszeiten aus der Lagerkartei ohne weitere Bearbeitung durch ihre Objektivität und einfache Ablesbarkeit die praktisch bestgeeigneten Faktoren zur ausreichenden Bestimmung der Meßzahlen sein. Wo große Preisschwankungen ein volles Ausschöpfen der Möglichkeiten erfordern, müssen die Sicherheitszuschläge in die Rechnung einbezogen werden.

2. Die Ermittlung von Meßzahlen erübrigt sich, wenn die Sollzahlen nach solchen Prinzipien bestimmt werden, daß sie kleiner oder gleich den Meßzahlen sind. Dann geben ohne weiteres die Reservebestands-Sollzahlen die vertretbaren Reservebestände an.

3. Soweit Meldebestände festgelegt sind, gibt der kleinere der beiden Teile eines Meldebestandes den vertretbaren Reservebestand an. Und zwar besteht der „untere Teil" eines Meldebestandes aus der durch die Reservebestands-Sollzahl festgelegten Menge und der „obere Teil" ist so zu bemessen, daß die Auffüllung der Läger bis zum Erreichen des Reservebestandes möglich ist[45]. Dieser zweite Teil entspricht also ersatzweise der Menge, die durch die Meßzahl bestimmt würde. Die kleinere der beiden Mengen läßt sich von der Lagerkarte ablesen und ist „vertretbarer Reservebestand".

Eine in der Praxis häufig vorgenommene Arbeitsersparnis ergibt sich aus der Beschränkung der EB-Rechnung auf bestimmte Bestandspositionen, evtl. auf nur eine einzige, wichtige Position. Ohne nennens-

[45] Vgl. *Mellerowicz*, K.: Betriebswirtschaftslehre ..., a.a.O., 2. Bd., S. 23.

werten Schaden kann man aber nur Vorräte unberücksichtigt lassen, die keinen wesentlichen Preisschwankungen unterliegen oder bei denen Preisschwankungen wegen geringer Vorratsmenge keine wesentliche Bedeutung haben.

4.2.3.2. Der EB beim Verbrauchsbestand

Die Verbrauchsbestände gehören zu den betriebsnotwendig gebundenen Vorräten. Eine Norm für die gebundenen Vorräte müßte folglich Verbrauchsbestände einschließen.

Die optimale Menge[46] wäre eine ausgezeichnete Norm. Verbrauchsbestände sind aber variable Mengen. Der ideale Verlauf einer Verbrauchsbestandskurve ergibt sich aus der optimalen Bestellmenge und deren Reichweite.

Als Norm einer betriebsnotwendigen Verbrauchsbestands-Menge kann keine bestimmte Größe angegeben werden. Es steht lediglich fest, daß die optimale Verbrauchsbestands-Menge am Bilanzstichtag in dem Bereich von Null bis optimaler Bestellmenge liegt.

Um zu einer bestimmten Norm-Menge zu kommen, kann man drei Möglichkeiten in Betracht ziehen: erstens, die optimale Bestellmenge als Norm anzusetzen, zweitens, die Hälfte der optimalen Bestellmenge, also den durchschnittlichen Optimalbestand als Norm anzusetzen oder drittens, das Minimum der variablen Menge, nämlich Null, anzusetzen, d. h. bei den Verbrauchsbeständen auf die Bestimmung Eiserner Bestände zu verzichten.

Als Norm kommt am ehesten der durchschnittliche Optimalbestand in Frage, weil sich die Extreme im Durchschnitt ausgleichen. Dementsprechend muß auch vom Effektivbestand der Durchschnitt mit der Norm verglichen werden. Die niedrigere dieser beiden Mengen ist dann der „vertretbare Verbrauchsbestand". Soweit sich die so ermittelten Mengen an aufeinanderfolgenden Bilanzstichtagen decken, sind es Eiserne Bestände. Liegt ein effektiver Bestand am Inventurstichtag unter dem so ermittelten EB, so ist der gültige Eiserne Bestand nur unterschritten.

Praktisch ist dieser Weg bestenfalls mit Hilfe elektronischer Datenverarbeitung gangbar, es sei denn, man hat die Rechnung nur für wenige Bestandspositionen vorzunehmen. Ersetzt man aber in der Rechnung zur Vereinfachung den durchschnittlichen Optimalbestand durch den durchschnittlichen Istbestand, so wird die Kontrollfunktion der Norm ausgeschaltet und spekulative Mengen werden nicht abgegrenzt (siehe Rechnung I im nachfolgenden Beispiel).

---

[46] Vgl. dazu *Mellerowicz*, K.: Planung und Plankostenrechnung, Bd. I, Betriebliche Planung, Freiburg i. Brsg. 1961, S. 407 ff.

Beispiel:

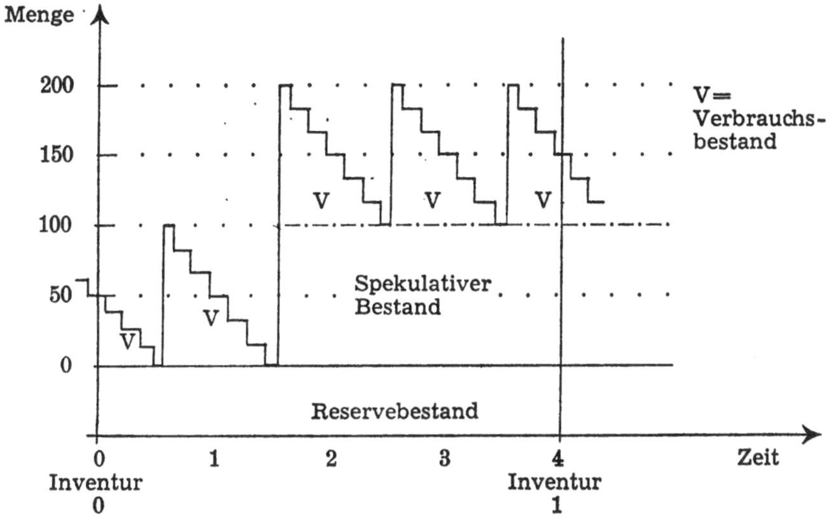

Als Verbrauchsbestands-Durchschnitte ergeben sich errechnet aus:

I. Istbestands-Durchschnitt ohne Reservebestand 110 Einheiten,

II. $^1/_2 \; \frac{\text{Jahresbeschaffungsmenge}}{\text{Anzahl der Zugänge}}$ 62,5 Einheiten,

III. $^1/_2 \; \frac{\text{Verbrauch}}{\text{Anzahl der Zugänge}}$ 50 Einheiten.

Ausrechnung zu I.:

Zeitpunkt	Istbestand
0	50
1	50
2	150
3	150
4	150
	550

550 : 5 = 110 Einh.

Ausrechnung zu II.:

Beschaffungs-mengen:	100
	200
	100
	100
Jahressumme:	500

500 : 4 Zugänge = 125
$^1/_2$ von 125 = 62,5 Einh.

Ausrechnung zu III.:

Jahresverbrauch 400
400 : 4 Zugänge = 100
$^1/_2$ von 100 = 50 Einh.

Man kann jedoch den Einfluß spekulativer Mengen bei der Errechnung des effektiven Verbrauchsbestandsdurchschnitts dämpfen, indem man diesen Durchschnitt nicht aus *Bestands*zahlen, sondern aus *Beschaffungsmengen* ermittelt (siehe Rechnung II im Beispiel).

In diesem schematisierten Beispiel bewegt sich der Verbrauchsbestand regelmäßig zwischen 100 und 0 Einheiten, so daß der Durchschnitt genau 50 Einheiten beträgt.

Die als *Bestands*durchschnitt ermittelten 110 Einheiten weichen erheblich davon ab, weil spekulativer Bestand unbemerkt eingeschlossen wird und nachhaltig die Bestandszahlen erhöht.

Unter den *Beschaffungs*mengen dagegen stört der spekulative Vorrat nur einmalig (200 statt 100). Ergebnis = 62,5 Einheiten. Noch genauer wird das Ergebnis, wenn man den *Verbrauch* mit Ausnahme spekulativer Verkäufe durch die Anzahl der Zugänge des Zeitraumes teilt (s. vorige Seite, Rechnung III). Das ergibt dann die durchschnittliche Beschaffungsmenge für Verbrauch. Die Hälfte davon ist der durchschnittliche Verbrauchsbestand.

Um Verkäufe spekulativer Vorräte und Abgänge ungewollter Überbestände aus den Verbrauchszahlen auszuschließen, müssen diese Abgänge auf der Lagerkarte gekennzeichnet werden. Das ist leicht möglich. Z. B. wird ein spekulativer Rohmaterialvorrat durch die Einkaufsabteilung verkauft, die den Kontakt zu dem entsprechenden Markt hat. Mit einem Überbestand, der zur Verschrottung oder zum Ausschlachten verkauft wird, verfährt man ebenso, oder er wird an die interne Materialverwertung abgeliefert. Solche Fälle sind für den Karteiführer deutlich erkennbar und leicht zu kennzeichnen.

Man kommt durch bereinigte Verbrauchszahlen mit der Rechnung $^1/_2 \cdot \frac{\text{Verbrauch}}{\text{Anzahl der Zugänge}}$ zu einem völligen Ausschluß spekulativer Vorräte. Spekulative Zwischenkäufe drücken das Resultat sogar herunter; wenige, entsprechend größere Käufe heben den errechneten Verbrauchsbestandsdurchschnitt der Wirklichkeit entsprechend an, ohne daß aber Mengen eingeschlossen werden, die nicht im Betrieb verbraucht wurden.

Ist z. B. der spekulative Vorrat separat angeliefert worden, die Anzahl der Beschaffungen im Beispiel also 5 statt 4, dann ergeben sich als durchschnittliche Beschaffungsmenge für Verbrauch 400 (Verbrauch) : 5 (Anzahl der Beschaffungen) = 80, als durchschnittlicher Verbrauchsbestand also nur 40 Einheiten. Der Betrieb hat so keine Möglichkeit, Hortungsbestände als EB zu deklarieren. Er hat nun sogar ein Interesse daran, spekulative Einkäufe als spekulativ nachzuweisen, um den vollen Verbrauchsbestandsdurchschnitt für die Bildung Eiserner Bestände anerkannt zu bekommen. Treffen dagegen zwei Lieferungen zugleich, also insgesamt nur 3 Lieferungen ein, so ergeben sich, den effektiven Verbrauchsbeständen entsprechend, als durchschnittliche Beschaffungsmenge 400 : 3 = ca. 133 Einheiten. Der durchschnittliche Verbrauchsbestand ist dann 133 : 2 = 66,5 Einheiten.

Da es für die Abgrenzung Eiserner Bestände auf den Bilanzstichtag ankommt, müssen die historischen Zahlen zur Errechnung der vertretbaren Verbrauchsbestands-Durchschnitte sinngemäß angewendet werden, nämlich in jedem Betrieb nach seinen Produktionsverhältnissen. Man wird also den vertretbaren Verbrauchsbestands-Durchschnitt beispielsweise bei gleichmäßiger Fertigung als Jahresdurchschnitt, dagegen bei Wechselfertigung als Durchschnitt des letzten Quartals (evtl. unter Berücksichtigung der vierten Quartale der letzten drei Geschäftsjahre und Beachtung der verschiedenen Beschäftigungsgrade) oder ähnlich ermitteln.

Die Ergebnisse der Rechnung $\frac{1}{2}\ \frac{\text{Verbrauch}}{\text{Anzahl der Zugänge}}$ werden zwar nicht durch eine Norm begrenzt, die an der Wirtschaftlichkeit (Optimum) orientiert ist. Aber auch den aus den tatsächlichen Dispositionen hergeleiteten Mengen kann nicht die Anerkennung versagt werden, da spekulative Vorräte ausgeschlossen bleiben[47]. Soweit sich die so als EB-Meßzahl ermittelten betriebsnotwendigen Verbrauchsbestandsdurchschnitte an aufeinanderfolgenden Bilanzstichtagen decken, sind es bilanzielle Eiserne Bestände. Hat ein Betrieb eine Vielzahl relativ kleiner Bestandspositionen, so wird aus praktischen Gründen die Bildung Eiserner Bestände bei Verbrauchsbeständen abzulehnen sein. Dies vor allem, weil bei Verbrauchsbeständen in der Hälfte aller Fälle am Bilanzstichtag mit einer EB-Unterschreitung zu rechnen ist. In allen diesen Fällen wären bei steigenden Preisen Rückstellungsbuchungen für Wiederbeschaffungsmehrkosten nötig, worüber noch in Abschnitt 4.3.3.2 zu sprechen sein wird. Es müssen im Einzelfall Kosten und Nutzen abgewogen werden.

Bei Reserve- und geigneten Fertigungsbeständen sind dagegen EB-Unterschreitungen eher eine Ausnahme.

4.2.3.3. Der EB beim fertigungsgebundenen Bestand

Nonnemann bezeichnet als Eisernen Bestand in der Fertigung den bei normaler Beschäftigung im Produktionsprozeß befindlichen Teil des Vorratsvermögens (z. B. in der Textilindustrie der Maschinenbelag, in der Brauindustrie der Bestand in Sudkesseln, Gärbottichen usw., in der Lederindustrie der Häutebestand in den Wasserwerkstätten, den Gerbgruben usw.)[48].

Das sind also die bei normaler Kapazitätsausnutzung fertigungstechnisch gebundenen Bestände.

---

[47] Im Gegensatz hierzu war bei den Reservebeständen eine von der Istzahl unabhängige Norm unabdingbar, da die Höhe der Reservebestände (von Unterschreitungen abgesehen) nur durch eine leicht manipulierbare Sollzahl festgelegt wird.

[48] Vgl. *Nonnemann*, W., a.a.O., S. 164.

Grundsätzlich müssen aber auch die fertigungsorganisatorisch gebundenen Bestände einbezogen werden. Während z. B. am Fließband der Bestand fast ausschließlich fertigungstechnisch gebunden ist, können etwa bei Werkstattfertigung erhebliche organisatorisch gebundene Fertigungsbestände auftreten.

Voraussetzung für Eiserne Bestände in der Fertigung ist, daß sich an aufeinanderfolgenden Inventurstichtagen normalerweise die gleichen Artikel in der Fertigung befinden. Das Produkt muß kontinuierlich oder saisonrhythmisch gefertigt werden.

Durch getrennte Materialrechnung kann dies auch bei Formwechsel des Produktes für den Materialanteil herbeigeführt werden. In den einzelnen Fertigungsstellen ist bei gleichbleibender Kapazitätsausnutzung der Bestand nur gleichbleibend hoch, wenn An- und Ablieferung im Gleichlauf sind. Beste Bedingungen bieten gleichbleibender Maschinenbelag bzw. kontinuierlich durchlaufende Apparatefüllungen.

Daneben gibt es außer völlig unregelmäßigen Bestandsverläufen im wesentlichen die folgenden Verlaufstypen, bei denen die Werkstattbestände schwanken:

stoßweise Anlieferung, kontinuierliche Ablieferung;
kontinuierliche Anlieferung, stoßweise Ablieferung;
kontinuierliche Anlieferung, danach kontinuierliche Ablieferung.

Will man in diesen Fällen Eiserne Bestände bestimmen, so müssen fertigungsbedingte Bestandsdurchschnitte zugrundegelegt werden. Eine Bemessung ähnlich der der Eisernen Reservebestände würde mit Hilfe der Formel

$$\underset{\text{(bzw. pro Monat)}}{\text{Bedarf pro Tag}} \quad \times \quad \underset{\text{(bzw. in Monaten)}}{\text{Durchlaufzeit in Tagen}}$$

in Frage kommen. Aber diese Formel muß für jede Fertigungsstufe gesondert angewendet werden. Die Durchlaufzeit kann jeweils nur von der vorhergehenden Lagerstufe bzw. Zustandsart aus gerechnet werden[49]. Anderenfalls steht hinter der ermittelten Stückzahl ein ganzes Spektrum verschieden weit gefertigter Güter. Natürlich ist eine Zusammenfassung in Betracht zu ziehen, soweit sie nach den Regeln der Gruppenbewertung zulässig ist.

Die Formel ist vor allem auch die Grundlage für die einheitliche Feststellung des fertigungsgebundenen Bestandes bei getrennter Materialrechnung. Dabei ist der Bedarf als erwarteter Einsatz (Verbrauch) pro Monat gleich der Richtzahl des Lagers.

Für die Feststellung des fertigungsgebundenen Bestandes kommen außerdem in Frage

---

[49] Vgl. *Schnettler*, A.: Betriebsanalyse, a.a.O., S. 183 ff.

Auswertung der Fertigungsunterlagen (Fertigungspläne, Terminpläne, Stücklisten bzw. Zusammenbaupläne oder Rezepturen),

oder

körperliche Bestandsaufnahme.

Die Auswertung der Fertigungsunterlagen wird meist nur dort die Methode der Wahl sein, wo die anderen Wege zu keinem brauchbaren Ergebnis führen.

Bei Feststellung des fertigungsgebundenen Bestandes durch körperliche Bestandsaufnahme besteht vor allem die Notwendigkeit und gleichzeitig Schwierigkeit der Abgrenzung fertigungstechnisch und organisatorisch nicht notwendiger Werkstattbestände.

Häufig wird am Inventurstichtag die örtliche Gruppierung der Bestände von aufnahmeorganisatorischen Gesichtspunkten beeinflußt und bietet dann ein Bild, das nicht erkennen läßt, ein wie großer Bestand fertigungsgebunden und welche Mengen überhöhter Bestand sind.

Auch die Beurteilung des Kapazitätsausnutzungsgrades am Geschäftsjahresende ist dabei wichtig, und zwar getrennt nach Erzeugnissen.

Die Abgrenzung von Erzeugniskapazitäten ist wohl bei Einproduktbetrieben (bzw. bei nach Erzeugnissen getrennter Produktion) gegeben, sie ist bei Kuppelproduktion und natürlicher Sortenproduktion leicht möglich, in den meisten Fällen ist sie aber ausgeschlossen[50], so daß nur die Betriebskapazität als Ganze beurteilt werden kann. Es bleibt dann nur der Weg, auf die erstgenannten Methoden zurückzugreifen und die fertigungsgebundenen Bestände nach den Fertigungsunterlagen zu bemessen oder eine Errechnung aus Bedarf (Verbrauch, Einsatz, Ausbringung) mal Durchlaufzeit in Betracht zu ziehen.

Auch bei den fertigungsgebundenen Beständen muß für eine offizielle Anerkennung bilanzieller Eiserner Bestände grundsätzlich gelten, daß je Position, die gesondert bewertet werden muß, drei Zahlen zu vergleichen sind: die nachweislich fertigungsgebundene Menge des Vorjahresabschlusses, die nachweislich fertigungsgebundene Menge des jetzigen Abschlusses und die Menge, die das Unternehmen als EB der Fertigung bilanzieren möchte. Die niedrigste dieser drei Mengen ist bilanzieller Eiserner Bestand der Fertigung.

4.2.3.4. Der EB beim werbungsgebundenen Bestand

Werbungsgebundene Bestände unterliegen häufig einer Wertminderung durch werbliche Verwendung. Aber sie sind grundsätzlich zu aktivieren und müssen deshalb auch zunächst mengenmäßig bestimmt werden.

---

[50] Vgl. *Mellerowicz, K.*: Betriebswirtschaftslehre ..., a.a.O., 1. Bd., S. 241 ff.

Die äußersten Grenzen allgemein vertretbarer Werbebestände werden durch die Werbemethode (Vertreterwerbung, Ausstellungswerbung o. a.), durch die dabei gegebene Kapazität (Vertreterkollektion und Vertreteranzahl, Ausstellungsfläche und dergl.) und durch die Werbezeiten (z. B. ständig oder nur zur Saison oder nur auf Messen) gesetzt. Nur in diesem Rahmen kann es Eiserne Werbebestände geben.

Das Problem der Normierung liegt darin, daß sie sich stets auf einen bestimten Artikel beziehen muß, daß aber nur bei Einproduktbetrieben oder solchen, die nur in bestimmter Weise werblich verwendbare Produkte herstellen, eine für einen Artikel abgegrenzte Ausstellungskapazität zwangsläufig gegeben sein kann. Zwar dürfte auch ein gleichbleibendes oder für wiederkehrende Einzelfälle gesondert gelagertes (werbeorganisatorisch gebundenes) Werbesortiment die Anforderung erfüllen, bestimmte gebundene Mengen je Artikel erkennen zu lassen. Aber eine allgemeingültige Normierung ist dafür nicht möglich.

In der Regel sind die von Vertretern mitgeführten Werbeartikel der Art nach fixiert und der Menge nach durch die Anzahl der Vertreter begrenzt. Ausstellungsflächen werden eher einmal diesem, einmal jenem Artikel mit Vorrang gewidmet.

So enge Grenzen hier die Normierung hat, so berechtigt ist wohl die Annahme, daß sich hier keine nennenswerten spekulativen Vorräte als Eiserne Werbebestände deklarieren lassen. Praktisch wird man durch die technischen Gegebenheiten erkennbare Grenzen genügen lassen und insoweit die vom Betrieb als Eiserne Werbebestände bezeichneten Vorräte auch als Eiserne Bestände anerkennen können.

4.2.4. Möglichkeiten zusammengefaßter Errechnung

Eine zusammengefaßte Errechnung der EB-Mengen verschiedener Vorratsgruppen (Reservebestände, Verbrauchsbestände, Fertigungsbestände, Werbebestände) ist nur von Interesse, soweit die Vorräte in den verschiedenen Gruppen gleichartig sind und als eine einheitliche Bestandsposition bewertet werden können. Das ist vor allem für Reservebestände und Verbrauchsbestände der Fall; bei getrennter Materialrechnung treten sogar in allen Gruppen gleichartige Vorräte auf.

Bei den verschiedenen Vorratsgruppen wurden unterschiedliche Meßzahlformeln für eine objektive obere Begrenzung Eiserner Bestände gefunden, da die Bestimmungsfaktoren der betriebsnotwendigen Mengen bei den vier Gruppen verschieden sind.

Lassen sich die verschiedenen Meßzahlformeln mathematisch so zusammenfassen, daß sich daraus eine Vereinfachung ergibt?

Eiserne Bestände bei *werbungs*gebundenen Beständen, die technisch bestenfalls durch eine bestimmte Ausstellungskapazität begrenzt werden, lassen sich — außer durch Addition — nicht einheitlich zusammen mit Eisernen Beständen anderer Vorratsgruppen errechnen. Es stellt sich die Frage, ob wenigstens innerhalb eines Lagers die EB-Meßzahl eines *Reserve*bestandes zusammen mit der EB-Meßzahl eines gleichartigen *Verbrauchs*bestandes in einem Zuge ermittelt werden kann.

Die Faktoren zur Feststellung der Reservebestands-Meßzahl sind die Wiederbeschaffungszeit und der bevorstehende Bedarf; die Faktoren zur Feststellung der Verbrauchsbestands-Meßzahl sind der nachweisliche Verbrauch im repräsentativen Zeitabschnitt und die Anzahl der Zugänge für diesen Zeitraum. Es fehlt der gemeinsame Nenner. Eine mathematische Zusammenfassung kann deshalb auch hier nicht anders als durch Addition der Ergebnisse erfolgen und bringt keine Vereinfachung.

Wenn man jedoch von der Theorie her einige Konzessionen macht, teils zum Vorteil, teils zum Nachteil des Betriebes, dann ist eine Vereinheitlichung der Bestimmungsfaktoren und eine direkte Feststellung der gesamten Lagerbestands-Meßzahl für einen bestimmten Artikel denkbar.

Dabei sei ausgegangen von einer vereinfachten Meßzahl für den Reservebestand (Rb):

$$\text{Reservebestands-Meßzahl} = t \times B$$

und der Meßzahl für den Verbrauchsbestand (Vb):

$$\text{Verbrauchsbestands-Meßzahl} = \frac{V}{2 \cdot Z}\,.$$

t = normalerweise höchstens notwendige Beschaffungszeit (Monate)

B = Bedarf pro Monat

V = Verbrauch in dem für das Geschäftsjahresende repräsentativen Zeitraum (Jahr, Quartal)

Z = Anzahl der Zugänge im repräsentativen Zeitraum (Jahr, Quartal)

Nimmt man bei kontinuierlicher Fertigung das Jahr als repräsentativen Zeitraum und ersetzt V durch 12 × B und Z durch 12 : t, dann ergibt sich als Meßzahl für den Verbrauchsbestand:

$$\text{Verbrauchsbestands-Meßzahl} = \frac{12 \cdot B \cdot t}{2 \cdot 12} = \frac{t \cdot B}{2}\,.$$

Während Z durch die Betriebspolitik beeinflußt ist, führt der Ansatz von t zu einer objektivierten, aber entsprechend vom effektiven Verbrauchsbestandsdurchschnitt abweichenden Bemessung. Durch Addition mit der Reservebestands-Meßzahl ergibt sich für einen Lagerartikel nun die

$$\text{Lagerbestands-Meßzahl} = t \cdot B + \frac{t \cdot B}{2} = 1{,}5\, t\, B.$$

Hält man es für zweckmäßiger, anstatt von der am Geschäftsjahresende normalerweise notwendigen Beschaffungszeit und dem Bedarf pro Monat auszugehen, den effektiven Verbrauch (V) des Jahres oder letzten Quartals und die Anzahl der Zugänge (Z) des betreffenden Zeitraumes als Grundlage zu nehmen, dann muß bei Zugrundelegung eines Jahres zunächst in der Reservebestands-Meßzahl t durch 12 : Z und B durch V : 12 ersetzt werden. Dann ergibt sich als vereinfachte

$$\text{Reservebestands-Meßzahl} = \frac{V}{Z}\,.$$

Durch Addition mit der Verbrauchsbestands-Meßzahl ergibt sich nun für den EB eines Lagerartikels die

$$\text{Lagerbestands-Meßzahl} = \frac{V}{Z} + \frac{V}{2 \cdot Z} = 1{,}5\,\frac{V}{Z}\,.$$

Die Formel ist auf jeden Zeitraum anwendbar, der repräsentativ für die Bestände am Geschäftsjahresende ist.

Wo der betriebsnotwendige Fertigungsbestand (Fb) durch getrennte Materialrechnung erfaßbar ist, kann auch dieser zusammen mit der Meßzahl für den Lagerbestand ermittelt werden.

Faßt man zu diesem Zweck die Meßzahl des EB beim *Fertigungsbestand* $t_D \cdot B$ mit der vereinfachten Meßzahl nur des *Reservebestandes* $t_B \cdot B$ zusammen, so ergibt sich als

$$\text{Meßzahl (Rb + Fb)} = (t_B + t_D) \cdot \text{B}.$$

t_B = normalerweise höchstens notwendige Beschaffungszeit (in Mon.)

t_D = normale Durchlaufzeit (in Monaten)

B = Bedarf pro Monat

Bei einer Zusammenfassung von *Reservebestand, Verbrauchsbestand und Fertigungsbestand* lautet die

$$\text{Meßzahl (Rb + Vb + Fb)} = (1{,}5\,t_B + t_D) \cdot \text{B}.$$

Es bleibt die einheitliche EB-Meßzahl für *Verbrauchs- und Fertigungsbestände* zu erörtern. Eine Zusammenfassung von Vorräten beider Gruppen ist bei getrennter Materialrechnung möglich. Als einheitliche Meßzahl ergibt sich zwanglos aus obigen Ausführungen

$$\text{Meßzahl (Vb + Fb)} = (\tfrac{1}{2}\,t_B + t_D) \cdot \text{B}.$$

Einheitliche Meßzahlen, die Reservebestände einschließen, können errechnet werden; aber ihre Anwendung ist nur bedingt vertretbar. Angenommen, die Betriebsleitung hat niedrigere Soll-Zahlen für Reservebestände vorgegeben, als die einheitlichen Meßzahlen anteilig dem Reservebestand zubilligen. Dann ist, wie oben dargelegt, eine Reduzierung des auf den Reservebestand entfallenden Anteils auf die Soll-Menge unabdingbar.

Bei der einheitlichen Meßzahl für *Reservebestand + Verbrauchsbestand* ist der Reservebestands-Anteil = $^2/_3$. Dem Vorteil der einheitlichen Meßzahlerrechnung steht der Nachteil des etwas erschwerten Vergleichs mit der Reservebestands-Sollzahl gegenüber.

Bei einer mit *Fertigungsbeständen* zusammengefaßten einheitlichen Meßzahlerrechnung ist der *Reservebestands*-Anteil nicht erkennbar; die notwendige Kontrolle dieses Anteils durch Vergleich mit der Reservebestands-Sollzahl ist praktisch nicht möglich. Deshalb kann eine einheitliche Meßzahl, die Reservebestände *und* Fertigungsbestände einschließt, prinzipiell nicht vertreten werden.

4.2.5. Spezielle Probleme

4.2.5.1 EB-Bestimmung bei Saisonschwankungen

Hax möchte nach Möglichkeit bei Saisonbetrieben den Jahreshöchstbestand als EB ansetzen, um den Höchstbestand im neuen Geschäftsjahr wieder reproduzieren zu können[51]. Vorrang vor dieser Forderung hat aber der Grundgedanke der EB-Rechnung, wonach in der Jahreserfolgsrechnung das Mehr oder das Weniger gegenüber dem Jahresanfangs-EB zum Zeitwert zu bewerten ist. Dabei sind die Vorräte eine Gruppe und die bei bereits umgesetzten Vorräten vermehrten Geldmittel eine andere Gruppe. Die Erhaltung der Geldmittel bzw. der Geldmittel gleicher Kaufkraft gehört nicht in das Gebiet der EB-Rechnung und muß auf andere Weise gesichert werden. Folglich sind auch bei Saisonbetrieben die am Bilanzstichtag betriebsnotwendigen Vorräte die Scheingewinnquelle, auf die sich die EB-Rechnung bezieht, gleichgültig, welche relative Höhe gegenüber dem Höchst- oder Durchschnittsbestand sie zu diesem Zeitpunkt zu haben pflegen. Doch kann man den Jahresabschluß in die Zeit legen, in der z. B. der Höchstbestand betriebsnotwendig ist.

In jedem Falle ist die EB-Rechnung voll wirksam gegen Scheingewinne und Scheinverluste aus nominellen Wertänderungen *bilanzieller* Eiserner Bestände.

Wenn das Warenlager vor der Ernte seinen Tiefststand erreicht, soll nach Prinzhorn $^1/_2$ des jährlichen Verbrauchs als „eiserner Lagerbestand" des Warenlagers angesetzt werden. Er geht davon aus, daß sich am Bilanzstichtag der Bestand „um die Mitte zwischen ... 0 und 1 (des Jahresbedarfs)"[52] bewegt.

---

[51] Vgl. *Hax*, K.: Die Substanzerhaltung ..., a.a.O., S. 111 u. 133.

[52] *Prinzhorn*, K.: Über die finanzielle Führung kaufmännischer Geschäfte und Unternehmungen, Berlin 1903, S. 74.

Diese Norm berücksichtigt außer dem Jahresverbrauch keine betriebsindividuellen Fakten (etwa Bilanztermin oder Saisonfertigung) und kann im Einzelfall völlig unrichtig sein.

Bei sinngemäßer Anwendung der bisherigen Ausführungen ergeben sich dagegen die Eisernen Bestände auch in Betrieben mit Einkaufs-, Fertigungs- oder Verkaufssaison zwanglos — außer in den direkt vom Beschaffungsmarkt abhängigen Material- und Handelswarenlägern bei Einkaufssaison und dem Fertiglager bei Verkaufssaison. Der EB im Materiallager (bzw. Handelswarenlager) bei Einkaufssaison und der EB im Fertiglager bei Verkaufssaison sind deshalb nun noch zu erörtern.

Es wird zunächst davon ausgegangen, daß die Eindeckung für den Jahresbedarf des *Materiallagers* nicht in über das Jahr verteilten Teilmengen erfolgt, sondern nur zur Einkaufssaison (Ernte o. ä.). Die Wiedereindeckung ist dann regelmäßig erst nach (etwa) einem Jahr möglich.

Die Materiallagervorräte bei Geschäftsjahresschluß müssen mindestens ausreichen, um die Fertigung bis zur Wiedereindeckung zu ermöglichen; sie müssen also vom Bilanzstichtag an den Bedarf der höchstens notwendigen normalen Wiederbeschaffungszeit decken. Damit richtet sich der Verbrauchsbestand nach gleichen Bestimmungsfaktoren wie bei laufender Beschaffungsmöglichkeit der Reservebestand. Deshalb kann hier der Verbrauchsbestand bezeichnet werden durch die Formel $(t + s) \cdot (B + S)$. Dabei sind:

t = Normaler Zeitraum vom Bilanzstichtag bis zur Einkaufssaison in Tagen (bzw. in Monaten),

s = Sicherheitszuschlag für normalerweise mögliche Verzögerungen der Saison,

B = Bedarf während der Wiederbeschaffungszeit im Tagesdurchschnitt (bzw. im Monatsdurchschnitt),

S = Sicherheitszuschlag zum Tagesbedarf (bzw. Monatsbedarf) für Konstruktions-, Fertigungs- und Materialfehler sowie für Lager- und Transportschäden

Durch Ansatz der Sicherheitszuschläge entfällt hier ein zusätzlicher Reservebestand.

Da die Plandaten bereits vor der vorhergehenden Einkaufssaison festgelegt sein müssen, ist es bei Saisonbetrieben besonders einfach, bilanzielle Eiserne Bestände zu bestimmen. Daß die Höhe der Faktoren durch historische Zahlen zu fundieren ist, versteht sich, um Willkür auszuschließen.

Wird ein Produkt nur zur Verkaufssaison abgesetzt, so ist bei kontinuierlicher Fertigung dieses Artikels der *notwendige* Bestand am

Geschäftsjahresschluß im *Fertiglager* gleich der normalen Monatsproduktion mal Anzahl der Monate seit Schluß der vorhergehenden Verkaufssaison. Zur Bestimmung der Obergrenze eines vertretbaren Eisernen Bestandes ist zur normalen Monatsproduktion ein Zuschlag hinzuzurechnen, wenn man damit rechnen muß, daß die nächste Verkaufssaison möglicherweise früher als normal einsetzt. Auch hier kann man den ganzen betriebsnotwendigen Vorrat als Verbrauchsbestand bezeichnen, während ein zusätzlicher Reservebestand im allgemeinen nicht in Betracht kommt.

Will die Geschäftsleitung nur einen niedrigeren EB ansetzen, als er sich nach den dargelegten Grundsätzen vertreten läßt, so ist natürlich die niedrigere Menge als EB zu bilanzieren.

Bei der rechnerischen Mengenbestimmung müssen die speziellen Betriebsverhältnisse (Wechselfertigung, wechselnder Beschäftigungsgrad) berücksichtigt werden.

4.2.5.2. EB-Bestimmung bei qualitativer Änderung eines Vorrats

Zu dieser Frage führte Hax aus, „daß das Rechnen mit Eisernen Beständen als Substanzrechnung immer dann versagt, wenn die Substanzerhaltung sich nicht mehr bloß „reproduktiv" vollzieht, sondern wenn bei der Wiederbeschaffung Form-, Qualitäts- und Artänderungen vorkommen"[53].

Die EB-Bilanzierung muß jedoch nur versagen, wenn ein Ersatzgut nicht nachweislich der Substitution dient und wenn die Substitutionsmenge nicht richtig berechnet wird. Diese Probleme müssen erörtert werden.

Das Problem der qualitativen Elastizität besteht nicht nur für Eiserne Bestände, sondern auch für jede Methode der Scheingewinneliminierung, die sich auf bestimmte Bestandspositionen bezieht.

Qualitative Änderungen eines Artikels können Art-, Qualitäts- oder Formänderungen sein, durch welche der neue Artikel als Substitutionsgut zu gelten hat.

Davon zu unterscheiden sind Fälle, in denen einseitig ein Artikel ausscheidet oder einseitig ein Artikel neu in die Bestände aufgenommen wird. Der neu aufgenommene Artikel ist kein „geänderter", sondern ein „anderer" Artikel.

Die Abgrenzung zwischen geänderten Artikeln (Ersatzwirtschaftsgut) und anderen Artikeln ist praktisch oft schwierig.

---

[53] *Hax*, K.: Die Substanzerhaltung . . ., a.a.O., S. 138.

Immerhin sind diese betriebswirtschaftlichen Gedanken in den Einkommensteuer-Richtlinien[54] und in höchstrichterlichen Entscheidungen[55] berücksichtigt worden.

Ein steuerlich anzuerkennendes Substitutionsgut muß wirtschaftlich und technisch die *gleiche Aufgabe* erfüllen wie das ausgeschiedene Gut, es muß für die unveränderte Fortführung des Betriebes erforderlich sein. Es muß jedoch nicht der gleiche Gegenstand sein[56].

Hier geht es um die Frage, ob bei einem qualitativ geänderten Vorrat, der als Substitutionsgut aufzufassen ist, eine kontinuierliche Fortführung eines Eisernen Bestandes möglich ist. Das Problem der qualitativen Elastizität der EB-Rechnung (in das Form-, Qualitäts- und Artänderungen eingeschlossen sind) führt demnach zu der Frage, welche Kriterien eindeutig erkennen lassen, ob ein neues Gut im Betriebe wirtschaftlich und technisch ein Substitutionsgut oder kein Substitutionsgut ist.

Davon ist die Übertragbarkeit der stillen Reserven und damit die Möglichkeit dynamischer Substanzerhaltung abhängig.

Für die Beurteilung, wie weit das Ersatzgut dem Originalgut entspricht, etwa den Ertragswert heranzuziehen, ist ausgeschlossen. Für das einzelne Gut, das in einen Produktionsverband eingegangen ist, fehlt dafür der Maßstab[57].

Das Problem der qualitativen Elastizität kann nur funktionsmäßig nach der technischen Zweckdienlichkeit und der wirtschaftlichen Nämlichkeit des Ersatzgutes beurteilt und gegebenenfalls bewertungsmäßig gelöst werden. Die qualitative Elastizität der EB-Bilanzierung besteht in dem Maße, wie eine Artikeländerung als Substitution nachweisbar ist.

Artandere Substitutionsgüter sind relativ leicht erfaßbar. Man geht z. B. von Stahlzahnrädern auf Preßstoffzahnräder oder von Kupferblech auf Aluminiumblech über. Aber die Zweckbestimmung muß gleich bleiben. Entsprechendes gilt bei Qualitäts- und Formänderungen.

Praktische Fälle von Substitution bei Formänderung sind heute z. B. in der Elektrotechnischen Industrie recht häufig. Beispielsweise bei datenverarbeitenden Anlagen oder bei Großsendern werden elektrische Baugruppen, die bisher auf getrennten Chassis in getrennten Gehäusen Platz fanden, im Einsatz aber zusammengeschaltet wurden, vor allem als Folge der Transistortechnik in *einem* Einschub oder

---

[54] Vgl. EStR. 1941, Abschnitt 31, Reichssteuerbl. 1942 S. 97.

[55] Vgl. z. B. BFH.-Urteil I 4/52 U v. 17. Mai 1952, BStBl. III, S. 208.

[56] Vgl. *Meuschel*, H.: Auflösung stiller Rücklagen und Übertragung auf Ersatzbeschaffungen, in: Deutsche Steuer-Zeitung und Wirtschaftlicher Beobachter, 29. Jg. (1940), S. 76.

[57] Vgl. *Mellerowicz*, K.: Grundlagen ..., a.a.O., S. 160.

einem Gehäuse zusammengefaßt. Hier findet man also Substitution jeweils zweier oder mehrerer technischer Einheiten durch *eine* umgeformte Einheit.

Bei Rundfunkempfängern zeigte sich in den Anfangsjahren dieselbe Entwicklung. Heute besteht z. B. bei der Herstellung von Stereo-Rundfunkempfängern, aber auch bei hochwertigen monauralen Rundfunkempfängern die entgegengesetzte Tendenz: es werden sogenannte Steuergeräte hergestellt, die Empfangs- und Verstärkerteil beinhalten, während der oder die Lautsprecher in separate Gehäuse gebracht werden. Das bedeutet Substitution *eines* Gerätes durch eine Gerätekombination.

Läßt man nun beispielsweise neben dem neuen Modell das ältere mit halber Stückzahl weiterlaufen, dann kann Substitution nur für die Hälfte der bisherigen Fertigung vorliegen.

Damit ergibt sich als nächste Frage, wie ganz allgemein die Substitutions*menge* zu ermitteln ist.

Nach Barth[58] muß die Substitutionsmenge ermittelt werden, indem man vom „Festwert" ausgeht, der im Basisjahr für den Eisernen Bestand festgestellt wurde. Vermindert sich eines Tages die EB-Menge, so daß sie zum Basispreis bewertet nicht mehr den Festwert ausfüllt, so wird für den freien Teil des Festwertes die Menge eines anderen Wirtschaftsgutes ebenfalls als Eiserner Bestand angesehen, die *zum Preis des Basisjahres* bewertet den Festwert auffüllt.

B e i s p i e l[59]:

„a) Tatsächlich vorhandener Bestand zu Beginn des ersten Jahres:
in Güterart A 1500, in Güterart B 1000 Einheiten.
Eiserner Bestand
Güterart A 1000 Einheiten à 1,— DM .... = 1000 DM
Güterart B 500 Einheiten à 2,— DM .... = 1000 DM

Festwert 1500 Einheiten .... = 2000 DM

b) Tatsächlicher Bestand am Ende des zweiten Jahres:
Güterart A 500 Einheiten Minderbestand 500 Einheiten
Güterart B 1000 Einheiten Mehrbestand 500 Einheiten

c) Berechnung des neuen eisernen Bestandes:
Güterart A 500 Einheiten à 1,— DM .... = 500 DM
Zum Festwert fehlen 1500 DM, zu nehmen aus B zum ursprünglichen Anschaffungspreis im Zeitpunkt der Bildung des eisernen Bestandes = 2,— DM je Einheit
deshalb
Güterart B 750 Einheiten à 2,— DM .... = 1500 DM

Festwert 1250 Einheiten .... = 2000 DM"

[58] Vgl. *Barth*, K.: Die Bewertung mit eisernen Beständen, Stuttgart 1951, S. 66.

[59] Ebenda, S. 66/67.

Hier werden also die Preisrelationen des Basisjahres als Maßstab der Substanzerhaltung bei einem Güterwechsel in späterer Zeit genommen. Selbst wenn die Güterart B tatsächlich den Charakter eines Substitutionsgutes hätte, so wären die Preisrelationen des Basisjahres im Jahr der erforderlichen Änderung überholt. Es kommt nicht, wie Barth ausführt, auf das „Prinzip des Festwertansatzes“[60], selbst wenn das zur Änderung der Zahl der zugrunde gelegten Mengeneinheiten führte, an. Das Ziel ist, den Ausweis von Scheinerfolgen zu vermeiden. Nur für den wirtschaftlich gleichen Eisernen Bestand ist dann im Prinzip ein fester Wert anzusetzen.

Die EB-Menge muß deshalb für das Originalwirtschaftsgut und für das Substitutionsgut von der *übereinstimmenden Menge Einsatzeinheiten je Tag oder je Monat,* aber im übrigen von den individuellen Bemessungsfaktoren ausgehend berechnet werden.

Beispiel für einen Reservebestand im Lager:

Bisher verwendet a-Metall		
Monatsbedarf 1000 Frontplatten	=	3000 kg a-Bleche
Lieferzeit höchstens 6 Wochen		
EB-Meßzahl, berechnet aus $(t_{max.} \cdot B_{max.})$,	demnach	4500 kg a-Bleche
Neuerdings verwendet b-Metall		
Monatsbedarf 1000 Frontplatten	=	1000 kg b-Bleche
Lieferzeit höchstens 8 Wochen		
EB-Meßzahl	demnach	2000 kg b-Bleche

Die nach Art und Menge in der Zeiteinheit gleichen Einsatzeinheiten sind hier für beide Blechsorten Frontplatten (nämlich 1000 Stück pro Monat), nicht Kilogramm.

Der vertretbare EB ergibt sich erst aus einem Vergleich der EB-Meßzahl mit der vorjährigen EB-Meßzahl. Die kleinere ist der vertretbare Eiserne Bestand. Im Beispiel ist die neue Meßzahl 4500 kg a-Bleche, denen 2000 kg b-Bleche als Substitutions-EB entsprechen.

War die vorjährige Meßzahl kleiner, z. B. nur 4050 kg a-Bleche (also 10 % weniger als die diesjährige Meßzahl angibt), dann ist auch als Substitutions-EB nur die um 10 % niedrigere Menge, nämlich 1800 kg b-Bleche, statt 2000 kg, als Eiserner Bestand vertretbar.

Das Problem der qualitativen Elastizität ist kein spezielles Problem der EB-Bilanzierung. Eine für die Praxis besser geeignete Bestimmung von Ersatzwirtschaftsgütern als bisher ist ein allgemeines Problem in der Frage der Gewinnrealisierung. Seine Weiterentwicklung würde auch der Kontinuität der EB-Rechnung dienen.

---

[60] *Barth,* K., a.a.O., S. 67.

4.3. Die Bewertung normierter Eiserner Bestände und ihre Abrechnung

4.3.1. Der Charakter des Eisernen Bestandes als Bewertungsobjekt

Wenn hier von einem Eisernen Bestand gesprochen wird, so ist damit die normativ fixierte Menge gemeint, gleichgültig, wie hoch der effektive Bestand gerade ist.

Ein Eiserner Bestand ist also *unverändert*, wenn er gegenüber dem letzten Abschluß weder herabgesetzt noch aufgestockt ist.

Für die *effektive* Menge eines unveränderten Eisernen Bestandes kann

1. *bürgerlich-rechtliche Identität* bestehen, wenn die einzelnen Einheiten der EB-Menge während des ganzen Geschäftsjahres körperlich nicht angerührt wurden,
2. *wirtschaftliche Identität* bestehen, wenn die EB-Menge
   a) körperlich „gewälzt" wurde,
   b) im Laufe des Geschäftsjahres unterschritten und wieder ergänzt wurde oder
   c) durch einen Substitutions-EB mit der gleichen Menge Einsatz-Einheiten ersetzt wurde.

Schließlich kann bei unverändertem EB

3. ein *effektiver Unterbestand am Bilanzstichtag* eine wirtschaftlich nämliche Ersatzbeschaffung im neuen Geschäftsjahr erfordern.

Aber auch der Eiserne Bestand selbst, nicht nur die effektive Menge, kann variabel sein. Aus den dynamischen Veränderungen der Bestimmungsfaktoren infolge veränderten Beschäftigungsgrades, veränderter Beschaffungszeiten o. a. können sich folgende Veränderungen eines Eisernen Bestandes ergeben:

Eine *Aufstockung* gegenüber dem Vorjahr,
eine *Herabsetzung* gegenüber dem Vorjahr (die im Extremfall eine Auflösung sein kann).

Eine Festbewertung Eiserner Bestände hat das Ziel, einen Scheingewinn- oder Scheinverlustausweis durch bloße Wertänderung Eiserner Bestände zu vermeiden. In allen fünf für einen unveränderten EB genannten effektiv möglichen Fällen (siehe oben Fälle 1., 2.a), 2.b), 2.c) und 3.) soll deshalb die Bewertung stets zum gleichen Effekt, der erfolgsneutralen Bewertung des Eisernen Bestandes führen. Diese Fälle werden ebenso wie die Aufstockung und die Herabsetzung erörtert werden.

Für die Feststellung der Betriebsnotwendigkeit von Beständen mußten die Vorräte nach Funktionsbereichen und Unterfunktionen gegliedert werden.

Für die nun folgenden Erörterungen genügt die Unterscheidung von bilanziellen Eisernen Beständen einerseits und allen effektiv darüber hinausgehenden Beständen, die zusammen als Mehrbestände oder Umsatzbestände bezeichnet seien, andererseits.

Der Begriff des Umsatzbestandes wird vor allem deshalb hier als Kontrastbegriff gewählt, weil er bei der späteren rechtlichen Erörterung der EB-Bilanzierung den Unterschied zum Eisernen Bestand in steuerrechtlich bedeutsamer Weise hervortreten lassen wird.

Die bilanziellen Umsatzbestände brauchen nicht regelmäßig zur Zeit der Inventur vorhanden zu sein. Daß sie beschafft oder wiederbeschafft werden, beruht auf spezieller Disposition des Unternehmers.

Eindeutig ist dagegen die wiederholte Betriebsnotwendigkeit am Geschäftsjahresende für die zu einer definierten EB-Menge gehörenden Einheiten.

Fast ausnahmslos wurde die Anlagenähnlichkeit als Grundlage für die Forderung nach einer Festbewertung Eiserner Bestände angeführt. Die Bewertung „wie" Anlagevermögen (Schmalenbach[61]) oder „als" Anlagevermögen (Findeisen[62]) ist aber nicht einfach analog durchführbar, denn es handelt sich bei einem Eisernen Bestand um die Bewertung einer Menge, die im Normalfall mehrfach im Jahr gewälzt wird und die auch unterschritten werden kann.

Andererseits ist durch die am Geschäftsjahresschluß betriebsnotwendige Bindung der Eisernen Bestände deutlich geworden, wie sehr sie sich von bilanziellen Umsatzbeständen unterscheiden.

Die feste Bewertung Eiserner Bestände muß als *richtige* Bewertung ihre Berechtigung ohne weitere Vergleiche mit dem Anlagevermögen direkt aus dem besonderen Charakter Eiserner Bestände herleiten.

Die einzelne Einheit eines Eisernen Bestandes ist

1. als Bestandteil eines Eisernen Bestandes betriebsnotwendig und nicht zum Umsatz bestimmt.

Eine Realisierung Eiserner Bestände kann deshalb nicht beabsichtigt sein, sie wäre sogar betriebsschädigend (im Gegensatz zu Umsatzbeständen).

2. ist die einzelne Einheit eines Eisernen Bestandes wirtschaftlich identisch mit der ihr entsprechenden vorjährigen Einheit.

Die wirtschaftliche Identität der einzelnen Einheit, für die eine Gewinnrealisierung verneint werden muß, macht die EB-Einheit zum dauerhaften Bewertungsobjekt.

---

[61] Vgl. *Schmalenbach,* E.: Grundlagen ..., a.a.O., S. 80 ff.

[62] Vgl. *Findeisen,* F.: Der eiserne ..., a.a.O., S. 45.

Eiserne Bestände werden zweckmäßigerweise vor der Inventur in Listen zusammengestellt und bewertet. Die körperliche Bestandsaufnahme dient dann der Feststellung der Abweichungen der effektiven Bestände.

4.3.2. Die Festbewertung — Wesen und Höhe

Beim Rechnen mit Eisernen Beständen handelt es sich, wie Hax überzeugend dargelegt hat[63], nicht um eine Festwertrechnung, wie sie als Methode der Gruppenbewertung vor allem für Massengüter des Anlagevermögens große Bedeutung erlangt hat[64]. Bei der Festwertrechnung wird ein Bestand, beispielsweise der Bestand an Werkzeugen, so lange mit einem unveränderten Festwert bilanziert, wie nicht Änderungen in den Verhältnissen — etwa eine Kapazitätsänderung — eine wesentliche Mengenänderung mit sich bringen. Während der Bestand zur Bewertungsvereinfachung trotz gewisser Mengenänderungen mit einem Festwert bilanziert wird, werden alle Zugänge als Aufwand verrechnet.

Bei Eisernen Beständen des Vorratsvermögens dagegen handelt es sich um Einzelbewertung der Einheiten mit einem Festpreis[65]. Eiserne Bestände sollen „nach dem Grundsatze, daß an Dingen, die nicht veräußert, nicht umgesetzt werden, grundsätzlich nichts gewonnen und verloren werden kann, mit Jahr für Jahr unveränderlichen Werten bilanziert werden“[66]. Würde man Eiserne Bestände bei steigenden Preisen höher bewerten als mit den ursprünglichen Anschaffungskosten, dann errechnete man einen unrealisierten (nicht als Überschuß erwirtschafteten) Gewinn.

Andererseits macht es der Grundsatz, unrealisierte Verluste auszuweisen, erforderlich, bei sinkenden Preisen nicht mehr als den niedrigeren Zeitwert anzusetzen.

Um das Prinzip der Vorsicht, wie es im Niederstwertprinzip zum Ausdruck kommt, und gleichzeitig den Grundsatz der Vergleichbarkeit zu befolgen, hielt es Schmalenbach für erforderlich, daß der Bilanzwert eines Eisernen Bestandes von vornherein niedrig genug ist, „um nicht aus Gesetzes- und Gewohnheitsrücksichten plötzliche Einflüsse auf die Erfolgsrechnung nötig zu machen“[67]. Zu diesem Zweck muß der

[63] Vgl. *Hax*, K.: Gruppenbewertung..., a.a.O., S. 793 ff.

[64] Vgl. die Rechtsprechung zur Gruppenbewertung: RFH.-Urteile VI A 756/32 v. 5. Juli 1933, RStBl. 1933 S. 763; VI A 588/35 v. 16. Dez. 1936, RStBl. 1937 S. 272; sowie Erlasse d. Reichsmin. d. Finanzen S 2158—45 III, S 1430 B-121 III v. 20. Dez. 1934, RStBl. 1935 S. 1 und S 2209-250 III v. 4. Juni 1935, RStBl. 1935 S. 785.

[65] Vgl. Bertrams, O., a.a.O., S. 474.

[66] Ebenda, S. 447.

[67] *Schmalenbach*, E.: Dynamische..., 9. Aufl., a.a.O., S. 159.

Festpreis so niedrig gewählt werden, daß er niemals vom Zeitwert unterschritten wird. Er sollte aber nach Möglichkeit auch nicht niedriger gewählt werden, damit nicht stille Reserven entstehen, die vermeidbar sind.

Diese Überlegungen sind jedoch auf der Grundlage der alten handelsrechtlichen Bewertungsvorschriften entstanden, die Höchstwerte vorschrieben.

Die jetzigen handelsrechtlichen Bewertungsvorschriften verlangen, daß von Anschaffungskosten und Zeitwert der niedrigere Wert bilanziert wird. Ein noch niedrigerer Wertansatz ist nur zulässig, soweit anderenfalls voraussichtlich in der nächsten Zukunft eine Minderung des Wertansatzes vorgenommen werden müßte oder für Zwecke der Steuern vom Einkommen und vom Ertrag ein niedrigerer Wertansatz zulässig ist.

Ein Bewertungsspielraum von grundsätzlicher Bedeutung für die EB-Bilanzierung ist somit nicht mehr gegeben. Bei steigenden Preisen gibt es praktisch überhaupt keinen Bewertungsspielraum für Vorräte.

Die Betriebswirtschaftlehre muß, um die von der dynamischen Bilanzlehre geforderte Festbewertung Eiserner Bestände nach Möglichkeit zu erreichen, dafür eintreten, daß die *wirtschaftliche Nämlichkeit der Einheiten* Eiserner Bestände mit den entsprechenden Einheiten des vorhergehenden Abschlusses nicht in Frage gestellt wird. Dann können die *ursprünglichen Anschaffungskosten* für einen EB unverändert vom letzten Abschluß übernommen werden. Jedoch führt ein Absinken des Zeitwertes zur Minderung des Bilanzwertes und damit zur Störung der Vergleichbarkeit der Erfolgsrechnung.

Geht man davon aus, daß zumeist mit steigenden Preisen zu rechnen ist, so wird die EB-Bilanzierung in der Mehrzahl der Fälle auch mit der Bewertung zu ursprünglichen Anschaffungskosten ihren Zweck erfüllen, die Erfolgswirkung aus nomineller Wertänderung zu vermeiden. Besonders auf längere Sicht wird das Preisniveau so viel höher zu erwarten sein, daß selbst ein Absinken des Zeitwertes unter die letzten Anschaffungskosten nicht die ursprünglichen Anschaffungskosten unterschreitet, so daß der Wertansatz unverändert bleibt.

4.3.3. Bewertung und Abrechnung bei stabilem EB

4.3.3.1. Die Bewertung und Abrechnung bei effektiv vorhandener EB-Menge

Die Bewertung mit Anschaffungskosten ist eine Voraussetzung für die Kongruenz der Gesamtheit der Periodengewinne mit dem Totalgewinn[68], denn das Totalergebnis ist die Differenz aus den Gesamtausgaben (gezahlte Anschaffungskosten) und den Gesamteinnahmen des Unternehmers[69].

Dementsprechend werden Eiserne Bestände „zu einem festen Satz bewertet, während der Verbrauch zu laufenden Einstandspreisen angesetzt wird“[70]. Dadurch, daß der ursprüngliche Einstandspreis eines Eisernen Bestandes (bzw. nach einer Absetzung sein niedrigerer Festpreis) zum Schluß, bei seiner endgültigen Realisierung (Herabsetzung oder Auflösung) für die Aufwandsbewertung herangezogen wird, werden auf lange Sicht ausschließlich Anschaffungskosten verrechnet. Der wichtige Grundsatz der Erfolgskongruenz[71] bleibt damit gewahrt.

Die Einheiten eines stabilen Eisernen Bestandes sollen, wenn nicht ein niedrigerer Zeitwert zum Zuge kommt, mit dem gleichen Preis bewertet werden wie beim vorhergehenden Jahresabschluß.

In seltenen Fällen kann *bürgerlich-rechtliche Identität* der einzelnen Einheiten mit denen des Vorjahresabschlusses bestehen. Dann ergibt sich zwanglos die Möglichkeit der Festbewertung. Im allgemeinen jedoch werden die *Vorräte gewälzt*. Wenn im Laufe des Geschäftsjahres keine Unterschreitung des Eisernen Bestandes eintritt, ergibt sich beim Abschluß wirtschaftlich gesehen keine andere Situation als im vorhergenannten Fall. Der laufende Verbrauch muß mit den laufenden Einstandspreisen bewertet werden, dann ist der verbleibende Bestand wieder mit dem alten Festpreis zu bewerten.

Die dritte Möglichkeit ist, daß ein EB im Laufe des Geschäftsjahres *unterschritten und wieder ergänzt* wurde. Wird beim folgenden Jahresabschluß die EB-Menge mit dem Festpreis bewertet, so soll das dazu führen, daß für die reproduzierte Menge die *Mehr*kosten der Ersatzbeschaffung gegenüber dem Festpreis dem Aufwand, genau genommen den Einheiten, die vom EB entnommen worden waren, zugerechnet werden. Damit ist auch hier der Verbrauch mit den Anschaffungskosten der Zugänge bewertet.

Das darzulegende Abrechnungsverfahren muß geeignet sein, allen drei Fällen gerecht zu werden.

Geht man von den handelsrechtlichen Bewertungsvorschriften aus, dann sind Vorräte grundsätzlich mit den Anschaffungs- oder Herstellungskosten zu bilanzieren. Ist der Zeitwert niedriger, so muß dieser

---

[68] Vgl. *Hasenack*, W.: im Vorwort zu *Liebl*, J., a.a.O., S. 4.

[69] bzw. Betriebseinnahmen ./. Betriebsausgaben. Vgl. *Liebl*, J., a.a.O., Fußnote 140.

[70] *Schnettler*, A.: Betriebsanalyse, a.a.O., S. 30.

[71] Vgl. *Mellerowicz*, K.: Allgemeine ..., 4. Bd., a.a.O., S. 57 f.; ders.: Unternehmenspolitik, Bd. III, 1964, a.a.O., S. 371.

angesetzt werden. Der niedrigere Wertansatz darf beibehalten werden, auch wenn seine Gründe nicht mehr bestehen. Einheitswerte dieser Art sind bei Eisernen Beständen, wie oben dargelegt, diejenigen, mit denen die gleiche Menge des Artikels in der letzten Jahresbilanz bewertet war (Festpreis); ist der Zeitwert am Abschlußstichtag niedriger, so ist dieser anzusetzen[72].

Beginnen wir unseren Verfahrensvorschlag damit, daß für einen Artikel *erstmalig ein EB bilanziert* wird. Am Geschäftsjahresanfang soll also für diesen Artikel noch kein EB bilanziert gewesen sein. Für das Geschäftsjahresende wählen wir folgendes B e i s p i e l :

Bestand an A-Material 1300 kg; davon Eiserner Bestand 1000 kg.

Preise je kg:	Buchbestandspreis	1,40 DM
	Marktzeitwert	1,50 DM (also höher und deshalb für die Bewertung unbeachtlich)
	Buchbestandspreis	am Geschäftsjahresanfang war 1,— DM = Festpreis

Es sind zu bewerten:

Eiserner Bestand	1000 kg	à 1,— DM =	1000,— DM
Umsatzbestand	300 kg	à 1,40 DM =	420,— DM

Die Differenz aus Buchbestandspreis ./. Festpreis für die EB-Menge (im Beispiel 1000 mal 0,40 DM = 400,— DM) ist gegebenenfalls anteilig als Materialaufwand den Konten nachzubelasten, für die im Laufe des Geschäftsjahres A-Material verwendet wurde.

Wie ist nun der EB in den folgenden Geschäftsjahren, also im Hinblick auf eine *wiederholte Bilanzierung* rechnungstechnisch zu behandeln?

Grundsätzlich kann man entweder die EB-Menge und den Mehrbestand eines Artikels während des Geschäftsjahres getrennt auf je einem Konto führen oder diese Teilmengen auf einem einzigen Bestandskonto mischen.

Um im Laufe des Geschäftsjahres eine möglichst einfache, von Sonderfällen freie Abrechnung zu haben, empfiehlt sich die *Mischung* von bilanziellem EB und Umsatzbestand *für die laufende Rechnung.* Dabei bleibt die Frage zu klären, mit welchem Preis die EB-Menge dem einheitlichen Bestandskonto am Geschäftsjahresanfang zugeschrieben werden soll.

Läßt man die bilanzielle EB-Menge nur mit dem niedrigeren Festpreis bewertet in das einheitliche Bestandskonto eingehen, so wird der Aufwand in der laufenden Aufwandsrechnung während des Geschäftsjahres zu niedrig bewertet.

---

[72] Ob ein niedrigerer Wert nach § 155, Abs. 3, Akt.-Ges. angesetzt werden darf, kann hier dahingestellt bleiben.

	1000 Einheiten EB z. Festpreis	à 1,— DM =	DM 1000,—
+	300 Einheiten Umsatzbestand	à 1,40 DM =	DM 420,—
=	1300 Einheiten	=	DM 1420,—
	Durchschnittspreis 1420 : 1300 = 1,09 DM		

Wird der Verbrauch mit 1,09 DM je Einheit bewertet, so sind das besonders bei steigender Preistendenz keinesfalls die Anschaffungskosten der Zugänge. Diese liegen nach obigem Beispiel bei mindestens 1,50 DM je Einheit (Marktpreis am Bilanzstichtag). Wenn auch am Geschäftsjahresende die Zugangs-Mehrkosten — als Differenz aus neuen Anschaffungskosten und Festpreis der EB-Menge — nachverrechnet werden, so wird doch während der laufenden Abrechnung der Materialaufwand zu niedrig ausgewiesen. Aus diesem Grunde ist es zweckmäßig, den EB nicht mit dem Festpreis, sondern mit einem besser geeigneten internen Verrechnungspreis dem Umsatzbestand am Geschäftsjahresanfang hinzuzurechnen.

B e i s p i e l (Geschäftsjahresanfang nach vorhergehender EB-Bilanzierung):

	Kto. 311 Material A		/ Eiserner Bestand	DM	
	Anf.-Bestand 1000 kg à 1,—	1000,—	1000 kg à 1,—	1000,—	(1

	Kto. 312 Material A		/ Umsatzbestand	DM	
	Anf.-Bestand 300 kg à 1,40	420,—			
3)	1000 kg à 1,50	1500,—			

	Kto. 319 Durchgang		/ EB-Überrechnung	DM	
1)	1000 kg à 1,—	1000,—	1000 kg à 1,50 (Verr.-Preis)	1500,—	(3
2)	Verr.-Aufschl.	500,—			

	Kto. 3999 Verrechnungsaufschlag für EB			DM	
				500,—	(2

Am Geschäftsjahresende ist bei steigenden Preisen eine Aufwandsnachbelastung nicht in Höhe der Differenz aus EB-Festpreis und höheren Anschaffungskosten der Zugänge für die EB-Menge vorzunehmen, sondern nur in Höhe der Differenz aus dem angewandten EB-*Verrechnungspreis* und höheren Anschaffungskosten der Zugänge. Die EB-Menge ist dann am Geschäftsjahresende mit dem am Geschäftsjahresanfang angewendeten Verrechnungspreis zurückzubuchen, wobei das Konto „Verrechnungsaufschlag für EB“ ausgeglichen wird, und der EB ist mit dem alten Festpreis bewertet zu bilanzieren.

Abweichend von der erstmaligen EB-Bilanzierung führt die wiederholte Bilanzierung eines unveränderten EB (hier 1000 kg A-Material) zu folgenden Fortsetzungen obigen Beispiels je nach der Preisentwicklung:

Beispiele (Geschäftsjahresende, wiederholte EB-Bilanzierung):

a) Bei gestiegenen Anschaffungskosten:

Buchbestandspreis f. Mat. A am Geschäftsjahresende = 2,— DM je kg.

	Kto. 311	Material A /	Eiserner Bestand	DM	
	Anf.-Bestand		1000 kg à 1,—	1000,—	
	1000 kg à 1,—	1000,—	Endbestand		
2)	1000 kg à 1,—	1000,—	1000 kg à 1,—	1000,—	(5 → Bilanz
		2000,—		2000,—	

	Kto. 312	Material A /	Umsatzbestand	DM	
	Anf.-Bestand			.	
	300 kg à 1,40	420,—		.	
	1000 kg à 1,50	1500,—		.	
		.	1000 kg à 2,—	2000,—	(1
		.			
		.			

	Kto. 319	Durchgang /	EB-Überrechnung	DM	
	1000 kg à 1,—	1000,—	1000 kg à 1,50	1500,—	
	Verr.-Aufschl.	500,—	1000 kg à 1,—		
1)	1000 kg à 2,—	2000,—	(Festpreis)	1000,—	(2
			Rücknahme des Verr.-Aufschl.	500,—	(3
			Entstandene Wiederbeschaffungsmehrkosten[73]	500,—	(4
		3500,—		3500,—	

	Kto. 3999	Verrechnungsaufschlag für EB		DM
3)		500,—		500,—

	Klasse 4	Materialaufwandskonten		DM
		.		
		.		
		.		
4)	Nachverr. v. Wiederbesch.-Mehrkost.	500,—		

b) Bei gleichgebliebenen Anschaffungskosten (1,50 DM je kg):

	Kto. 311	Material A /	Eiserner Bestand	DM	
	Anf.-Bestand		1000 kg à 1,—	1000,—	
	1000 kg à 1,—	1000,—	Endbestand		
2)	1000 kg à 1,—	1000,—	1000 kg à 1,—	1000,—	(4 → Bilanz
		2000,—		2000,—	

	Kto. 312	Material A /	Umsatzbestand	DM	
	Anf.-Bestand			.	
	300 kg à 1,40	420,—		.	
	1000 kg à 1,50	1500,—		.	
		.	1000 kg à 1,50	1500,—	(1
		.			
		.			

[73] Für die EB-Menge waren am Geschäftsjahresanfang nur 1,50 DM je kg dem Umsatzbestandskonto belastet worden und sind auch nur in die Aufwandsbewertung eingegangen. Gezahlt wurden aber 2,— DM je kg.

	Kto. 319 Durchgang	/	EB-Überrechnung	DM	
	1000 kg à 1,—	1000,—	1000 kg à 1,50	1500,—	
	Verr.-Aufschl.	500,—	1000 kg à 1,—		
1)	1000 kg à 1,50	1500,—	(Festpreis)	1000,—	(2
			Rücknahme des Verr.-Aufschl.	500,—	(3
		3000,—		3000,—	

	Kto. 3999 Verrechnungsaufschlag	für EB		DM
3)		500,—		500,—

c) Bei unter den EB-Verrechnungspreis, aber nicht unter den Festpreis gesunkenen Anschaffungskosten:

Buchbestandspreis f. Mat. A am Geschäftsjahresende = 1,30 DM je kg.

	Kto. 311 Material A	/	Eiserner Bestand	DM	
	Anf.-Bestand		1000 kg à 1,—	1000,—	
	1000 kg à 1,—	1000,—	Endbestand		
2)	1000 kg à 1,—	1000,—	1000 kg à 1,—	1000,—	(5 → Bilanz
		2000,—		2000,—	

Kto. 312 Material A	/	Umsatzbestand	DM	
Anf.-Bestand			.	
300 kg à 1,40	420,—		.	
1000 kg à 1,50	1500,—		.	
	.	1000 kg à 1,30	1300,—	(1
	.			
	.			

	Kto. 319 Durchgang	/	EB-Überrechnung	DM	
	1000 kg à 1,—	1000,—	1000 kg à 1,50	1500,—	(2
	Verr.-Aufschl.	500,—	1000 kg à 1,—		
1)	1000 kg à 1,30	1300,—	(Festpreis)	1000,—	(3
			Rücknahme von Verr.-Aufschl.	300,—	
		2800,—		2800,—	

	Kto. 3999 Verrechnungsaufschlag	für EB		DM
3)		300,—		500,—
4)		200,—		
		500,—		500,—

Klasse 4 Materialaufwandskonten			DM	
	.	Rücknahme zu		
	.	hoher Verrechn.	200,—	(4
	.			

Durch die Anwendung eines Verrechnungspreises für EB-Einheiten wird die Bewertung Eiserner Bestände in der Bilanz mit Festpreisen möglich, ohne daß die laufende Aufwandsbewertung durch besonders niedrige EB-Festpreise beeinträchtigt wird.

Anstatt zu einer Aufwandsnachbelastung kommt es am Geschäftsjahresende zu einer Aufwandsminderung, wenn der Buchbestandspreis beim Abschluß niedriger ist als der angewendete Verrechnungspreis (Beispiele c und d, Buchungen Nr. 4).

d) Bei unter den EB-Festpreis gesunkenen Anschaffungskosten: Buchbestandspreis für Material A am Geschäftsjahresende = 0,90 DM je kg. Marktzeitwert = 0,80 DM je kg.

Kto. 2220 Verlust aus Beständewagnis DM

2)	Wertminderung	100,—			

Kto. 311 Material A / Eiserner Bestand DM

	Anf.-Bestand		1000 kg à 1,—	1000,—	
	1000 kg à 1,—	1000,—	Endbestand		
3)	1000 kg à 0,80	800,—	1000 kg à 0,80	800,—	(5 → Bilanz
		1800,—		1800,—	

Kto. 312 Material A / Umsatzbestand DM

	Anf.-Bestand			.	
	300 kg à 1,40	420,—		.	
	1000 kg à 1,50	1500,—		.	
		.	1000 kg à 0,90	900,—	(1
		.			
		.			

Kto. 319 Durchgang / EB-Überrechnung DM

	1000 kg à 1,—	1000,—	1000 kg à 1,50	1500,—	
	Verr.-Aufschl.	500,—	Bestandswertmind.		
1)	1000 kg à 0,90	900,—	1000 kg x (0,90 ./. 0,80)	100,—	(2
			1000 kg à 0,80 (Zeitwert)	800,—	(3
		2400,—		2400,—	

Kto. 3999 Verrechnungsaufschlag für EB DM

4)		500,—		500,—	
		500,—		500,—	

Klasse 4 Materialaufwandskonten DM

		.	Rücknahme zu hoher		
		.	Verrechn.	500,—	(4
		.			

Sollte der Buchbestandspreis sogar unter den EB-Festpreis gesunken sein (Beispiel d), dann darf die Klasse 4 nur für den Unterschied zwischen EB-Festpreis und höherem EB-Verrechnungspreis erkannt werden. Anderenfalls würde dem Prinzip der nominellen Kapitalerhaltung, das durch das Prinzip der Substanzerhaltung nicht aufgehoben werden soll, widersprochen. Die Herabsetzung des Wertansatzes für den Bestand auf den niedrigeren Zeitwert wird über die Wagnisverrechnung zu Lasten des Aufwandes vorgenommen (Beispiel d, Buchung Nr. 2).

Um diese differenzierten Abschlußbuchungen zu vermeiden, kann man in der Praxis einfacher, ungeachtet der jeweiligen Preissituation, wie folgt buchen:

Geschäftsjahresende, wiederholte EB-Bilanzierung:

1) EB-Menge mit dem Buchbestandspreis bewertet
per Durchgangskonto EB-Überrechnung
an Kto. Umsatzbestand

2) EB-Menge mit dem Festpreis bewertet
per Kto. Eiserner Bestand
an Durchgangskonto EB-Überrechnung

3) Saldo vom Durchgangskonto (ungeachtet der Preissituation)
per (bzw. an) Kto. Verrechnungsaufschlag für EB
an (bzw. per) Durchgangskonto EB-Überrechnung

4) Saldo vom Kto. Verrechnungsaufschlag für EB
per (bzw. an) Gewinn- und Verlustkonto
an (bzw. per) Kto. Verrechnungsaufschlag für EB.

Durch die Buchungen 3 und 4 sind das Durchgangskonto für die EB-Überrechnung und das Konto Verrechnungsaufschlag für EB ausgeglichen.

Ist der Marktpreis am Bilanzstichtag niedriger als der EB-Festpreis, dann ist vor Übertragung des Eisernen Bestandes auf das Bilanzkonto die Wertminderung per Verlust aus Beständewagnis an Kto. Eiserner Bestand zu buchen.

Wendet der Betrieb für die Materialabrechnung generell interne Verrechnungspreise an, so sind diese gleichzeitig die geeigneten Preise für die EB-Überrechnung. Dadurch vereinfacht sich das Verfahren. Alle Abweichungen der Zugangspreise werden über Klasse 2 verrechnet.

Die Bestandsbewertung und Materialabrechnung kann dann wie folgt vorgenommen werden:

Beispiel:

Geschäftsjahres*anfang* nach vorhergehender EB-Bilanzierung. Interner Verrechnungspreis für Material A = 1,50 DM je kg.

	Kto. 2999	Verrechnungsaufschlag	für EB	DM	
				500,—	(2

	Kto. 311	Material A /	Eiserner Bestand	DM	
	Anf.-Bestand		1000 kg à 1,—	1000,—	(1
	1000 kg à 1,—	1000,—			

	Kto. 312	Material A /	Umsatzbestand	DM	
	Anf.-Bestand				
	300 kg à 1,50	450,—			
3)	1000 kg à 1,50	1500,—			

	Kto. 319	Durchgang /	EB-Überrechnung	DM	
1)	1000 kg à 1,—	1000,—	1000 kg à 1,50	1500,—	(3
2)	Verr.-Aufschl.	500,—			

Geschäftsjahres*ende;* wiederholte EB-Bilanzierung:

Kto. 2999 Verrechnungsaufschlag für EB DM

3)		500,—		500,—	

Kto. 311 Material A / Eiserner Bestand DM

	Anf.-Bestand		1000 kg à 1,—	1000,—	
	1000 kg à 1,—	1000,—	1000 kg à 1,—	1000,—	(4 → Bilanz
2)	1000 kg à 1,—	1000,—			
		2000,—		2000,—	

Kto. 312 Material A / Umsatzbestand DM

	Anf.-Bestand			.	
	300 kg à 1,50	450,—		.	
	1000 kg à1,50	1500,—		.	
		.	1000 kg à 1,50	1500,—	(1
		.			
		.			

Kto. 319 Durchgang / EB-Überrechnung DM

	1000 kg à 1,—	1000,—	1000 kg à 1,50	1500,—	
	Verr.-Aufschl.	500,—	1000 kg à 1,—		
1)	1000 kg à 1,50	1500,—	(Festpreis)	1000,—	(2
			Rücknahme des Verr.-Aufschl.	500,—	(3
		3000,—		3000,—	

Besonders deutlich wird hieran, daß die Mischung der bilanziellen Eisernen Bestände mit den Umsatzbeständen für die laufende Abrechnung zu keinem anderen Ergebnis führt, als wäre der EB getrennt geführt und unberührt das Jahr über gelagert worden.

Das Beispiel bleibt das gleiche, wenn die Einstandspreise am Geschäftsjahresschluß gegenüber dem Geschäftsjahresanfang gestiegen, gleichgeblieben oder bis auf den EB-Festpreis gesunken sind. Lediglich, wenn der Zeitwert am Geschäftsjahresende unter dem Festpreis liegt, ist zusätzlich eine Absetzung für Bestandswertminderung zu buchen. Der niedrigere Marktpreis des Bilanzstichtages ist dann der neue Festpreis für die EB-Einheiten.

Die Absicht, einen Erfolgsausweis aus der Wertänderung Eiserner Bestände durch ihre Bewertung mit Festpreisen zu vermeiden, erfordert andererseits die Bewertung des Verbrauchs mit den Anschaffungskosten der Zugänge. Praktisch weicht die Verbrauchsbewertung etwas davon ab, weil sie nicht nur von den Einstandspreisen der Zugänge, sondern auch vom Buchbestandspreis des Anfangsbestandes beeinflußt wird.

Außerdem ergeben sich Abweichungen je nach dem Anteil, den der EB am Gesamtbestand eines Vorrats hat in Verbindung mit der Höhe des EB-Verrechnungspreises und der Preisschwankungen innerhalb des Geschäftsjahres.

Diese geringfügigen Divergenzen verschwinden bei endgültigem Verkauf eines Vorrats, so daß auf lange Sicht stets exakt Anschaffungs- bzw. Herstellungskosten als Aufwand verrechnet werden. Nur vorübergehend können geringfügig unterbewertete Aufwände zu entsprechend erhöht bewerteten Beständen führen und umgekehrt. Die Interdependenz der Verbrauchs- und Bestandsbewertung[74] wirkt sich bei den bilanziellen Beständen aber nur auf die Umsatzbestände aus, da die Eisernen Bestände mit Festpreisen zu bewerten sind. Bei den Eisernen Beständen bleibt dadurch der Ausweis eines Scheinerfolges ausgeschlossen.

4.3.3.2. Die Bewertung bei unterschrittener EB-Menge

Ist ein Eiserner Bestand am Bilanzstichtag unterschritten, so muß das alte Jahr den Verbrauch mit den erwarteten höheren Kosten der Wiederbeschaffung bezahlen; d. h., der Verbrauch ist mit Wiederbeschaffungskosten zu bewerten. Praktisch kommt dafür der bereits vereinbarte Preis der Ersatzbeschaffung in Frage oder notfalls der Tagespreis des Bilanzstichtages.

Der von Schmidt im Hinblick auf die organische Tageswertbilanz aufgestellten Forderung, die Tagespreise des Umsatztages als Aufwand zu verrechnen[75], kann hier nicht gefolgt werden. Sie ist damit begründet, daß vom Umsatztag an der Erlös disponiert werden kann. Bei einer EB-Unterschreitung kommt es aber darauf an, die Schuld in Höhe der Ersatzmehrkosten dem Jahr der Unterschreitung anzulasten.

Willems verlangt, daß für Fehlmengen wegen der Möglichkeit weiterer Preissteigerungen nicht der Tagespreis des Bilanzstichtages, sondern nur der des Tages oder des Zeitraumes der wahrscheinlichen Wiederbeschaffung als maßgeblich angesehen wird[76].

Unbestreitbar könnten dann die für den Jahresabschluß notwendigen Preisschätzungen nicht von Willkür freigehalten werden. Ratsam ist dagegen, die Wiederbeschaffungskosten, die bis zum Tage der Aufstellung der Bianz bekannt sind, zugrunde zu legen. Auf diese Weise werden genauere Werte verwendet, als am Bilanzstichtag vorliegen.

Schmalenbach wollte bei Unterbestand den Verbrauch dem alten Jahr dadurch in Rechnung stellen, daß er den fehlenden Teil mit dem

---

[74] Vgl. *Hax*, K.: Die Substanzerhaltung..., S. 68-74.

[75] Vgl. *Schmidt*, F.: Die organische..., a.a.O., S. 65 f.

[76] Vgl. *Willems*, R., a.a.O., S. 44 f.

Anschaffungszeitwert am Ende der Periode bewertet und diesen Betrag vom Festwert des Eisernen Bestandes absetzt[77].

B e i s p i e l[78]:

Anfangsbestand	1000 kg à 10 DM	=	10 000 DM
Unterbestand	100 kg à 14 DM	=	1 400 DM
Bilanzwert des Endbestands	(900 kg)	=	8 600 DM

Dadurch führt die Wiederbeschaffung zum höheren Preis von (voraussichtlich) 14,— DM pro kg im neuen Geschäftsjahr wieder zur Herstellung des alten Festwertes von 10 000 DM.

Der Bilanzwert wird jedoch negativ, wenn der Zeitwert des Unterbestandes den Wertansatz des Anfangsbestandes überschreitet. Das läßt sich durch andere Verfahren vermeiden, ohne zu beeinträchtigen, daß der Unterschied dem alten Jahr in Rechnung gestellt wird.

So will Bertrams den Zeitwert des Unterbestandes nicht vom EB-Wert absetzen, sondern den EB-Wert unberührt lassen und den Zeitwert des Unterbestandes getrennt in der Bilanz „als eine Schuld der abgeschlossenen Betriebsperiode an die folgende“[79] ausweisen. Dagegen ist jedoch einzuwenden, daß auf diese Weise ein EB-Wert bilanziert werden kann, dem kein Bewertungsobjekt gegenübersteht.

Als dritter Weg kommt die Bewertung nur der tatsächlich vorhandenen EB-Menge mit ihrem Festpreis in Frage (Einheiten mal Festpreis je Einheit). Für einen Unterbestand muß dann eine Rückstellung in Höhe des Unterschiedes zwischen Festwert und Ersatzkosten des Unterbestandes gebildet werden[80].

Im Vergleich zu Bertrams' Vorschlag sind dann beide Bilanzseiten, der Aktivposten (Eiserner Bestand) und der Passivposten (Schuld), um den Festwert des Unterbestandes kleiner; der ergebniskorrigierende Saldo bleibt derselbe.

Der Aufwand ist, Schmalenbachs Ausführungen entsprechend, mit den Ersatzkosten des Unterbestandes (bzw. mit seinem Zeitwert am Bilanzstichtag) zu belasten.

Die Rückstellung ist offensichtlich nicht erst, wie Hax meint[81], eine nachträgliche Ergänzung der EB-Bilanzierung, um ihre Starrheit zu mildern. Sie gehört zum System. Wenn man das Prinzip des doppelten

---

[77] Vgl. *Schmalenbach*, E.: Dynamische ..., 9. Aufl., a.a.O., S. 160.

[78] Vgl. *Barth*, K., a.a.O., S. 63.

[79] *Bertrams*, O., a.a.O., S. 458.

[80] Vgl. *Lax*, W., a.a.O., S. 118, wo er auf die Notwendigkeit einer „Rückstellung für Betriebsfondsergänzung“ bei „einem Minderbestand gegenüber dem betriebsfondserforderlichen Soll“ hinweist; ferner o. Verf.: Die Festwertrechnung für Bestände in der Elektroindustrie, a.a.O., S. 21.

[81] Vgl. dazu *Hax*, K.: Die Substanzerhaltung ..., a.a.O., S. 109 ff. und 128.

Minimums vertritt[82], dann muß man es auch hier anwenden, also einen Gewinn aus vorübergehender EB-Unterschreitung verneinen.

Dennoch wird von verschiedenen Autoren[83] die Sicherung der Ersatzbeschaffung durch Rück*lagen* beabsichtigt.

Rücklagen sind Eigenkapital, das der Vorsorge für *künftigen* Aufwand dient[84]. Rückstellungen sind dagegen wirtschaftlich gesehen Fremdkapital[85]. Es ist für künftige Ausgaben[86] zurückgestellt, die durch bereits entstandenen Aufwand verursacht sind und deren Höhe und Fälligkeitszeitpunkt noch nicht genau bekannt sind. Da diese Sachlage hier gegeben ist, erfordern[87] die Grundsätze ordnungsmäßiger Bilanzierung, daß eine Rückstellung gebildet wird. Sie muß in ausreichender Höhe gebildet werden, um dem Grundsatz der Vorsicht zu entsprechen. Das ist unabhängig davon, ob ein Gewinn erzielt wurde oder nicht[88]. Darin liegt die materielle Bedeutung der Rückstellung für die Substanzerhaltung gegenüber der Rücklage, die nur gebildet werden kann, soweit ein nomineller Gewinn vorliegt.

Beispiel einer Rückstellung für EB:

EB unverändert	1000 kg
Effektiver Endbestand	900 kg
EB-Unterschreitung	100 kg

Festpreis je kg 10,— DM; Marktpreis je kg 14,— DM.

Unterbestand als Materialaufwand
abgerechnet: 100 kg à 14,— DM = 1400,— DM

Rückstellung für Ersatzbeschaffungsmehrkosten:
14,— DM ./. 10,— DM = 4,— DM je kg.
Für 100 kg je 4,— DM = 400,— DM

Die Mehrkosten müssen deshalb die abgelaufene Periode belasten, „weil sie es unterlassen hat, den eisernen Bestand wieder aufzufüllen“[89].

---

[82] Vgl. *Hax,* K.: ebenda, S. 279.

[83] Vgl. *Barth,* K., a.a.O., S. 63; *Hax,* K.: Die Substanzerhaltung..., a.a.O., S. 128; *Werninger,* G.: Rückstellungen in der Bilanz, Wiesbaden 1960, S. 63.

[84] Vgl. *Mellerowicz,* K.: Allgemeine..., 2. Bd., a.a.O., S. 182. ders.: Unternehmenspolitik, Bd. III, a.a.O., S. 303.

[85] Vgl. *Aufermann,* E.: Transitorische Posten und Antizipationen, in: Die Aktuelle, 1. Jg. (1947), S. 377; *Götze,* H.: Grundzüge der Bilanzierung, 3. verbess. u. ergänzte Aufl., Berlin 1952 S. 40; *Auler,* W.: Rückstellungen, Hann. Münden 1953, S. 7 u. 12; *Vontobel,* A.: Die Rückstellung und ihre steuerliche Behandlung, Pfäffikon-Zürich 1953, Rechts- und Staatswissenschaftl. Dissertation in Zürich von 1952, S. 21.

[86] Andere Anlässe (z. B. erwartete Mindereinnahmen) können hier außer Betracht bleiben.

[87] Vgl. *Werninger,* G., a.a.O., S. 60; Auler, W.: a.a.O. S. 14

[88] Vgl. *Auler,* W., a.a.O., S. 14.

[89] *Hax,* K.: Die Substanzerhaltung..., a.a.O, S. 128 mit Hinweis auf Schmalenbach.

Die Rückstellung ist bei der Ersatzbeschaffung aufzulösen. Weichen die tatsächlichen Mehrkosten von der Rückstellung ab, so ergibt sich daraus im neuen Jahr ein periodenfremder Aufwand oder Ertrag.

Barth will nicht nur bei mengenmäßiger, sondern auch bei wertmäßiger Unterschreitung eine Reserve für Ersatzbeschaffung bilden; und zwar will er dafür den zum Festwert fehlenden Betrag vorsehen, „wenn die alte Menge an Einheiten erhalten geblieben ist, es sich aber um solche Einheiten handelt, die ihrer Funktion und ihrem Wert nach unter den bei Bildung des eisernen Bestandes vorhandenen Einheiten liegen“[90]. Der Betrieb soll dadurch zu gegebener Zeit wieder die anfänglichen Bestände beschaffen können.

Dem kann man nicht folgen; denn wenn die Güter schon ihrer Funktion nach nicht dem fehlenden Eisernen Bestand entsprechen, dann sind sie als gesonderte Bestandsposition zu führen. Für die reproduktionsbedürftige ursprüngliche EB-Menge ist zur Ersatzbeschaffung eine Rückstellung zu bilden in Höhe der Differenz aus höheren Wiederbeschaffungskosten (bzw. Zeitwert am Bilanzstichtag) und Festwert.

4.3.3.3. Die Bewertung eines Substitutions-EBs

An die Stelle eines Eisernen Bestandes kann ein Substitutions-EB treten. Damit der Eiserne Bestand in diesen Fällen dynamischer Substanzerhaltung erfolgsneutral bleibt, muß die EB-Rechnung kontinuierlich fortgeführt werden. Diese Forderung bezieht sich zunächst auf „reine Substitutionsgüter“, die ex definitione ein Ersatz für bisherige Güter sind; sie bezieht sich nicht auf Veränderungen der Vorräte im Zuge einer strukturellen Produktionsumstellung[91]. Besondere Probleme ergeben sich aus den Grenzfällen: der „Teilsubstitution“ und der „Bestandsverbesserung (‚Übersubstitution‘)“.

Für die kontinuierlich erfolgsneutrale Behandlung Eiserner Bestände sind die *Wertübertragung* und die *Reservenübertragung* in Betracht zu ziehen.

Der Begriff Wertübertragung soll besagen, daß der Gesamtwert des bisherigen Original-EBs auf den Substitutions-EB übertragen wird.

Mit Reservenübertragung ist die Übertragung einer stillen Reserve vom Original-EB auf den Substitutions-EB gemeint.

Bevor beide Wege verglichen werden, muß geklärt werden, wie hoch die stille Reserve ist, die sich im Rahmen der EB-Bilanzierung bilden kann.

---

[90] *Barth,* K., a.a.O., S. 67.

[91] Vgl. *Mellerowicz,* K.: Unternehmenspolitik, Bd. III, a.a.O., S. 269.

Eine stille Reserve entsteht aus einer Unterbewertung gegenüber dem „wirklichen“ Wert eines Gutes. Der „wirkliche“ Wert ist durch den Marktzeitwert bestimmt. Es ist zu prüfen, ob bei Eisernen Beständen die Wiederbeschaffungskosten oder der erzielbare Verkaufserlös diesen Wert angeben.

Bei einem Eisernen Bestand kann der Unterschied zwischen Buchwert und höherem Verkaufserlös für den ausgeschiedenen Original-EB nicht die stille Reserve sein, weil der Verkaufserlös Umsatzgewinn enthalten kann. Die Einheiten, denen der Umsatzgewinn zuzurechnen ist, sind nicht mehr Eiserner Bestand, sondern Umsatzbestand.

Ein Eiserner Bestand hat als betriebsnotwendiger Vorrat den Wert seiner Wiederbeschaffungskosten; denn wäre der Vorrat nicht vorhanden, müßten die Wiederbeschaffungskosten für ihn aufgewendet werden.

Demzufolge ist Findeisen zuzustimmen, der als stille Reserve am Eisernen Bestand die Unterbewertung gegenüber den Kosten der Ersatzbeschaffung bezeichnet[92].

Die Frage ist nun, welches die Kosten der Ersatzbeschaffung bei Anschaffung eines Substitutions-EBs sind.

Von den Wiederbeschaffungskosten des ausgeschiedenen Original-EBs und den Gestehungskosten des Substitutions-EBs geben nur die niedrigeren den „wirklichen“ Wert des Eisernen Bestandes, also die Kosten der Ersatzbeschaffung an, denn für den niedrigeren Betrag ist ein wirtschaftlich gleicher EB reproduzierbar. Folglich ist auch nur der Unterschied zwischen dem niedrigeren dieser Werte und einem noch niedrigeren Festwert die stille Reserve.

B e i s p i e l (in DM):

	Kosten der Ersatzbeschaffung Substitutions-EB	Original-EB	Festwert	Stille Reserve demnach
Fall a	*900*	1 200	1 000	–
Fall b	*1 000*	1 200	1 000	–
Fall c	*1 100*	1 200	1 000	100
Fall d	*1 200*	*1 200*	1 000	200
Fall e	1 300	*1 200*	1 000	200

Die Frage, ob eine erfolgsneutrale Behandlung des Substitutionsvorganges eher durch Wertbertragung oder — wenn sich eine stille Reserve gebildet hat — durch Reservenübertragung auf den Substitu-

[92] Vgl. *Findeisen*, F.: Der eiserne ..., a.a.O., S. 45.

tions-EB erreicht wird, wird durch folgende Beispielreihe beantwortet (Beispiele in DM):

Festwert 1 000

Wiederbeschaffungskosten des Original-EBs 1 200

	Substitutions-EB				Einfluß auf das Ergebnis	
	Gestehungskosten	*Bilanzier. bei Wertübertrag.* (Festwert)	(Stille Res.) (s. obiges Beispiel)	*Bilanzier. bei Res.-übertrag.* (Sp. 2—4)	bei Wertübertrag.	bei Res.-übertrag.
1	2	3	4	5	6	7
a	900	900	—	900	0	0
b	1 000	1 000	—	1 000	0	0
c	1 100	1 000	(100)	1 000	0	0
d	1 200	1 000	(200)	1 000	0	0
e	1 300	*1 000*	(200)	*1 100*	– 100	0

Wenn die Gestehungskosten des Substitutions-EBs unter dem Festwert liegen, muß auch bei Wertübertragung der Festwert auf den niedrigeren Zeitwert herabgesetzt werden (im Fall a, Sp. 3, 900 statt 1000).

Demzufolge tritt ein Unterschied zwischen der Festwertübertragung und der Reservenübertragung nur in Erscheinung, wenn die Gestehungskosten des Substitutions-EBs höher sind als die Wiederbeschaffungskosten des Original-EBs (Fall e).

Im Fall e zeigt sich bei Wertübertragung ein Verlust von 100 DM (für Abgang der Original-EB-Menge verrechnet 1200 DM, Kosten der Ersatzbeschaffung jedoch 1300 DM; ausgewiesener Wert unverändert 1000 DM). Bei Reservenübertragung wird dagegen kein Verlust ausgewiesen, weil die Mehrausgabe von 100 DM durch den höheren Bilanzansatz (1100 statt 1000 DM) kompensiert wird. Für die Mehrausgabe wird eine EB-Werterhöhung ausgewiesen, obgleich das nach den Grundsätzen der EB-Bilanzierung gerade vermieden werden soll.

Zwar ist es selten, daß ein reiner Substitutions-EB teurer beschafft wird, als der Original-EB wiederbeschafft werden könnte. Doch es können z. B. Termingründe Anlaß dazu geben.

In solchen Ausnahmefällen ist bei reiner Substitution die Wertübertragung der Reservenübertragung hinsichtlich einer einwandfreien, kontinuierlichen EB-Rechnung überlegen.

Diesem Vorteil der Wertübertragung steht ein größerer Nachteil gegenüber: Die Wertübertragung ist zu starr und kann bei Vorratsverbesserung oder Teilsubstitution nicht angewendet werden.

Aber auch die rechtlichen Grundlagen fehlen für eine Wertübertragung. Handels- und Steuerrecht knüpfen mit der Bewertung an das einzelne Wirtschaftsgut an. Eine Wertübertragung ist nur in bestimmten Fällen als Bewertungsvereinfachung zulässig, um die es aber hier nicht geht.

Die wirtschaftliche Identität eines Ersatzwirtschaftsgutes darf dagegen unter bestimmten Bedingungen dadurch berücksichtigt werden, daß die im bisherigen Originalwirtschaftsgut ruhende stille Reserve auf das Ersatzwirtschaftsgut übertragen wird. Soweit eine stille Reserve nicht übertragen wird, löst sie sich gewinnerhöhend auf.

Was leistet nun die Reservenübertragung unter den verschiedenen Bedingungen?

Das Beispiel (oben, Fall e) zeigt, daß bei Reservenübertragung ein Scheinergebnis ausgewiesen wird, wenn ein Substitutions-EB nach voller Absetzung der stillen Reserve noch mit einem über dem bisherigen Festwert liegenden Wert bilanziert wird. Deshalb muß die wirtschaftliche Nämlichkeit ausreichender Anlaß sein, einen trotz voller Reservenübertragung noch höheren Wert des Substitutions-EBs durch eine Wertberichtigung auf den bisherigen, niedrigeren EB-Wert herabzusetzen.

Die Beschaffung eines reinen Substitutions-EBs, der mehr kostet als die Wiederbeschaffung des Original-EBs, ist aber eine Ausnahme. Zumeist wird man in einem solchen Falle annehmen müssen, daß es sich nicht um reine Substitution, sondern um eine Bestandsverbesserung handelt. Wird z. B. statt Eisenblech Edelstahlblech verwendet, dann wird dadurch das Eisenblech voll ersetzt; eine stille Reserve vom Eisenblech muß deshalb voll übertragen werden. Darüber hinaus wird die vor Rost schützende Oberflächenbearbeitung eingespart. Das Edelstahlblech bietet also mehr als reine Bestandssubstitution. Schafft der Betrieb aus solchen Erwägungen einen teureren Substitutions-EB an, dann ist auch der Ausweis eines höheren EB-Wertes als bisher angezeigt, wenn sich nach Absetzung der stillen Reserve ein höherer EB-Wert ergibt.

Auch der umgekehrte Fall kann auftreten, daß nämlich statt des bisherigen hochwertigen Materials billigeres Material verwendet und dafür zusätzliche Arbeit im Fertigungsprozeß aufgewendet wird.

Das neue Material bietet dann nur Teilsubstitution, die u. U. sehr gering sein kann. Dementsprechend verlangt die der Vergleichbarkeit dienende Kontinuität der EB-Bilanzierung, daß auch nur ein adäquater Teil einer stillen Reserve übertragen wird.

Während die reine Substitution und die Bestandsverbesserung keine unlösbaren Bilanzierungsprobleme mit sich bringen, wirft die Teilsubstitution das Problem der adäquaten Reservenübertragung auf, für das eine allgemeine Lösung nicht angegeben werden kann.

4.3.4 Bewertung und Abrechnung bei Mengenänderung eines Eisernen Bestandes

4.3.4.1. Aufstockung

Eine Aufstockung oder Herabsetzung eines Eisernen Bestandes ergibt sich aus der Mengenbestimmung des neuen Eisernen Bestandes, indem dieser vom bisherigen nach oben oder unten abweicht.

Wird ein Eiserner Bestand aufgestockt, so kann die Zusatzmenge zu einem Einheitspreis beschafft worden sein, der entweder niedriger oder gleich oder höher ist als der bisherige Festpreis der EB-Einheiten.

Ist der neue Einstandspreis niedriger als der Festpreis, so ist für die Bewertung des gesamten Eisernen Bestandes (Alt-EB + aufgestockte Menge) einheitlich der niedrigere Zeitwert anzuwenden.

Ist der Einstandspreis für die Einheiten der Zusatzmenge gleich dem Festpreis der bisherigen EB-Einheiten, so resultiert daraus ebenfalls ein einheitlicher Einheitspreis für die Bewertung der gesamten EB-Menge.

Problematischer ist die Bewertung eines aufgestockten Eisernen Bestandes, wenn die Einstandspreise gestiegen sind. Die Bewertung des Eisernen Bestandes erfolgt „bei ... Erhöhung der Einstandspreise mit einem erhöhten Satz für den Mehrbestand“[93].

Dagegen hat der Zentralverband der Elektrotechnischen Industrie bei steigenden Preisen die Anwendung des niedrigen Festpreises auch auf eine Bestandserhöhung „als Sicherstellung gegen das im überhöhten Preis liegende Risiko“[94] vertreten.

Dieser Vorschlag kommt zwar dem Ziel einer sehr niedrigen EB-Bewertung entgegen, ist aber handelsrechtlich nur vertretbar, wenn in der nächsten Zukunft mit einer entsprechenden Wertminderung zu rechnen ist[95].

---

[93] *Mellerowicz*, K.: Betriebswirtschaftslehre ..., 2. Bd., a.a.O., S. 22; vgl auch ders.: Unternehmenspolitik, Bd. II, a.a.O., S. 268.

[94] Schreiben des Zentralverbandes d. Elektrotechn. Industrie e. V. v. 21. 1. 1952 an die Direktionen seiner Mitgliedsfirmen.

[95] Vgl. § 155 Abs. 3 Aktiengesetz.

Ist der ermittelte EB einer Bestandsposition größer als bei der vorhergehenden Jahresabschlußrechnung, so kann naturgemäß ein fester Einheitspreis nur für die bereits in der vorigen Bilanz bewertet gewesene Menge übernommen werden. Es wäre aber aus mehreren Gründen unzweckmäßig, den bei höheren Preisen aufgestockten EB-Teil ständig gesondert mit seinem höheren Einstandspreis zu bewerten. Vielmehr ist es sinnvoller, den ganzen Eisernen Bestand (Alt-EB + Aufstockung) einheitlich mit dem gewogenen Durchschnitt aus beiden Einheitspreisen zu bewerten.

Daß das zweckmäßig ist, wird zunächst einmal deutlich bei mehreren Aufstockungen des gleichen Artikels, deren einzelne Stufen jede mit einem anderen Einheitspreis bewertet werden müßten, wenn kein Durchschnittspreis angewendet werden würde.

Ferner tritt die Zweckmäßigkeit der Durchschnittsbewertung bei Herabsetzung eines Eisernen Bestandes zutage, wie sich im Abschnitt 4.3.4.2 zeigen wird.

Auch wenn man bei aufgestocktem EB auf einen niedrigeren Zeitwert zurückgehen muß, erweist sich der gewogene Preisdurchschnitt als zweckmäßiger Einheitswert. Nach Barth „führt ein bloßes Herabsinken des Wertes des Zusatzbestandes noch nicht ohne weiteres zu einer Korrektur des Festwertes, sondern allein eine Entwertung des gesamten Bestandes auf einen Wert, der unter dem neuen Festwert liegt“[96].

Bei Anwendung der *Durchschnittsbewertung* kommt man ohne weiteres zu diesem Ergebnis.

Beispiel:

Ursprünglicher EB	100 Einheiten à 10 DM =	1000 DM
Aufstockung	20 Einheiten à 16 DM =	320 DM
Summe	120 Einheiten	1320 DM

Gewogener Durchschnittspreis
(1320 : 120 =) .... 11 DM
Marktpreis am Bilanzstichtag .... 14 DM

Nach dem Niederstwertprinzip ist der EB-Wert
120 Einheiten à 11 DM = 1320 DM

[96] *Barth*, K., a.a.O., S. 62.

Gegenbeispiel:

Getrennte Bewertung der Aufstockungsmenge

Ursprünglicher EB	100 Einheiten à 10 DM	=	1000 DM
Aufstockung	20 Einheiten à 16 DM	=	320 DM
Anschaffungswert zusammen			1320 DM
Marktpreis am Bilanzstichtag	14 DM		
Nach dem Niederstwertprinzip ist der EB-Wert:			
Ursprünglicher EB	100 Einheiten à 10 DM	=	1000 DM
Aufstockung	20 Einheiten à 14 DM	=	280 DM
			1280 DM

Auf diese Weise würde eine Wertherabsetzung (auf 1280 DM) erfolgen, obgleich für den *gesamten* Eisernen Bestand der Anschaffungswert (1320 DM) niedriger ist als der Zeitwert (120 Einh. à 14 DM = 1680 DM).

Einer differenzierten Bewertung eines aufgestockten Eisernen Bestandes fehlt zumeist die Grundlage, weil in der Regel schon nach kurzer Zeit keine Einheiten mehr nachweisbar einer bestimmten Teilmenge angehören. Die Einheiten werden in specie gewälzt, d. h. ständig ausgetauscht; sie bilden dadurch in genere nur *eine* rechnerisch abgegrenzte EB-Menge (auch wenn diese nicht als wirtschaftliche Einheit anerkannt wird). Darin ist die Bewertung der Einheiten mit dem gewogenen Durchschnittspreis begründet.

Eine stufenweise unterschiedliche Bewertung ist nur angezeigt, wenn die einzelnen Aufstockungsmengen getrennt bzw. in bestimmter Reihenfolge gelagert werden. Dann aber muß gegebenenfalls auch der niedrigere Zeitwert für die einzelnen EB-Schichten getrennt zur Anwendung kommen.

Die Beispiele für die Abrechnung Eiserner Bestände und den Jahresabschluß aus Abschnitt 4.3.3. gelten auch hier, mit dem einen Unterschied, daß zusätzlich am Geschäftsjahresschluß die EB-Aufstockung zu buchen ist:

Aufstockungsmenge mal Buchbestandspreis des Geschäftsjahresanfangs
per EB-Bestandskonto
an Umsatzbestandskonto.

Im übrigen ist wie bei einem neuen EB vorzugehen (s. S. 88).

4.3.4.2. Herabsetzung

Die Herabsetzung eines Eisernen Bestandes (etwa infolge kürzerer Beschaffungszeit) ist nichts anderes als die Feststellung, daß der

Eiserne Bestand z. B. nicht mehr 1000 t, sondern nur noch 700 t Kupfer umfaßt.

Dem Beispiel entsprechend sind dann nur noch 700 t mit dem Festpreis des Vorjahresabschlusses (falls nicht ein niedrigerer Zeitwert zum Zuge kommt) zu bewerten. Der Wertansatz des EB vermindert sich also in der Regel proportional der Mengenherabsetzung. Das ist eindeutig, wenn es sich um die Herabsetzung eines unaufgestockten Eisernen Bestandes handelt. Zweifel können aber entstehen, wenn ein aufgestockter EB herabgesetzt wird, falls dessen Aufstockungsmenge mit einem anderen Preis bewertet ist als die übrigen EB-Einheiten. Deshalb ist es auch im Hinblick auf eine Herabsetzung zweckmäßig, aufgestockte Eiserne Bestände mit dem gewogenen Durchschnitt der Festpreise der Teilmengen, also mit einem einheitlichen Festpreis zu bewerten. Denn bei einer Herabsetzung kann die wertmäßige Minderung nicht gut stufenweise nach dem Lifo-Prinzip vertreten werden, wenn sich nicht im einzelnen Fall tatsächlich der Abbau in der entsprechenden Reihenfolge vollzieht. Da aber gerade die Einheiten Eiserner Bestände im allgemeinen nicht nach körperlicher Identität erfaßbar sind, ist ein Vorgehen nach dem Lifo-Prinzip, oder auch nach dem Fifo-Prinzip, nur bei entsprechender Lagerung gerechtfertigt.

Die Beispiele aus Abschnitt 4.3.3 für den Jahresabschluß ändern sich bei einer EB-Herabsetzung.

Wird der EB z. B. von 1000 kg auf 700 kg herabgesetzt, so sind am Jahresende 300 kg nicht mehr als EB vom Umsatzbestandskonto auf das EB-Konto zurückzunehmen. Diese 300 kg sollen vielmehr nun als Umsatzbestand mit ihren Anschaffungskosten (bzw. niedrigerem Zeitwert) bilanziert werden bzw. später damit in die Aufwandsrechnung eingehen. Der am Jahresanfang gebuchte Verrechnungszuschlag für die Überrechnung des Eisernen Bestandes von 1000 kg auf das Umsatzbestandskonto ist deshalb für 300 kg zu stornieren. Die Rückbuchung des Eisernen Bestandes mit den dazugehörigen Abschlußbuchungen ist nur noch für 700 kg nach den oben angeführten Beispielen vorzunehmen.

Rechnet der Betrieb seine Materialbestände generell mit Verrechnungspreisen ab, dann sieht das in Abschnitt 4.3.3.1 gegebene Buchungsbeispiel (siehe S. 93) nach EB-Herabsetzung von 1000 kg auf 700 kg *am Geschäftsjahresende* folgendermaßen aus:

Kto. 2999 Verrechnungsaufschlag für EB DM

3)		350,—		500,—	
G+V ←		150,—			
		500,—		500,—	

Kto. 311 Material A / Eiserner Bestand DM

	Anf.-Bestand		1000 kg à 1,—	1000,—	
	1000 kg à 1,—	1000,—	Endbestand		
2)	700 kg à 1,—	700,—	700 kg à 1,—	700,—	(4 → Bilanz
		1700,—		1700,—	

Kto. 312 Material A / Umsatzbestand DM

	Anf.-Bestand			.	
	300 kg à 1,50	450,—		.	
	1000 kg à 1,50	1500,—		.	
		.	700 kg à 1,50	1050,—	(1
		.			
		.			

Kto. 319 Durchgang / EB-Überrechnung DM

	1000 kg à 1,—	1000,—	1000 kg à 1,50	1500,—	
	Verr.-Auffschl.	500,—	700 kg à 1,—	700,—	(2
1)	700 kg à 1,50	1050,—	Rücknahme von		
			Verr.-Aufschl.	350,—	(3
		2550,—		2550,—	

Es werden statt 1000 kg nur 700 kg vom Umsatzbestandskonto zurückgebucht (Buchungen 1 und 2). Die Rücknahme des dazugehörigen Verrechnungsaufschlages (Buchung 3) gleicht das Konto „Verrechnungsaufschlag für EB" nicht aus. Der verbleibende Saldo ist zu Gunsten des Ergebniskontos zu buchen.

Alle Beispiele zeigen, daß auch für Eiserne Bestände, wenn sie endgültig verbraucht (= herabgesetzt oder aufgelöst) werden, letztlich stets Anschaffungskosten verrechnet werden. Für die aus dem EB durch Herabsetzung frei gewordene, niedrig bewertete Menge tritt bei Umsatz zu höheren Preisen eine echte Gewinnrealisierung ein.

Die Herabsetzung eines Eisernen Bestandes kann bis auf null Einheiten erfolgen. Dann ist dieser EB aufgelöst.

5. Rechtliche Beurteilung einer Jahreserfolgsrechnung mit normierten Eisernen Beständen

5.1. Handelsrechtliche Beurteilung

Es ist zu prüfen, ob die EB-Rechnung den Vorschriften der §§ 38, 39 und 40 HGB sowie den aktiengesetzlichen Bestimmungen über die Aufstellung des Jahresabschlusses[1] entspricht.

§ 38 HGB verlangt die Einhaltung der *Grundsätze ordnungsmäßiger Buchführung*. Wenn die EB-Bilanzierung und die entsprechende Aufwandsbewertung mit den anderen der genannten Vorschriften in Einklang zu bringen sind, geben sie keinen Anlaß, die Grundsätze ordnungsmäßiger Buchführung[2] zu verletzen. Die periodengerechte Aufwandszurechnung wird sogar verbessert.

Ausgehend von der dynamischen Bilanzlehre sollen die Einheiten Eiserner Bestände, soweit sie mit den Einheiten des Vorjahresabschlusses wirtschaftlich identisch sind, wie körperlich identische Einheiten bewertet werden.

Aber bereits § 39 HGB, der die *Einzelbewertung* vorschreibt, sieht eine Bewertung nach wirtschaftlicher Identität nicht vor. Auch im Aktiengesetz ist weder die Gliederung der Vorräte in ihre funktionsbedingten Gruppen (Eiserne Bestände und Umsatzbestände) noch das Prinzip der wirtschaftlichen Betrachtungsweise vorgesehen. Die Grundsätze ordnungsmäßiger Bilanzierung und Buchführung können die im betriebswirtschaftlichen Bereich selbstverständliche und im Steuerrecht vorgeschriebene wirtschaftliche Betrachtungsweise nicht in das Handelsrecht hineintragen.

Eiserne Bestände werden in den handelsrechtlichen Bewertungsvorschriften überhaupt nicht erwähnt. Demgemäß gibt es auch keine Bewertungsvorschrift, die dem Wesen Eiserner Bestände Rechnung trägt. Eiserne Bestände sind zu bewerten als seien sie Umsatzbestände.

Nach § 155 Aktiengesetz ist bei der Bewertung der Gegenstände des Umlaufvermögens von Anschaffungs- oder Herstellungskosten und Zeitwert der niedrigere Wert anzusetzen. Eine feste Bewertung der

---

[1] Vgl. Aktiengesetz v. 6. Sept. 1965, in: Bundesgesetzbl. 1965 Teil I, S. 1124 ff.

[2] Vgl. *Mellerowicz*, K.: Allgemeine ..., IV. Bd., a.a.O., S. 50 ff.

Eisernen Bestände wird dadurch bei Preisschwankungen nicht ermöglicht. Auch der im Abs. 3 des § 155 zugelassene, gerade so niedrige Wertansatz, daß in der nächsten Zukunft der Wertansatz nicht geändert werden muß, bietet angesichts der zumeist steigenden Preise keine generelle Grundlage für eine feste Bewertung Eiserner Bestände.

Durch Abs. 3 des § 155 Akt.-Ges. darf eine steuerrechtlich zugelassene niedrige Bewertung auch handelsrechtlich angewandt werden, aber die sachgerechte EB-Bilanzierung findet darin keine generelle Grundlage. Soweit nämlich steuerlich eine sogenannte „EB-Bilanzierung" *allgemein* zugelassen ist, soll sie nur der Bewertungsvereinfachung dienen[3], also zu keinem anderen Ergebnis führen als die traditionelle Einzelbewertung. Wenn mit starken Preisschwankungen zu rechnen ist, ist diese „EB-Bilanzierung" selbst als Bewertungsvereinfachung unzulässig. Sie wird also steuerlich gerade dort ausgeschlossen, wo sie korrigierend wirksam werden würde. Demzufolge kann sich auch auf diesem Wege über das Steuerrecht keine allgemeine, regelrechte EB-Bilanzierung in der Handelsbilanz entwickeln.

Auch die Unterstellung einer bestimmten Verbrauchsreihenfolge, wie in § 155, Abs. 1, Akt.-Ges. vorgesehen, ermöglicht keine EB-Bilanzierung. Ein EB soll auch dann unverändert fest bewertet werden, wenn er im Laufe des Geschäftsjahres unterschritten war. Wird aber die Verbrauchsreihenfolge maßgeblich, dann treten selbst bei der Last-in-first-out-Fiktion nach vorübergehender Bestandsminderung bei gestiegenen Anschaffungskosten zwangsläufig teurere Wiederbeschaffungen an die Stelle eines Teils des Bestandes. Die Wirkung der Lifo-Fiktion kommt der Wirkung der EB-Bilanzierung zwar am nächsten, erreicht sie aber nicht.

Das Gesetz zur Änderung des Handelsgesetzbuches und der Reichsabgabenordnung vom 2. August 1965 läßt mit § 40 HGB, Abs. 4, Ziff. 2, u. a. eine Festbewertung von Roh-, Hilfs- und Betriebsstoffen zu, „wenn ihr Bestand in seiner Größe, seinem Wert und seiner Zusammensetzung nur geringen Schwankungen unterliegt"[4]. Auch hier schließt die Bedingung geringer Wertänderung es aus, eine EB-Rechnung bei Preisschwankungen durchzuführen.

Will man nicht das Prinzip der wirtschaftlichen Betrachtungsweise generell in das Handelsrecht einführen, dann müssen die Einzelbestimmungen den wirtschaftlichen Erfordernissen Rechnung tragen. Das heißt hier, daß die Bilanzgliederung bilanzielle Eiserne Bestände vorsehen muß, so daß spezielle Bewertungsvorschriften für diese Position

---

[3] Vgl. EStR. 1965, BStBl. 1966 I S. 515.

[4] Bundesgesetzbl. 1965 Teil I, S. 666.

erlassen werden können. Darin könnte der sachlich richtigen Bewertung — durch einen langfristigen Niederstwert — Rechnung getragen werden, ohne daß aus wirtschaftlicher Betrachtungsweise Präzedenzfälle für die Bewertung anderer Güter geschaffen werden. Eine Vorschrift, daß stille Reserven bei Eisernen Beständen gesondert im Abschluß zu vermerken sind, würde der wirtschaftlichen Richtigkeit der Rechnung[5] die Vollständigkeit der Information hinzufügen.

Der jetzige Zustand gibt Anlaß, den Weg über die teilweise Maßgeblichkeit der Steuerbilanz für die handelsrechtliche Bewertung in Betracht zu ziehen:

Das Steuerrecht läßt unter bestimmten, strengen Bedingungen für gewisse Eiserne Bestände (z. B. in der NE-Metallindustrie) eine regelrechte EB-Rechnung zu. Dabei wird die wirtschaftliche Identität der EB-Einheiten mit denen des Vorjahres anerkannt und eine Gewinnrealisierung aus einer Wertänderung dieser Eisernen Bestände verneint[6]. Ergibt sich daraus ein niedrigerer Wertansatz als nach handelsrechtlichen Bewertungsvorschriften, so darf dieser Wert nach § 155 Abs. 3 Ziff. 2 Akt.-Ges. auch in der Handelsbilanz angesetzt werden.

Dies kann zwar nur bei steigenden Preisen in dem geringen, steuerlich zulässigen Umfang auch eine feste Bewertung Eiserner Bestände in der Handelsbilanz rechtfertigen. Es zeigt jedoch, daß das betriebswirtschaftlich begründete Vorhaben — die Bewertung nach wirtschaftlicher Identität — bereits für gewisse Eiserne Bestände praktiziert wird.

Handelsrechtlich wird damit aber nur der niedrigere steuerliche Wertansatz und nicht das Prinzip der wirtschaftlichen Betrachtungsweise übernommen.

Damit erhält die Untersuchung, ob ein Ausbau der echten EB-Rechnung im Steuerrecht möglich ist, unter den gegebenen Umständen die entscheidende Bedeutung für die Bewertung Eiserner Bestände in der Handelsbilanz.

Zuvor ist aber noch eine andere Frage handelsrechtlich zu erörtern.

Wenn ein EB am Bilanzstichtag unterschritten ist, wird die periodengerechte Aufwandszurechnung bei gestiegenen Wiederbeschaffungspreisen erst durch eine Rückstellung für Mehrkosten der Ersatz-

---

[5] „Hauptziel der neuen Bewertungsvorschriften ist, die Ergebnisse aufeinanderfolgender Geschäftsjahre vergleichbar zu machen." (Godin/Wilhelmi: Aktiengesetz v. 6. Sept. 1965, Kommentar, 3. Aufl. bearb. v. Hans Wilhelmi u. Sylvester Wilhelmi, Bd. I, Berlin 1967, S. 865.)

[6] Im einzelnen vgl. Abschn. 5.2.3 über die Definition und Abgrenzung Eiserner Bestände im Steuerrecht.

beschaffung herbeigeführt (vgl. Abschn. 4.3.3.2). Die Frage ist nun, ob eine solche Rückstellung handelsrechtlich zulässig ist.

§ 152 Abs. 7 Akt.-Ges. gibt die Zwecke an, für die Rückstellungen gebildet werden dürfen. Sie sind zulässig „für ungewisse Verbindlichkeiten und für drohende Verluste aus schwebenden Geschäften" sowie für „im Geschäftsjahr unterlassene Aufwendungen für Instandhaltung oder Abraumbeseitigung, die im folgenden Geschäftsjahr nachgeholt werden". Außerdem sind Gewährleistungs- und Pensionsrückstellungen zugelassen. Für andere Zwecke dürfen keine Rückstellungen gebildet werden.

Obgleich unterlassene Aufwendungen für Wiederherstellung eines Eisernen Bestandes den gleichen Charakter wie unterlassene Aufwendungen für Instandhaltung haben, sind keine Rückstellungen dafür ausdrücklich zugelassen.

Es bleibt zu klären, ob solche Rückstellungen in den allgemeinen Ausführungen der genannten Vorschrift ihre Berechtigung finden.

Praktisch läuft bei Unterschreitungen eines Eisernen Bestandes bereits die Nachbestellung des Artikels. Demzufolge besteht am Bilanzstichtag in der Regel ein schwebendes Geschäft; und drohende Verluste aus schwebenden Geschäften dürfen durch eine Rückstellung berücksichtigt werden. Die Frage ist, ob die Mehrkosten der Ersatzbeschaffung Eiserner Bestände handelsrechtlich als drohende Verluste anzusehen sind. Das folgende Beispiel läßt diesen Schluß zu: Eine Gesellschaft hat in den USA Kohle bestellt, sie aber am Bilanzstichtag noch nicht erhalten. In diesem Fall ist nach kaufmännischem Ermessen zu entscheiden, ob für die Differenz zwischen den tatsächlichen Anschaffungskosten und den niedrigeren Anschaffungskosten, die bei Kauf im Inland entstehen würden, eine Rückstellung für drohenden Verlust aus schwebendem Geschäft gebildet werden muß[7].

Wenn schon in diesem Falle eine Rückstellung für drohenden Verlust aus schwebendem Geschäft zu erwägen ist, dann muß man schließen, daß für einen am Bilanzstichtag betriebsnotwendigen EB die erwarteten Mehrausgaben für im alten Geschäftsjahr entstandenen Aufwand erst recht als Rückstellung bilanziert werden dürfen.

Die Zulassung von Sonderposten mit Rücklageanteil, soweit steuerlich sogenannte steuerfreie Rücklagen gebildet werden dürfen, bringt in unserer Frage nur formal, aber nicht materiell eine Verbesserung gegenüber dem alten Aktiengesetz. Diese Sonderposten sind jetzt als

---

[7] Vgl. *Adler*, H., W. *Düring* und K. *Schmaltz:* Rechnungslegung und Prüfung der Aktiengesellschaft, 3., neubearb. Aufl., Stuttgart 1957, Tz. 33 zu § 133, S. 399.

Position II a nach wie vor unter dem Oberbegriff „Rücklagen" auszuweisen. Es erübrigt sich deshalb, hier zu prüfen, ob steuerrechtlich sogenannte steuerfreie Ersatzbeschaffungsrücklagen für EB-Unterschreitungen angesetzt werden dürfen.

5.2. Steuerrechtliche Beurteilung

5.2.1. Nachweis der prinzipiellen Vertretbarkeit einer Scheingewinneliminierung

In Anbetracht dessen, daß rund die Hälfte des ausgewiesenen Gewinns als Körperschaftsteuer abzuführen ist[8] und die Aktiengesellschaften oft das Mehrfache an Steuern im Verhältnis zu den Dividenden zahlen[9], ist es vordringlich, in der Steuerbilanz zu einem Gewinnausweis als Steuerbemessungsgrundlage zu kommen, der keinen Scheingewinn enthält.

Eine grundsätzliche Änderung des geltenden Steuersystems ist hier nicht zu erörtern.

Zuerst soll nachgewiesen werden, daß eine Scheingewinneliminierung auch unter steuerlichen Gesichtspunkten grundsätzliche Berechtigung hat und daß sie steuerrechtlich wiederholt als berechtigt anerkannt worden ist.

Zweck des Einkommensteuergesetzes ist die Besteuerung des Gewinnes, nicht der Substanz. Rechtlich bestehendes Eigentum an wertgestiegenen Gütern hat wirtschaftlich noch zu keinem endgültig realisierten Gewinn geführt[10]. Folglich dürfte die Werterhöhung nicht als verwirklichter Steuertatbestand der Erfolgsbesteuerung beim Unternehmer unterworfen werden.

Gnam hält den Scheingewinn irrtümlich für den gerechten Ausgleich zum Kaufkraftschwund der übrigen Einkünfte[11]. Ein Gewinn, aus dem der Scheingewinn eliminiert ist, bleibt aber außerdem von einer Kaufkraftminderung ebenso betroffen, wie die Einkommen aus den übrigen Einkunftsarten des § 2 EStG.

---

[8] Vgl. *Blümich*, W., O. *Klein*, W. *Steinbring* und H. *Stutz*: Körperschaftssteuergesetz, Kommentar, 4. völlig neubearb. Aufl., Berlin u. Frankfurt/M. 1965, S. 1075 f.

[9] Vgl. „Sie sollten wissen", 5. Abschn. in: Unternehmerbrief des Deutschen Industrieinstituts, Nr. 52/53 v. 22. Dez. 1952, Blatt 3.

[10] Vgl. *Pohmer*, D.: Zum Thema: Gutachten des OFH. über die Zulässigkeit des Lifo-Verfahrens und des Fifo-Verfahrens, in: Die Wirtschaftsprüfung, 3. Jg. (1950), S. 373 f.; *Littmann*, E.: Nominal- oder Realgewinnbesteuerung?, in: Neue Betriebswirtschaft (Beil. zu Der Betriebs-Berater), 1952, S. 54.

[11] Vgl. *Gnam*, A.: Scheingewinne, Scheinverluste — eine Interessenkollision zwischen Volkswirtschaft und Betriebswirtschaft?, 5. Jg. (1952), S. 41; ders.: Nochmals: Nominal- oder Realgewinnbesteuerung?, ebenda, S. 92.

Beispiel:

Jahresergebnis des Unternehmens	DM 20 000,—
davon rein nominelle Vermögenswertsteigerung = Scheingewinn	DM 8 000,—
Bereinigter Nominalgewinn demnach	DM 12 000,—

Der bereinigte Nominalgewinn entspricht beim Unternehmer dem Jahresarbeitseinkommen von DM 12 000,— eines Arbeitnehmers. Vorausgesetzt ist dabei, daß der Scheingewinn im Betrieb verbleibt und nicht entnommen wird[12].

Das Realeinkommen bzw. der Realgewinn ergibt sich erst durch Multiplikation der empfangenen Nominalgeldmenge mit dem Kaufkraftindex (z. B. 0,75):

Nominaleinkommen DM 12 000,— × Kaufkraftindex 0,75
= Realeinkommen DM 9000,—.

Wird die Besteuerung auf das Nominaleinkommen gerichtet, so ist die Gleichheit bei der Behandlung der verschiedenen Steuerträger gegeben, wenn in beiden Fällen die empfangene Nominalgeldmenge (hier DM 12 000,—) besteuert wird. Selbst bei einer Steuerforderung von 100 % würde dann nur Einkommen und nicht Substanz besteuert werden.

Dagegen ist es unrichtig, den nach Einbehaltung eines Scheingewinnes ausgewiesenen Nominalgewinn beim Unternehmer als Realgewinn zu bezeichnen, wie es im Streit um die Frage, ob Nominalgewinn- oder Realgewinnbesteuerung angezeigt sei, geschehen ist[13]. Eine Bevorzugung des Unternehmers, indem bei diesem „nur das Realeinkommen" besteuert würde, ist ausgeschlossen. An der Substanzerhaltung kann der Unternehmer erst „partizipieren", wenn die Substanz eines Tages veräußert, realisiert wird. Dann ist auch die Besteuerung des entsprechenden Erfolges gerechtfertigt.

Die Unbilligkeit der Erfolgsbesteuerung nach dem nicht korrigierten Nominalgewinn, d. h. die Unbilligkeit der Scheingewinnbesteuerung[14] wurde durch die Länder-Erlasse des Jahres 1952[15] mit ihrer Bezugnahme auf § 131 AO. anerkannt. Danach konnten bei Preissteigerungen bestimmte Erleichterungen gewährt werden, wenn die Steuereinziehung

---

[12] So auch *Littmann*, E.: Nominal- oder Realgewinnbesteuerung?, a.a.O., S. 54.

[13] Vgl. *Gnam*, A.: Scheingewinne ..., a.a.O., S. 41; *Littmann*, E.: Nominal- oder Realgewinnbesteuerung?, ebenda, S. 54; *Gnam*, A.: Nochmals: Nominal- oder Realgewinnbesteuerung?, ebenda, S. 92.

[14] Statt von Scheingewinn spricht man steuerrechtlich von dem Zwang, „den Begriff des realisierten Gewinnes einzuschränken" (vgl. *Hoffmann*, F.: Der Eiserne Bestand beim Vorratsvermögen, in: Der Betriebs-Berater, 10. Jg. [1955], S. 568).

[15] Vgl. BStBl. 1952 Teil II S. 98.

unbillig gewesen wäre. Dazu führte der BFH in seinem Urteil I 140/52 U vom 1. März 1955 aus[16]:

„Die Unbilligkeit gründet sich ... auf Bedenken gegen die wirtschaftliche Natur der formal errechneten Gewinne. Würde man in den Gewinnen echte Gewinne erblicken, so wäre es unklar, worin die Unbilligkeit im Sinne des § 131 AO. in der steuerlichen Erfassung dieser Gewinne liegt."

In dem Urteil heißt es ferner, daß die Maßnahmen der Verwaltung in Verbindung mit der Korea-Krise, die wesentlich über das Gutachten des OFH vom 3. Juni 1949 hinausgegangen seien, die Anordnungen in den außerdeutschen Staaten, die Stellungnahmen der Länder zu den Preisschwankungen II/1948 und 1949, wie des weiteren die Ermächtigung in § 51 EStG 1955 dafür sprechen, daß hier ein besonderes wirtschaftliches Problem vorliegt. Man habe deshalb eine Lücke im Gesetz annehmen können[17].

Ab 1. Januar 1955 wurde durch § 51 EStG das Wirtschaftsproblem der Preisschwankungen steuerrechtlich uneingeschränkt geregelt.

Sowohl durch die Ausführungen im genannten Urteil wie durch die Tatsache der gesetzlichen Regelung selbst ist die Notwendigkeit und Berechtigung einer erfolgsrechnerischen Lösung des Problems der Preisschwankungen im Steuerrecht nachgewiesen.

Notwendigkeit und Berechtigung einer solchen Lösung sind also im Steuerrecht prinzipiell nicht mehr in Frage gestellt. Da die gesetzliche Regelung jedoch unter den wirklichen Umständen (jährliche Preissteigerung zumeist unter 10 %) materiell in den meisten Fällen wirkungslos ist, stehen Gesetzgeber und Rechtsprechung weiterhin vor der ungelösten Aufgabe, zu verhindern, daß die Unternehmen sich reich rechnen und weiter Gewinnsteuern für Beträge zahlen, die Erhaltungsaufwand sind. Die Besteuerung nach der wirtschaftlichen Leistungsfähigkeit der Steuerträger gehört zu den Grundsätzen der Steuerpolitik. Sie setzt eine die wirtschaftliche Leistungskraft widerspiegelnde Steuerbemessungsgrundlage, d. h. hier das betriebswirtschaftlich möglichst richtig ermittelte Jahresergebnis voraus.

5.2.2. Die EB-Rechnung als Mittel richtiger Jahreserfolgsrechnung

Der Gesetzgeber hat in § 51 EStG Preissteigerungen in bestimmter, steuerrechtlich uneingeschränkter Weise Rechnung getragen. Er wollte demnach die Gesetzeslücke durch bedingte Zulassung von Rücklagen mit einem gewissen Steuerstundungseffekt schließen, obgleich ihm EB-Rechnung, Lifo-Methode und echte Substanzerhaltungsrücklagen be-

---

[16] BStBl. 1955 Teil III S. 149.

[17] Vgl. BFH.-Urteil I 140/52 U v. 1. März 1955, BStBl. 1955 Teil III S. 149.

kannt waren. Steuerrechtlich ist es deshalb ausgeschlossen, eines dieser Verfahren als Mittel gegen Scheingewinne durchzusetzen.

Nicht zuletzt deshalb wurde in dieser Arbeit stets der eigentliche Zweck der EB-Rechnung beachtet. Dieser ist die Verbesserung der Vergleichbarkeit der Jahreserfolgsrechnungen der Unternehmung auf der Grundlage genauerer Aufwandszurechnung. Mit diesem Ziel ist die EB-Rechnung steuerrechtlich vertretbar, solange die gesetzlichen Bestimmungen und insbesondere das bewertungsrechtliche Prinzip der Nominalkapitalrechnung eingehalten werden. Dieses Prinzip macht die Bewertung mit Anschaffungskosten erforderlich.

Da die Festbewertung Eiserner Bestände eine Bewertung mit Anschaffungskosten unter Beachtung der wirtschaftlichen Nämlichkeit ist, kann die EB-Rechnung als ein Verfahren, „den Aufwand richtig zu ermitteln"[18], steuerrechtlich begründet werden.

Wesentlich ist dabei die steuerliche Beurteilung der Fragen nach der wirtschaftlichen Nämlichkeit der Gegenstände des Vorratsvermögens und nach dem Zeitpunkt und der Höhe der Gewinnrealisierung.

5.2.3. Definition und Abgrenzung Eiserner Bestände im Steuerrecht

Vergleicht man die Stellungnahmen zu Eisernen Beständen im Steuerrecht, so lassen sich drei verschiedene Auffassungen feststellen.

Die erste wichtige Definition enthielt das RFH-Urteil I A 111/23 vom 19. Oktober 1923. Danach bilden den Eisernen Bestand „diejenigen Bestände an Rohmaterialien, Halbfabrikaten oder fertigen Waren ..., die das einzelne Unternehmen normalerweise stets vorrätig halten muß, die zwar in den einzelnen diese Masse bildenden Bestandteilen stets wechseln, aber in Umfang und Zweckbestimmung stets gleich bleiben"[19].

Hiernach bestimmen betriebswirtschaftliche Normalverhältnisse Art und Menge des Eisernen Bestandes.

Die zweite Richtung ist gekennzeichnet durch die Definition aus dem OFH-Gutachten I D 2/49 S vom 3. Juni 1949. Darin heißt es[20]:

> „Güter des Vorratsvermögens, die im Betrieb in größerer Menge vorhanden und im wesentlichen gleichartig und gleichwertig sind, können zu einem Sammelposten ‚Eiserner Bestand' zusammengefaßt werden, soweit sie anlageähnliche Eigenschaften haben ... Bei der sehr schwierigen Abgrenzung spielen rechtliche und betriebswirtschaftliche Gesichtspunkte eine Rolle."

Hier ist der „Eiserne Bestand", um eine Notlösung gegen die Scheingewinnbesteuerung zu schaffen, als Sammelposten zur Bewertungs-

---

[18] So bezüglich der Standardbewertung das BFH.-Urteil I 140/52 U v. 1. März 1955, BStBl. 1955 III S. 149.

[19] RFH.-Urteil vom 19. Okt. 1923, a.a.O., S. 71.

[20] OFH.-Gutachten vom 3. Juni 1949, a.a.O., S. 333.

vereinfachung bezeichnet worden, dessen Voraussetzungen größere Menge, Gleichartigkeit, Gleichwertigkeit und Anlagenähnlichkeit der Güter sind.

Die dritte Richtung ist gekennzeichnet durch das Fehlen der EB-Definition. Sie befaßt sich aber mit Vorräten, für die eine Gewinnrealisierung bei wirtschaftlicher Betrachtungsweise zu verneinen ist. Hier ist auf das BFH-Urteil I 4/52 U vom 17. Mai 1952[21] und auf das BFH-Gutachten I D 1/59 U vom 26. August 1960[22] hinzuweisen.

Kann im Rahmen dieser steuerrechtlichen Entwicklungstendenzen ein bilanzieller Eiserner Bestand — definiert als der an aufeinanderfolgenden Geschäftsjahresenden betriebsnotwendige Vorrat eines Gutes — überhaupt vertreten werden?

Das Bemühen, den Eisernen Bestand als betriebswirtschaftlich definierte wirtschaftliche Einheit zu behandeln, ist gescheitert. Das RFH-Urteil VI 593/38 vom 19. Oktober 1938[23] entschied, daß ein Eiserner Bestand mit immer gleicher Bewertung nur bei Werkzeugen, Gerätschaften usw. vorliegen kann, nicht aber bei Warenvorräten.

Für den zweiten Weg wurden größere Menge, Gleichartigkeit, Gleichwertigkeit und Anlagenähnlichkeit der Vorräte als Voraussetzungen für die Bildung des Sammelpostens „Eiserner Bestand" verlangt. Für bilanzielle Eiserne Bestände kommt es aber nur auf die Anlagenähnlichkeit an, gleichgültig, ob es sich im Einzelfall um gleichartige und gleichwertige Güter in größerer Menge handelt, für die dann eine Sammelbewertung in Betracht kommen könnte, oder nicht.

Die Anlagenähnlichkeit Eiserner Bestände ist aber nicht bewertungsrechtlich zu verstehen, denn Anlagen sind ebenso wie das Vorratsvermögen mit Anschaffungs- oder Herstellungskosten zu bewerten; die Anlagenähnlichkeit muß im Sinne der Definition Eiserner Bestände darin bestehen, daß die betreffende Vorratsmenge des betreffenden Gutes an aufeinanderfolgenden Geschäftsjahresenden betriebsnotwendig ist. Damit läuft die Frage nach der Anlagenähnlichkeit auf die Frage nach der wirtschaftlichen Nämlichkeit betriebsnotwendiger Vorräte an den Geschäftsjahresenden hinaus.

Bewertungsobjekt ist nach dem RFH-Urteil vom 19. Okt. 1923 nicht „ein Eiserner Bestand", sondern die einzelnen den Eisernen Bestand zusammensetzenden Güter. Die eine Gewinnrealisierung ausschließende wirtschaftliche Nämlichkeit der einzelnen einen Eisernen Bestand bil-

---

[21] Vgl. a.a.O., S. 208 ff.

[22] Vgl. a.a.O., S. 31 ff.

[23] Vgl. RStBl. 1939, S. 26.

denden Einheiten eines Vorrats wird zur entscheidenden Frage für die EB-Abgrenzung.

Damit ordnet sich das Problem der Festbewertung Eiserner Bestände in die drittgenannte Entwicklungsrichtung der Rechtsprechung ein, die nach der Gewinnrealisierung fragt und sie bei wirtschaftlicher Identität der Güter verneint.

Dementsprechend wendet sich auch der BFH im Gutachten vom 26. August 1960 gegen die Meinung des Bundesministers der Finanzen, die Halbzeugwerke der NE-Metallindustrie begehrten die Festbewertung des Umlaufmetallstockes zum Ausgleich der Preisschwankungen und stellt fest: „Diese Betrachtungsweise wird der Rechtslage nicht voll gerecht; denn im Vordergrund steht das Problem der wirtschaftlichen Identität[24]."

Wie sind nun fest bewertbare Eiserne Bestände abzugrenzen? Im RFH-Urteil vom 19. Oktober 1938 heißt es[25]:

„Warenvorräte können nicht als eiserner Bestand bewertet werden."

Da es aber in Ansehung der in den Handelsbilanzen von der kaufmännischen Praxis gebildeten und von der Betriebswirtschaftslehre befürworteten Eisernen Bestände unrealistisch gewesen wäre, die Entscheidung so formal auf Anlage- und Umlaufgüter anzuwenden, daß die Begriffe des Handelsgesetzbuches bzw. des Aktiengesetzes rein schematisch zur Abgrenzung wirtschaftlich unterschiedlicher Güter angewendet worden wären, haben der OFH und der BFH einen ergänzenden Grundsatz herausgearbeitet[26]. Er lautet[27]:

„Werden zum Umsatz bestimmte Güter, in denen stille Reserven ruhen, veräußert, so spricht die Vermutung für die Absicht des Kaufmanns, diese stillen Reserven zu realisieren. Für die Produktionsmittel gilt die Vermutung nicht."

Es ist zu untersuchen, ob auch für die betriebswirtschaftlich definierten und betriebswirtschaftlich abgegrenzten Eisernen Bestände der rechtlich zureichende Nachweis erbracht werden kann, daß eine Umsatzabsicht nicht gegeben ist.

Die Abgrenzung erfolgt also nicht schematisch für den „Warenbestand", sondern nach der wirtschaftlichen Funktion für die „zum

---

[24] BFH.-Gutachten I D 1/59 U v. 26. 8. 1960, BStBl. 1961 III S. 31.

[25] RStBl. 1939 S. 26.

[26] Vgl. *Hoffmann*, F.: Der Eiserne Bestand beim Vorratsvermögen, in: Der Betriebs-Berater, 10. Jg. (1955), S. 567.

[27] BFH.-Urteil I 4/52 U vom 17. Mai 1952, BStBl. 1952 III S. 208; ebenso auch OFH.-Gutachten I D 2/49 S vom 3. Juni 1949, Ministerialbl. d. Bundesministeriums d. Finanzen 1949/50 S. 333 und BFH.-Urteil I 140/52 U vom 1. März 1955, BStBl. 1955 III S. 144.

Umsatz bestimmten Güter". Folglich müßte es ergänzend heißen: Für die *nicht* zum Umsatz bestimmten Güter gilt die Vermutung nicht.

Bereits in der Entscheidung VI 754/39 des RFH vom 10. April 1940 heißt es[28]:

„... die Bedeutung der (bürgerlich-rechtlichen) Nämlichkeit, die sachenrechtlich so wichtig ist, (ist) bei der Bestandsvergleichung in der Bilanz zurückgetreten. Es kommt lediglich unter dem Gesichtspunkt wirtschaftlicher Betrachtungsweise darauf an, ob eine Realisierung (Verwirklichung) der... stillen Reserven eingetreten ist."

Durch § 1 StAnpG wird die sogen. wirtschaftliche Betrachtungsweise bei der Auslegung der Gesetzesnormen und bei der Beurteilung der Tatbestände verbindlich vorgeschrieben. Dadurch erlangt die wirtschaftliche Nämlichkeit von Wirtschaftsgütern im Steuerrecht eine entsprechende Bedeutung wie die bürgerlich-rechtliche Nämlichkeit (körperliche Identität) im bürgerlichen Recht[29].

Enno Becker, der Schöpfer der Reichsabgabenordnung, betonte, daß er diesem Gesetzesbefehl[30] — der wirtschaftlichen Betrachtungsweise — „fast mehr Gewicht beilege, als der übrigen Abgabenordnung"[31]. Seine praktische Verwirklichung soll ein gewisses Maß an Freiheit bei Anwendung der Steuergesetze verbürgen, eine gewisse Anpassungsfähigkeit in die Gesetze selbst hineintragen und so eine ausgiebige Berücksichtigung der Lebensbedürfnisse der Wirtschaft ermöglichen, sichern und sogar erzwingen[32].

§ 1 StAnpG enthält in Abs. 2 die ständige Ermächtigung, ja Verpflichtung für Richter und Finanzamt, jeweils (!) zu prüfen, ob die *Gesetzesauslegung* noch den Erfordernissen der Entwicklungsrichtung[33] der maßgeblichen wirtschaftlichen Betrachtungsweise entspricht[34].

Wenn Klausing äußerste Vorsicht bei der Anwendung des § 1 Abs. 2 StAnpG für richtig hält[35], so kann dies nur hinsichtlich einer über den § 1 Abs. 2 StAnpG möglicherweise hinausgehenden Interpretation vertreten werden.

---

[28] RStBl. 1940, S. 595. Ähnl. BFH.-Urteil I 4/52 U v. 17. Mai 1952, BStBl. 1952 Teil III, S. 208.

[29] Vgl. RFH.-Entscheidung VI 754/39 v. 10. April 1940, RStBl. 1940, S. 595.

[30] § 4 AO 1919, später § 9 AO 1931, dann § 1 StAnpG 1934.

[31] *Becker*, E.: „Die Reichsabgabenordnung", 7. neubearb. Aufl., Berlin 1930, Anm. 1 a zu § 4.

[32] Vgl. ebenda.

[33] Vgl. *Kaiser*, J.: Auslegungsgrundsätze im Steuerrecht, Neuwied/Berlin/Darmstadt, 1960, S. 77.

[34] Vgl. ebenda, S. 79.

[35] Vgl. *Klausing*, F.: Grundsätzliches über „wirtschaftliche Betrachtungsweise", „Typenlehre" und „konkretes Ordnungsdenken", in: Zeitschr. d. Akademie für deutsches Recht, 6. Jg. (1939), S. 112.

„Es gibt ... keinen formalen Auslegungsgrundsatz ‚in dubio pro fisco' oder ‚in dubio pro reo'. Es ist Sache des Richters, das ‚dubium' auszuräumen und den Willen des Gesetzgebers zu ermitteln[36]."

Da die Gründe, den Eisernen Bestand beim Umlaufvermögen im allgemeinen abzulehnen, „nicht so sehr auf der formellen Fassung der gesetzlichen Vorschriften, als auf der wirtschaftlichen Zweckbestimmung des Umlaufvermögens" beruhen[37], wie sowohl im OFH-Gutachten vom 3. 6. 1949 als auch in der BFH-Entscheidung vom 17. 5. 1952 eingehend dargestellt wird, kommt dieser *funktions*mäßigen Abgrenzung gegenüber den zum Umlauf bestimmten Vorräten die entscheidende Bedeutung zu. Von den bilanziellen Umsatzbeständen müssen also die bilanziellen Eisernen Bestände unterschieden werden.

Nach der funktionsmäßigen Abgrenzung wirtschaftlich nämlicher Vorräte ist nun für diese die Frage der Gewinnrealisierung näher zu erörtern.

An der Rechtsprechung des RFH „ist wesentlich, daß eine Gewinnrealisierung dort abgelehnt wird, wo das Wirtschaftsgut gegen den Willen des Kaufmanns aus dem Betriebe ausscheidet und er deshalb auch nicht den Willen zur Gewinnrealisierung beim Ausscheiden des Wirtschaftsgutes haben konnte"[38].

Das gilt in bestimmten Fällen sogar auch für zum Umsatz bestimmte Ware[39]. So z. B. bei verbrannter Ware, für die eine über den Buchwert hinausgehende Brandversicherungssumme gezahlt wurde[40]. Die Rechtsprechung hat die wirtschaftliche Nämlichkeit von Ersatzgütern, also das Fehlen der Realisierungsabsicht immer dann bejaht, wenn *nicht zum Umsatz bestimmte* Wirtschaftsgüter durch *zwingende Umstände ausgeschieden* sind und *ersetzt werden mußten.*

Der Reichsfinanzhof hat darüber hinaus eine Gewinnrealisierung verneint, wenn das Ausscheiden des Wirtschaftsgutes „zwar dem Willen des Kaufmanns entsprach, aber keine Absicht zur Gewinnrealisierung gegeben war"[41].

Die Gewinnrealisierung wird also dann verneint, wenn höhere Gewalt[42], behördliche Eingriffe[43] oder technische Notwendigkeit[44] zum

---

[36] *Hartz,* W.: Die Auslegung von Steuergesetzen, Herne 1956, S. 25.

[37] Vgl. BFH.-Urteil I 140/52 U v. 1. März 1955, BStBl. 1955 III, S. 144.

[38] BFH.-Urteil I 4/52 U v. 17. Mai 1952, BStBl. 1952 III S. 208.

[39] Vgl. RFH.-Urteil VI 494/38 v. 10. Aug. 1938, RStBl. 1938 S. 915; RFH.-Urteil VI 11/44 v. 3. Mai 1944, RStBl. 1944 S. 619.

[40] Vgl. RFH.-Urteil VI 494/38 v. 10. Aug. 1938, a.a.O., S. 915.

[41] BFH.-Urteil I 4/52 U v. 17. Mai 1952, BStBl. III 1952, S. 211.

[42] Vgl. RFH.-Urteil VI 494/38 v. 10. Aug. 1938, RStBl. 1938 S. 915.

[43] Vgl. RFH.-Urteil VI 11/44 v. 3. Mai 1944, RStBl. 1944 S. 619.

[44] Vgl. BFH.-Urteil I 4/52 U v. 17. Mai 1952, BStBl. 1952 III S. 208, speziell siehe S. 213.

Ausscheiden eines Gutes führten, ohne daß eine Gewinnrealisierung beabsichtigt war.

Daraus folgt aber auch, daß in den Fällen die Rechtsvermutung gegen eine Realisierung stiller Reserven spricht, in denen bei wirtschaftlicher Betrachtungsweise die Absicht zur Realisierung stiller Reserven nicht gegeben sein kann.

Bedeutsam sind in diesem Zusammenhang auch die Ausführungen, die im BFH-Gutachten I D 1/59 U vom 26. August 1960 gemacht wurden. Danach darf in der NE-Metallindustrie der Umlaufmetallstock, der für die Ausführung von Umarbeitungsaufträgen gehalten wird, mit Festpreisen bewertet werden.

Zwar erklärte der Deutsche Industrie- und Handelstag, „der Umlaufmetallstock sei nicht identisch mit dem „eisernen Bestand" im Sinne der Lehre Schmalenbachs. Er sei nicht zum Umsatz bestimmt"[45]. Demgegenüber betonte aber der begutachtende Senat des BFH, „es handelt sich hier wie im Falle des eisernen Bestandes um das Rechtsproblem der wirtschaftlichen Identität im Rahmen der Gewinnverwirklichung"[46].

Die Grenze zwischen Verneinung und Bejahung der Gewinnverwirklichung zieht der BFH-Senat jedoch zwischen Umlaufmetallstock für Umarbeitungsgeschäfte und Eisernen Beständen, weil die Vorbedingungen für die Bejahung der wirtschaftlichen Identität „beim Umlaufmetallstock in einem ganz anderen Umfange erfüllt" seien als beim Eisernen Bestand im Sinne Schmalenbachs[47].

Die Grenze zwischen Bejahung und Verneinung der Gewinnrealisierung bei Ausscheiden von Vorräten wurde in dem genannten Gutachten noch genauer bestimmt. Für den *Umlaufmetallstock*[48] bei Umarbeitungsgeschäften wird die Gewinnrealisierung verneint, für den *Dekkungsmetallvorrat*[49] bei Vollpreisgeschäften wird sie bejaht. Das Wesen des Vollpreisgeschäftes besteht darin, daß der Kunde nicht das Metall anliefert, sondern von dem Halbzeugwerk eine Ware „in derselben Form kauft, wie es allgemein bei Geschäften mit Fabrikationsbetrieben üblich ist"[50].

---

[45] BFH.-Gutachten I D 1/59 U v. 26. Aug. 1960, BStBl. 1961 III, S. 35.

[46] Ebenda.

[47] Vgl. BFH.-Gutachten I D 1/59 U v. 26. Aug. 1960, BStBl. 1961 Teil III S. 35.

[48] Umlaufmetall ist die für den Produktionsprozeß technisch notwendige Metallmenge, die nicht in das Produktgewicht eingeht.

[49] Deckungsmetall ist die Vorratsmenge, die in das Produktgewicht eingehen wird.

[50] BFH.-Gutachten v. 26. Aug. 1960, a.a.O., S. 34.

Wo eine *Vermischung* von Umlaufmetall und Deckungsmetall auftritt (also beim Vollpreisgeschäft), ist nach dem Gutachten für den Gesamtvorrat die Bewertung mit den durchschnittlichen Anschaffungskosten der Zugänge (Durchschnittsbewertung) vorzunehmen. Eine Festpreisbewertung des Umlaufmetallstockes entfällt. Damit bleibt die funktionsmäßig bedingte wirtschaftliche Identität weitgehend unberücksichtigt. Nach Auffassung des Senats sprechen beim Vollpreisgeschäft „gewichtige Gründe“[51] gegen eine funktionsmäßig getrennte Bewertung und für die Durchschnittsbewertung des Gesamtbestandes, ohne daß allerdings die gewichtigen Gründe genannt werden.

Dagegen ist die funktionsmäßige Beurteilung die Grundlage der wirtschaftlichen Betrachtungsweise, und diese ist gesetzlich vorgeschrieben.

Ebenso wie dem Senat die besondere Funktion des Umlaufmetallstockes gegenüber dem Deckungsmetall deutlich ist, muß die Betriebswirtschaftslehre die besondere Funktion der Eisernen Bestände gegenüber den Umsatzbeständen deutlich machen. Die Grenze zwischen Verneinung und Bejahung der Gewinnrealisierung darf nicht zwischen dem Umlaufmetallstock bei Umarbeitungsgeschäften der NE-Metallbetriebe und den Vorräten wie sie „allgemein bei Geschäften mit Fabrikationsbetrieben üblich“ sind, verlaufen; sie muß zwischen Eisernen Beständen und Umsatzbeständen verlaufen.

Man muß zunächst vom Normalfall ausgehen, und im Normalfall ist kein Eiserner Bestand zum Umsatz bestimmt. Der Umsatz erfolgt grundsätzlich aus dem darüber hinaus vorhandenen Umsatzbestand.

Auch die von der Betriebswirtschaftslehre unterstrichene Anlagenähnlichkeit Eiserner Bestände spricht grundsätzlich gegen die Absicht der Gewinnrealisierung aus Eisernen Beständen und vielmehr nur für die Absicht der Gewinnrealisierung aus Umsatzbeständen.

Wie könnte eine Gewinnrealisierung in Betracht kommen, wenn durch die Veräußerung der Eisernen Bestände sogar die Existenz des Unternehmens in Frage gestellt wird.

In Ergänzung der oben zitierten Rechtsvermutung ist festzustellen: Werden *nicht zum Umsatz* bestimmte Güter, in denen stille Reserven ruhen, veräußert, so spricht die Vermutung gegen eine Absicht des Kaufmanns, diese stillen Reserven zu realisieren. Die Rechtsprechung ist bei Anwendung der Rechtsvermutung von der betriebswirtschaftlichen Beurteilung abhängig (wirtschaftliche Betrachtungsweise). Voraussetzung der steuerrechtlichen Anerkennung, daß für Eiserne Bestände keine Gewinnrealisierung vorliegt, ist, daß die Betriebswirt-

[51] Ebenda, S. 36.

schaftslehre in Definition und Abgrenzung Eiserner Bestände eindeutig ist und die wirtschaftliche Sachlage nachdrücklich klarstellt.

Eine *Einschränkung* Eiserner Bestände ergibt sich für die Verbrauchsbestände im Fertiglager aus steuerrechtlichen Gründen, da Verbrauchsbestände des Fertiglagers naturgemäß zum Umsatz bestimmt sind und eine Gewinnrealisierung angestrebt wird. Wenn im Fertiglager jedoch ein Reservebestand notwendig ist, dann darf er auch dort nicht ohne weiteres verbraucht, sondern nur in Notfällen unterschritten werden und bedarf dann unverzüglichen Ersatzes[52].

Ebenso sind auch im assortierten Lager des Handels Eiserne Bestände prinzipiell auf die Mindestbestände (Reservebestände) der einzelnen Artikel beschränkt.

Die Verbrauchsbestände des Fertiglagers sind also steuerrechtlich den Umsatzbeständen zuzurechnen, nicht den Eisernen Beständen (vgl. Darstellung auf der nächsten Seite).

Die übrigen Eisernen Bestände des Vorratsvermögens sind nicht zum Umsatz im steuerlichen Sinne bestimmt, wenngleich sie auch Objekt der Produktion sind, und erfüllen die oben genannten rechtlichen Voraussetzungen für die Verneinung der Gewinnrealisierung bis sie zu Fertigfabrikaten geworden sind. Bis dahin sind sie Funktionsbestandteil des Betriebes.

Beispiel: Ein Betrieb stellt elektrotechnische Apparate her. Wenn ein solches Gerät z. B. zu 80 % fertiggestellt ist, gehört es zum fertigungstechnisch gebundenen Bestand. Es ist keine Frage, daß die zu 80 % fertigen Geräte nicht zum Umsatz bestimmt sind; man würde nicht mehr als den Schrottpreis oder den Preis für Ausschlachtgeräte dafür erlösen.

Die Umsatzabsicht bezieht sich — von Ausnahmefällen abgesehen — nur auf die zu 100 % fertigen Produkte.

Mit der normativen Grenzbestimmung Eiserner Bestände ist die Abgrenzung betriebsnotwendiger Mengen gewährleistet, deren einzelne Einheiten im Zeitverlauf wirtschaftliche Identität haben. Der BFH hat es in seinem Urteil vom 1. 3. 1955 abgelehnt, das umfassendere „sonstige gebundene Vorratsvermögen im Sinne Schmalenbachs", das vom Bundesminister für Wirtschaft als Eiserner Bestand vertreten wurde, zu einem Eisernen Bestand zusammenzufassen. Ein solcher EB ist wegen des Einschlusses der über die Eisernen Bestände hinausgehenden Mehrbestände (Umsatzbestände) steuerrechtlich kaum vertretbar.

Deshalb ist es nötig, eine typisierte Grenzbestimmung der durch ihre innerbetriebliche Funktion gebundenen Eisernen Bestände vorzuneh-

---

[52] Vgl. *Mellerowicz*, K.: Planung und Plankostenrechnung, a.a.O., S. 419.

Inventurbestände am Geschäftsjahresschluß

in Roh- und Halbfertig-Lägern (= Läger mit internem Abgang)	in der Fertigung	in der Werbung	im Verkaufslager, Handelslager (= Läger mit externem Abgang [Umsatz])
Gliederung einer Bestandsposition:	Gliederung einer Bestandsposition:	Gliederung einer Bestandsposition:	Gliederung einer Bestandsposition:
Mehrbestand	Mehrbestand	Mehrbestand	Mehrbestand
Bereinigter durchschnittlicher Verbrauchsbestand	Fertigungsgebundener Bestand	Werbungsgebundener Bestand	*Bereinigter durchschnittlicher Verbrauchsbestand*
Allgemein vertretbarer Reservebestand			Allgemein vertretbarer Reservebestand

= Bestandsbereiche mit Eisernen Beständen

Kursivdruck = Bereich mit steuerrechtlich nicht zu vertretenden Eisernen Beständen men. Gleichzeitig ist damit den Finanzbehörden eine Grundlage der Tatbestandsbeurteilung gegeben. Die beiden Argumente gegen Eiserne Bestände, Unsicherheit der Finanzverwaltung hinsichtlich der Mengenabgrenzung und mögliche unerwünschte Weiterungen in der Anwendung der Festpreisbewertung, entfallen.

Daß auch der Grundsatz der Gleichmäßigkeit der Besteuerung durch eine wirtschaftskonforme Typisierung der Tatbestände eher begünstigt als beeinträchtigt wird, kann angenommen werden.

Die Typisierung steuerlicher Tatbestände ist nichts Ungewöhnliches. Für eine EB-Bilanzierung in der Steuerbilanz ist sie eine Voraussetzung. Vor allem aus diesem Grunde wurde im betriebswirtschaftlichen Teil der Arbeit ausführlich versucht, eine Basis dafür zu finden.

Im Rahmen der Eisernen Bestände kennzeichnet die wirtschaftliche Nämlichkeit der körperlich wechselnden Teile auf einer rechtlich gesicherten Grundlage den einzelnen, wirtschaftlich gleichen Bestandteil als dauerndes Bewertungsobjekt.

5.2.4. Die Bewertung Eiserner Bestände

Für die Bewertung des Vorratsvermögens in der Steuerbilanz verlangt § 6 EStG den Ansatz der Anschaffungs- oder Herstellungskosten „der einzelnen Wirtschaftsgüter". Soweit für die einzelnen Wirtschaftsgüter der Teilwert niedriger ist, darf dieser angesetzt werden.

„Anschaffungs- oder Herstellungspreise sind gegeben nur für die einzelnen, den eisernen Bestand zusammensetzenden Gegenstände. Erst die Zusammenrechnung der Preise für die einen Vorrat bildenden Einzelstücke oder Einzelbestände ergibt den Anschaffungs- oder Herstellungspreis des gegenwärtig vorhandenen und zu bewertenden Vorrats[53]."

Die *wirtschaftliche Nämlichkeit* muß also *für die einzelne Einheit* gegeben sein. Sie besteht gegenüber der vorhergehenden Bilanz nicht für aufgestockte, beim Vorjahresabschluß nicht betriebsnotwendig gewesene Mengen und nicht für die der Art (Form, Qualität) nach neu gebildeten Eisernen Bestände (es sei denn, es handelt sich um Substitutionsgüter).

Abs. 3 des § 1 StAnpG gab Anlaß, die wirtschaftliche Identität Eiserner Bestände im Zeitablauf zu bejahen. Dementsprechend ist es der Abs. 2 des § 1 StAnpG, auf Grund dessen bei Anwendung des § 6 EStG diese wirtschaftliche Nämlichkeit zu berücksichtigen ist, so daß die *Anschaffungs- oder Herstellungskosten* des einzelnen Wirtschaftsgutes für die Einheiten der Eisernen Bestände diejenigen sind, die *bei Bildung*

---

[53] RFH.-Urteil I A 111/23 v. 19. Okt. 1923, Sammlung der Entscheidungen u. Gutachten des Reichsfinanzhofs (Hrsg. RFH.), 13. Band, München 1924, S. 72.

des betreffenden Eisernen Bestandes aufgewendet wurden[54]. Im Effekt liegt damit eine Festpreisbewertung vor. Ist aber der Teilwert niedriger, so kann nach § 6 EStG dieser angesetzt werden.

Die Bewertung bei *Herabsetzung* oder *Aufstockung* eines Eisernen Bestandes ist hier nicht anders zu beurteilen, als es im betriebswirtschaftlichen Teil dargelegt wurde.

Die Bewertung aller Einheiten eines aufgestockten Eisernen Bestandes mit einem gewogenen Durchschnittspreis findet ihre steuerrechtliche Grundlage zunächst in einem RFH-Urteil von 1927[55]. Nach diesem ist die Durchschnittsbewertung zulässig, wenn infolge Vermischung vertretbarer Güter des Vorratsvermögens, die zu verschiedenen Preisen angeschafft worden sind, die Identität nicht feststellbar ist. Dieser Tatbestand ist bei aufgestockten Eisernen Beständen an vertretbaren Gütern für die Einheiten des ursprünglichen Eisernen Bestandes und die hinzugekommenen Einheiten der Aufstockungsmengen in der Regel gegeben.

Eine Durchschnittsbewertung ist aber auch zu rechtfertigen, wenn Eiserne Bestände nicht aus vertretbaren Gütern bestehen, und zwar zur Erleichterung der Inventur und der Bewertung. Gleichartige Wirtschaftsgüter, die nicht gleichwertig sind, dürfen mit einem sachgemäß ermittelten Durchschnittswert bilanziert werden[56]. Lediglich besonders wertvolle Wirtschaftsgüter sind regelmäßig einzeln zu bewerten.

Grundsätzlich müßten bei Eisernen Beständen *Substitutionsgüter* ebenso behandelt werden, als wenn es sich um dem Originalwirtschaftsgut gleiche Güter handelt.

Daß unter bestimmten Voraussetzungen auch auf Substitutionsgüter stille Reserven des Originalwirtschaftsgutes übertragen werden dürfen, wurde von der Rechtsprechung wiederholt gebilligt[57]. Im einzelnen wird dabei mehrfach auf Meuschel Bezug genommen.

Außer daß das Originalwirtschaftsgut *zwangsläufig* ausgeschieden sein muß, muß nach Meuschel[58] ein Substitutionsgut *wirtschaftlich* und

---

[54] Vgl. Gutachten des Bundesministers für Wirtschaft für den BFH. im Urteil I 140/52 U v. 1. März 1955, BStBl. 1955 Teil III S. 144.

[55] RFH.-Urteil VI A 108/27 v. 30. März 1927, Sammlung der Entscheid. u. Gutachten des RFH., Band 21 S. 67.

[56] EStR 1965, BStBl. 1966 I S. 515, Abschn. 36 Abs. 3.

[57] Vgl. RFH.-Urteile VI A 899/28 v. 13. Dez. 1928, RStBl. 1929 S. 136 und I A 108/33 v. 19. Dez. 1934, RStBl. 1935 S. 675; ausführlich BFH.-Urteil I 4/52 U v. 17. Mai 1952, BStBl. 1952 Teil III S. 208.

[58] Vgl. *Meuschel,* H.: Auflösung stiller Rücklagen ..., a.a.O., S. 76; ähnl. *Blümich,* W. / *Falk,* L.: Einkommensteuergesetz, erläut. v. W. Blümich, 9. Aufl., fortgef. v. L. Falk unter Mitwirkung von W. Steinbring, Bd. I, Berlin u. Frankfurt/M. 1964, Anm. 29 c zu § 6, S. 658 ff.

technisch die *gleiche Aufgabe* erfüllen wie das ausgeschiedene Gut, und es muß *für die unveränderte Fortführung* des Betriebes erforderlich sein. Es muß jedoch nicht der gleiche Gegenstand sein.

Zwar hat Meuschel seine vom RFH aufgenommenen Ausführungen im wesentlichen auf das Anlagevermögen abgestellt. Der RFH hat jedoch betont, daß keine Veranlassung besteht, die ausgesprochenen Grundsätze auf das Anlagevermögen zu beschränken[59].

Die nach § 1 Abs. 2 StAnpG bei Anwendung der Steuergesetze zu berücksichtigende *Entwicklung der Verhältnisse* besteht nicht nur, wie Willems ausführt[60], in den mehr oder weniger kontinuierlich steigenden Preisen, sondern zudem in den verfeinerten Möglichkeiten der Technik und der Finanzierung, die konkurrenzbedingt bis an die Grenze der Sicherheit ausgeschöpft werden.

Die Kostendifferenz zwischen Grenz- und Bestbetrieben wird geringer, ja wechselt vielfach zwischen den Betrieben. Dabei erfordert die zunehmende Kapitalintensität Substanzerhaltung.

Diese Umstände verlangen besonders wegen der hohen Steuerlasten bei Strafe des Unterganges eine solche periodische Gewinnerrechnung, daß der einzelne Betrieb nach seiner wirtschaftlichen Leistungsfähigkeit besteuert wird.

Machen die Grundsätze der Vergleichbarkeit und der Vorsicht einen niedrigen Ansatz des EB-Wertes notwendig, so ist doch steuerlich die Vergleichbarkeit insoweit eingeschränkt, als eine feste, im Hinblick auf mögliche Preissenkungen unter den Anschaffungskosten bzw. unter dem niedrigeren Teilwert liegende Bewertung unzulässig ist. Lediglich dem Grundsatz der Vorsicht kann so weit gefolgt werden, wie es das Niederstwertprinzip im Steuerrecht zuläßt. Das bedeutet, daß von Anschaffungskosten und Teilwert der niedrigere Wert anzusetzen ist. Das ergibt sich außerdem zwingend daraus, daß die Handelsbilanz so weit die Grundlage der Steuerbilanz bilden muß, wie die Handelsbilanz nicht gegen steuerrechtliche Grundsätze verstößt[61]. Auch steuerrechtlich kann also nicht die Festbewertung Eiserner Bestände vertreten werden, wohl aber das Niederstwertprinzip unter Anwendung der wirtschaftlichen Betrachtungsweise.

Infolgedessen geht von einem Teilwert, der unter die *ursprünglichen* Anschaffungskosten eines Eisernen Bestandes sinkt, ein rein nomineller Einfluß auf die Erfolgsrechnung aus. Ein steigender Preis dagegen würde nicht zu einer Erhöhung des Wertansatzes für einen Eisernen

---

[59] Vgl. RFH.-Urteile VI 494/38 v. 10. Aug. 1938, Reichssteuerbl. 1938 S. 915 und VI 11/44 v. 3. Mai 1944, Reichssteuerbl. 1944 S. 619.

[60] Vgl. *Willems*, R., a.a.O., S. 53.

[61] Vgl. RFH.-Urteil I A a 213/29 v. 12. Nov. 1929, Reichssteuerbl. 1929 S. 660.

Bestand führen. Der Grundsatz der Maßgeblichkeit der Handelsbilanz für die Steuerbilanz setzt jedoch für diese Bewertung in der Steuerbilanz voraus, daß in der Handelsbilanz von der Kann-Vorschrift des § 155 Abs. 3 Akt.-Ges. Gebrauch gemacht wird, die einen niedrigeren steuerlichen Wertansatz auch in der Handelsbilanz zuläßt. Soweit der Teilwert eines Eisernen Bestandes nicht unter dessen Anschaffungskosten sinkt, ist die EB-Bilanzierung auch bei Anwendung der steuerrechtlichen, den Wertansatz nach unten begrenzenden Bewertungsvorschriften ein Mittel *richtiger* periodischer Aufwandsrechnung[62] und Gewinnermittlung. Als solches ist sie vertretbar — wenngleich ihr Zweck nicht in allen Fällen erreicht wird. Das vom BFH in seinem Urteil vom 1. März 1955 ausdrücklich anerkannte Argument, daß die Standardbewertung auch darin begründet sein kann, den Aufwand richtig zu ermitteln[63], muß ebenso für die EB-Rechnung in Anspruch genommen werden.

5.2.5. Das Problem der Rückstellung für Ersatzbeschaffung bei unterschrittenem EB

Wie steht nun das Steuerrecht zur Reservenübertragung auf das Ersatzwirtschaftsgut, wenn ein EB am Abschlußstichtag unterschritten ist?

Nach den im betriebswirtschaftlichen Teil der Arbeit getroffenen Feststellungen ist eine Rückstellung in Höhe der Wiederbeschaffungsmehrkosten erforderlich.

Im Steuerrecht ist die Unterscheidung zwischen Rückstellungen und Rücklagen nicht eindeutig[64].

Es ist ratsam, die Reservenübertragung zunächst rein materiell zu prüfen und gegebenenfalls am Schluß die begriffliche Zuordnung vorzunehmen.

Nach Meuschel muß eine *zulässigerweise* gebildete stille Rücklage aufgelöst und versteuert werden, *wenn der Gewinn verwirklicht* ist[65].

Ein Gewinn aus der Auflösung stiller Reserven wird stets verwirklicht, wenn ein gewollter „Ausverkauf" (= endgültiger Verkauf) dieses

---

[62] Vgl. *Geldmacher,* E.: Gegen den Substanzschwund..., a.a.O., Nr. 23, S. 5.

[63] Vgl. BFH.-Urteil I 140/52 U, BStBl. 1955 III S. 149.

[64] Nähere Ausführungen über „das manchmal so erschreckende Durcheinander der Begriffe ‚Rückstellung' und ‚Rücklage' im Steuerrecht" macht *Werninger,* G., a.a.O., S. 59 ff.

[65] Vgl. *Meuschel,* H.: Auflösung stiller Rücklagen..., a.a.O., S. 74. Die Rechtsprechung ist dem gefolgt; vgl. BFH.-Urteil I 4/52 U v. 17. Mai 1952, BStBl. 1952 Teil III S. 208.

Gutes stattfindet, eine Ersatzbeschaffung also unterbleibt. Das gilt folglich selbst dann, wenn die Güter grundsätzlich nicht zum Umsatz bestimmt waren. Eine Gewinnverwirklichung wird aber bei nicht zum Umsatz bestimmten Wirtschaftsgütern, die zwangsweise ausscheiden, nicht angenommen, wenn sie nicht ausverkauft werden[66], sondern Ersatz beschafft wird.

Demnach muß also auch für die nicht zum Umsatz bestimmten und nur durch technische Umstände unterschrittenen Eisernen Bestände, wenn sie betriebswirtschaftlich einwandfrei bestimmt sind, die Übertragung der stillen Reserve auf das Ersatzwirtschaftsgut zulässig sein, soweit sich, „ebenso wie bei Anlagegütern, echte stille Rücklagen infolge Steigerung des Teilwerts bilden konnten“[67]. Denn zu den bilanziellen Eisernen Beständen können nur solche Vorräte gerechnet werden, die sowohl ihrer Funktion als auch der Höhe nach betriebsnotwendig sind, so daß eine Gewinnrealisierung nicht beabsichtigt sein kann.

„Die Rücklage für Ersatzbeschaffung ist ein bilanztechnisches Mittel, stille Reserven, die zutage getreten sind, auf das Ersatzgut zu übertragen. Es soll das Betriebsergebnis und damit das Reinvermögen (Kapital) durch den Schadensfall usw. (EStR für 1941...) nicht beeinflußt werden. Das ist aber nur dann möglich, wenn man die stillen Reserven nicht nur im Ersatzgut, sondern auch bis zur Beschaffung des Ersatzgutes weiterführt[68].“

Die stille Reserve ist nach steuerlichen Grundsätzen „nicht der Unterschiedsbetrag zwischen Buchwert und Veräußerungspreis, sondern der Unterschiedsbetrag zwischen Buchwert und (höherem) Teilwert“[69].

B e i s p i e l in Anlehnung an Meuschel[70]:

Buchwert 100 DM
Wiederbeschaffungskosten oder Marktpreis (beim betriebsnotwendigen Vorrat = Teilwert) 120 DM
Verkaufserlös 150 DM
Von den den Buchwert überschreitenden 50 DM seien „richtig gesehen“
20 DM aufgelöste stille Reserve,
30 DM normaler Verkaufsgewinn.

Beim Vorratsvermögen wird jedoch selbst in den Einkommensteuer-Richtlinien der Unterschiedsbetrag zwischen Verkaufserlös und niedrigerem Buchwert (im Beispiel 50 DM) als stille Reserve angesprochen. Dem liegt die Erwägung zugrunde, daß stille Reserven beim Umlaufvermögen wegen häufigen Umschlags nur geringe Bedeutung haben[71].

---

[66] Vgl. RFH.-Urteil VI 11/44 v. 3. Mai 1944, RStBl. 1944 S. 619.

[67] Ebenda.

[68] OFH.-Urteil III 25/48 S v. 13. Juli 1948, Amtsblatt d. Bayer. Staatsmin. d. Finanzen 1948 S. 243.

[69] *Meuschel*, H.: Auflösung..., a.a.O., S. 79.

[70] Vgl. ebenda.

[71] Vgl. ebenda.

Dieses Argument kann aber nur für Umsatzbestände in Anspruch genommen werden, nicht für Eiserne Bestände, die über längere Zeit fest bewertet werden.

Rück*lagen können* (bedingt) aus dem Reingewinn zur Vorsorge für künftigen Aufwand thesauriert werden. Sie sind wirtschaftlich und rechtlich Eigenkapitalreserven.

Wählt man den Rücklagenbegriff, so ist die Bilanzierung statisch bestimmt, weil also eine Gewinnrealisierung aus der EB-Unterschreitung angenommen wird.

Andererseits widerspricht es der statischen Bilanzauffassung nach der angenommenen Gewinnrealisierung eine steuerfreie Rücklage für Wiederbeschaffung zuzulassen.

„Sind es echte Gewinne, so muß die Steuer entsprechend errechnet und beigetrieben werden“[72].

Nach dynamischer Auffassung, die heute im wesentlichen die Grundsätze ordnungsmäßiger Buchführung bestimmt[73], ist eine Gewinnrealisierung in Höhe der stillen Reserve nicht eingetreten.

Im Falle einer *EB-Unterschreitung* hat der Aufwand die Höhe der erwarteten Ersatzkosten. Ausgegeben wurden jedoch nur die Anschaffungskosten, die Mehrkosten der Ersatzbeschaffung dagegen sind die dazugehörige spätere Ausgabe. Für die Mehrkosten der Ersatzbeschaffung ist deshalb eine *Rückstellung* zu bilden.

Betriebswirtschaftlich *muß* für Aufwand, der erst nach Periodenschluß zu einer Ausgabe noch ungewisser[74] Höhe führt, — auch bei Verlust — im Abschluß eine Rückstellung gebildet werden. Der noch nicht bezahlte Aufwand ist eine wirtschaftliche Belastung des Betriebes. Die Rückstellung ist deshalb wirtschaftlich gesehen Fremdkapital. Schuldrechtlich ist sie Eigenkapital, weil am Stichtag kein definitives Schuldverhältnis vorliegt[75]. Steuerrechtlich ist nach dem Gesetz die *wirtschaftliche* Betrachtungsweise maßgeblich.

Dementsprechend hieß es bereits 1923 im Entwurf eines § 33a EStG[76]:

---

[72] *Hoffmann*, F.: Die wirtschaftliche Betrachtungsweise und die Frage der Gewinnrealisierung, in: Finanz-Rundschau (Deutsches Steuerblatt), 7. Jg. (1952), S. 299.

[73] Vgl. *Hoffmann*, F.: Der Eiserne Bestand ..., 1955, a.a.O., S. 567; sowie BFH.-Urteil IV 269/54 U v. 15. Sept. 1955, BStBl. 1955, Teil III, S. 346.

[74] Zulässige Einschränkungen der Ungewißheit behandelt *Werninger*, G., a.a.O., S. 157.

[75] Vgl. *Vontobel*, A., a.a.O., S. 21.

[76] Bericht des 11. Ausschusses über den Entwurf eines Gesetzes über die Berücksichtigung der Geldentwertung in den Steuergesetzen (Aktenstück 5600), Antrag Nr. 508, in: Verhandlungen des Reichstags, Band 376, Anl. zu d. Stenographischen Berichten Nr. 5404 bis 5615, Berlin 1924, S. 6332.

„Soweit der eiserne Bestand am Ende des Wirtschaftsjahres eine Verringerung erfahren hat, die nicht auf einer Einschränkung des Betriebes beruht, können steuerfreie Rückstellungen in Höhe der zur Wiederergänzung des eisernen Bestandes erforderlichen Mittel in Abzug gebracht werden."

Gebhardt führt zu der vom Reichsminister der Finanzen 1939 eingeführten „Rücklage für Ersatzbeschaffung"[77] folgendes aus[78]:

„Der Grund, warum der zugelassene Passivposten als (steuerfreie) Rücklage bezeichnet wird, ist darin zu suchen, daß die Steuerfreiheit nach dem Willen des Reichsministers der Finanzen nicht auf einem Rechtsanspruch, sondern auf einer Billigkeitsmaßnahme beruhen soll. Die Rücklage hat aber wegen ihrer Abzugsfähigkeit die Wirkung und Bedeutung einer Rückstellung."

Im Grundsatz muß man aber von den in der Rechtsprechung anerkannten wirtschaftlichen Begründungen für Ersatzbeschaffungsreserven ausgehen. Sie wurden anerkannt, wenn eine Absicht zur Gewinnrealisierung nicht vorlag oder nicht vorliegen konnte[79]. Wird also die Gewinnrealisierung verneint und *deshalb* die Ersatzbeschaffungsreserve zugelassen, so müßte eine Rückstellung vorgeommen werden. Zudem sind auch die übrigen Kriterien der Rückstellung gegeben, wie oben dargelegt wurde.

Es sei abschließend auf einen Fall hingewiesen, in dem auch der RFH von einer Rück*stellung* für Ersatzbeschaffung sprach. Allerdings bestand eine öffentliche Verpflichtung zur Vorratshaltung. Es heißt in dem Urteil vom 10. Okt. 1940[80]:

„Bei der Bewertung des Betriebsvermögens einer Zuckerfabrik ist der Wert der Verpflichtung, den angegriffenen Pflichtvorratszuckerbestand wieder zu ergänzen, als wertmindernde wirtschaftliche Last des Betriebes durch eine Rückstellung zu berücksichtigen; solche Rückstellungen sind Schulden im Sinne des § 63 RBewG."

---

[77] Erlaß S 2151—175 III v. 22. Dez. 1939, RStBl. 1940 S. 1.

[78] *Gebhardt:* Rücklagen und Rückstellungen nach den neuesten Erkenntnissen des Bilanzsteuerrechts, in: Der praktische Betriebswirt, 20. Jg. (1940), S. 50, Fußnote.

[79] Vgl. z. B. BFH.-Urteil I 4/52 U v. 17. Mai 1952, BStBl. 1952 Teil III S. 211 und auch II 13/51 U v. 24. August 1951, BStBl. 1952 Teil III S. 97.

[80] RFH.-Urteil III 86/40 v. 10. Okt. 1940, RStBl. 1941 S. 227.

6. Vergleich und Beurteilung abrechnungstechnischer Verfahren, mit denen Scheingewinne beim Vorratsvermögen eliminiert werden

6.1. Verfahren, welche die Aktivseite der Bilanz betreffen

6.1.1. Verfahren, die von der Verbrauchsbewertung ausgehen

6.1.1.1. Lifo-Bewertung des Verbrauchs

Die abrechnungstechnischen Verfahren, die den Ausweis von Scheingewinnen beim Vorratsvermögen verhindern oder zumindest vermindern, sind im wesentlichen bekannt[1]. Sie werden aber so weit hier dargestellt, verglichen und beurteilt, wie es in dieser speziellen Arbeit geboten erscheint.

Geht man zunächst einmal davon aus, daß die zuerst gekauften Bestände zuerst verbraucht werden (first in — first out), dann sind bei ständig steigenden Beschaffungspreisen am Jahresende die zuletzt, also zu den höchsten Anschaffungspreisen gekauften Vorräte vorhanden. Auf Grund der Bewertung mit Anschaffungskosten ist dann ein Vorrat von 10 t, der beim letzten Jahresabschluß noch mit 10 000,— DM aktiviert war, mit z. B. 20 000,— DM anzusetzen. Für diesen Vorrat von 10 t ergibt sich damit ein Scheingewinn von 10 000,— DM.

Der Scheingewinn vermindert sich, wenn man bei gleicher Preissteigerung davon ausgeht, daß die zuletzt beschafften Vorräte zuerst verkauft werden (Last in — first out (Lifo)).

B e i s p i e l 1:

Material A

	t	DM		t	DM
Anfangsbestand	10	10.000,—	1. Verbrauch	4	4.000,—
2. Zugang	4	4.800,—	3. Verbrauch	4	4.800,—
4. Zugang	4	5.600,—	5. Verbrauch	4	5.600,—
6. Zugang	4	6.400,—	7. Verbrauch	4	6.400,—
8. Zugang	4	7.200,—	9. Verbrauch	4	7.200,—
10. Zugang	4	8.000,—	Endbestand	10	14.000,—

[1] Vgl. *Mellerowicz*, K.: Unternehmenspolitik, Bd. III, a.a.O., S. 258 ff.

Nur der zuletzt beschaffte, noch nicht wieder umgesetzte Vorratsteil ist mit dem letzten Anschaffungspreis bei der Inventur zu bewerten, während die laufende Verbrauchsbewertung mit den jeweils letzten Preisen erfolgt.

Man kann die Geschäftsvorfälle 2 bis 9 des Beispiels völlig vernachlässigen (eingerahmt), weil sich die Zu- und Abgänge ausgleichen. Dem ersten Verbrauch steht dann der letzte Zugang gegenüber. Daraus resultiert für den Endbestand von 10 t ein Anschaffungswert von 14 000,— DM. Der Anschaffungswert des Anfangsbestandes von 10 t war 10 000,— DM. Der Scheingewinn beträgt demnach 4000,— DM (statt 10 000,— DM bei der Fifo-Bewertung).

Zu einem anderen Ergebnis kommt Hax, der unter der Bezeichnung Lifo-Verfahren primär eine Endbestandsbewertung vornimmt[2]. Durch verbale Umkehrung leitet Hax aus der Last-in-first-out-Verbrauchsbewertung eine First-in-last-out-Bestandsbewertung ab, nimmt aber tatsächlich eine First-in-last-out-*End*bestandsbewertung vor, indem er bei gleichem Anfangs- und Endbestand den Endbestand mit dem Preis des Anfangsbestandes bewertet und die Anschaffungs*mehr*kosten der zuletzt wiederbeschafften Ergänzungsmenge als Aufwand abrechnet (in obigem Beispiel 4000,— DM aus Geschäftsvorfall 10). Dadurch bleiben verteuerte Ersatzbeschaffungen für Unterschreitungen des Anfangsbestandes, die im Laufe des Geschäftsjahres zeitweilig eintreten, auf die Bewertung des Endbestandes ohne Einfluß. Damit hat Hax statt der Lifo-Bewertung des Verbrauchs rechnungstechnisch das Verfahren der Festbewertung Eiserner Bestände dargestellt.

Das Beispiel 1 zur Lifo-Bewertung des Verbrauchs (Lifo-Methode, Lifo-Verfahren) wird nun dahin abgeändert, daß der Anfangsbestand

Beispiel 2:

Material A

	t	DM		t	DM
Anfangsbestand	10	10.000,—			
1. Zugang	4	4.800,—	2. Verbrauch	4	4.800,—
3. Zugang	4	5.600,—	4. Verbrauch	4	5.600,—
			5. Verbrauch	4	4.000,—*
6. u. 7. Zugang	8	13.600,—	8. Verbrauch	4	6.800,—
9. Zugang	4	8.000,—	10. Verbrauch	4	8.000,—
			Endbestand	10	12.800,—

* vom Anfangsbestand!

[2] Vgl. *Hax*, K.: Die Substanzerhaltung . . ., a.a.O., S. 140 ff.

nicht sofort, sondern erst im Laufe des Geschäftsjahres unterschritten wird (Beispiel 2). Da der letzte (teuerste) Zugang verbraucht wurde, ist hier der Scheingewinn kleiner als im Beispiel 1, nämlich 2800,— DM.

Der Scheingewinn kann beim Lifo-Verfahren null sein, wenn die Umsätze nur aus Käufen des laufenden Geschäftsjahres erfolgen und der Anfangsbestand nicht angegriffen wird:

Beispiel 3:

Material A

	t	DM		t	DM
Anfangsbestand	10	10.000,—			
1. Zugang	4	4.800,—	2. Verbrauch	4	4.800,—
3. Zugang	4	5.600,—	4. Verbrauch	4	5.600,—
5. Zugang	4	6.400,—	6. Verbrauch	4	6.400,—
7. Zugang	4	7.200,—	8. Verbrauch	4	7.200,—
9. Zugang	4	8.000,—	10. Verbrauch	4	8.000,—
			Endbestand	10	10.000,—

Ein Scheingewinn ist nicht entstanden.

Nur in diesem Fall (ohne Unterschreitung des Anfangsbestandes) kann sich das Ergebnis des Lifo-Verfahrens mit dem der Festbewertung gleich großer Bestände decken.

Eckardt führt aus, daß bei einer Bestandserhöhung während Preissteigerungen das Lifo-Verfahren zu einer höheren Aufwandsbewertung führe als die EB-Rechnung, weil der Mehr-EB zum durchschnittlichen Anschaffungspreis, der Mehrbestand beim Lifo-Verfahren aber nur „zum Anschaffungspreis der ersten Zugänge“[3] bewertet werde.

Tatsächlich erfolgt aber die Bewertung des Zuwachses bei der Lifo-Bewertung des Verbrauchs mit dem Anschaffungspreis des *endgültigen* Zuwachses, der bis zum Jahresende nicht mehr unterschritten wird.

Für jede vorübergehende Minderung der Bestandsmenge im Laufe des Jahres lösen sich bei steigenden Preisen stille Reserven ebenso auf, wie für einen Fehlbestand am Ende des Geschäftsjahres.

Wenn z. B. der Bestandszuwachs erst gegen Ende des Geschäftsjahres bei Spitzenpreisen erfolgt, dann führt das Lifo-Verfahren zu einem höheren Zuwachs-Wert und einem niedrigeren Aufwandswert für Verbrauch als die EB-Rechnung mit Durchschnittspreisbewertung des Mehrbestandes.

---

[3] *Eckardt,* H., a.a.O., S. 87.

Ob die Lifo-Bewertung des Verbrauchs oder die EB-Bilanzierung bei steigenden Preisen zu einer höheren Aufwandsbewertung führt, hängt somit, außer von der Frage, ob der Anfangsbestand unterschritten wurde, auch vom Preisverlauf während des Geschäftsjahres und dem Zeitpunkt der Bestandserhöhung ab.

Von größerer Bedeutung dürfte sein, daß die Lifo-Bewertung des Verbrauchs Mehrbestände auch dann einschließt, wenn sie spekulativen Charakter haben[4].

Als Verfahren zur Eliminierung von Scheingewinnen ist die Lifo-Bewertung steuerrechtlich nicht zulässig[5]. Jedoch ist sie als Schätzverfahren anerkannt, wenn der Bestand in der Regel in dieser Reihenfolge verbraucht wird[6].

6.1.1.2. Hifo-Bewertung des Verbrauchs

Die Verbrauchsbewertung mit den höchsten Anschaffungspreisen (Highest in — first out (Hifo)) ist eine Bewertung nach der Wertreihenfolge, während sich die Lifo-Bewertung nach der zeitlichen Reihenfolge richtet.

Die Hifo-Bewertung hat demnach bezüglich der Scheingewinnelimininierung die gleiche Wirkung wie die Lifo-Bewertung, wenn die Preise ständig steigen, weil die zeitliche Reihenfolge und die Wertreihenfolge dann übereinstimmen.

Sind die Anschaffungspreise dagegen in ihrer Höhe wechselhaft, dann ist die Hifo-Bewertung der Lifo-Bewertung in der Scheingewinnelimininierung überlegen; denn bei der Lifo-Bewertung wird der Verbrauch auch dann mit den letzten Anschaffungspreisen bewertet, wenn diese zum Geschäftsjahresende sinken. Der Anschaffungswert des Inventurbestandes liegt dann über dem Zeitwert.

Praktisch würde zwar das Niederstwertprinzip einen Ausgleich zwischen beiden Verfahren schaffen.

Die Hifo-Bewertung des Verbrauchs kann steuerrechtlich nur vertreten werden, wenn sich der Verbrauch tatsächlich in der angegebenen Reihenfolge vollzieht.

6.1.2. Verfahren, die von der Bestandsbewertung ausgehen

6.1.2.1. Endbestands-Bewertungsabschläge

Preis- und Mengenschwankungen, die während des abgelaufenen Geschäftsjahres auftraten, bleiben bei den ergebniskorrigierenden Ver-

[4] Vgl. *Mellerowicz, K.*: Unternehmenspolitik, Bd. III, a.a.O., S. 264.
[5] Vgl. OFH.-Gutachten I D 2/49 S v. 3. Juni 1949, a.a.O., S. 333.
[6] Vgl. Einkommensteuer-Richtlinien 1958 ff., Abschn. 36 Abs. 2.

fahren, die von der Endbestandsbewertung ausgehen, im einzelnen unbeachtet. Das Vorgehen richtet sich unmittelbar gegen den Ausweis rein nomineller Bestandswertänderungen.

Endbestands-Bewertungsabschläge werden bei steigenden Anschaffungspreisen vom Anschaffungswert der Endbestände vorgenommen. Der Bestand wird dann mit dem entsprechend niedrigeren Wert bilanziert.

Mehr oder weniger einmalige Abschläge dieser Art wurden verschiedentlich steuerrechtlich zugelassen; z. B. in Deutschland für das Jahr 1922 (Geldentwertungsgesetz)[7], in der Schweiz zu Beginn der fünfziger Jahre[8].

Dementsprechend kann auch der sogenannte Importwarenabschlag, der zur steuerlichen Begünstigung bestimmter Importwaren zugelassen wurde[9], für die Eliminierung von Scheingewinnen gewisse Bedeutung haben. Die schnelle Auflösung stiller Reserven aus Vorräten mit Bewertungsabschlag kann sogar zu einer vorübergehenden Substanzausweitung führen[10].

Der Scheingewinn aus Preissteigerungen würde voll eliminiert, wenn der Wertabschlag die Preissteigerung vom Zeitpunkt der ersten Anschaffung des Vorrats an ausgliche. Das liefe auf eine Vorratsbewertung mit Festpreisen hinaus, wie sie die EB-Rechnung vornimmt.

Praktisch werden prozentuale Wertabschläge vom Anschaffungswert zugelassen, die sich nicht mit der Preisentwicklung decken. Von der Höhe des Abschlages ist die Höhe der Scheingewinneliminierung abhängig.

6.1.2.2. EB-Rechnung

Bei fester Bewertung Eiserner Bestände wird die Vergleichbarkeit der Jahreserfolgsrechnungen dadurch verbessert, daß rein nominelle Bestandswertänderungen für Eiserne Bestände nicht ausgewiesen werden. Das bedeutet, daß sich insoweit keine Scheinerfolge ergeben.

Der unveränderte Eiserne Bestand wird mit dem gleichen Wert wie im Vorjahr angesetzt, während der Verbrauch des Jahres mit den gestiegenen Preisen bewertet wird. Das folgende Beispiel deckt sich

---

[7] Vgl. Art. II § 1 des Gesetzes v. 20. März 1923 über die Berücksichtigung der Geldentwertung in den Steuergesetzen, in: Reichsgesetzbl. 1923 Teil I S. 203.

[8] Vgl. *Kamp*, J.: Der Einfluß der Ertragsbesteuerung auf die Substanz- und Leistungserhaltung, in: *Hellmich*, H., R. *Gater* und J. *Kamp:* Die Erhaltung der Substanz und der Leistungsfähigkeit unter wirtschaftlichen und steuerlichen Gesichtspunkten, Essen 1952, S. 36.

[9] Vgl. § 51 Abs. 1 Ziff. 2 m EStG.; § 80 EStDV.

[10] Vgl. dazu *Eckardt*, H., a.a.O., S. 103 ff.

deshalb mit dem letztgenannten der Lifo-Bewertung des Verbrauchs (Seite 132).

B e i s p i e l 1:

Material A

	t	DM		t	DM
Anfangsbestand	10	10.000,—			
1. Zugang	4	4.800,—	2. Verbrauch	4	4.800,—
3. Zugang	4	5.600,—	4. Verbrauch	4	5.600,—
5. Zugang	4	6.400,—	6. Verbrauch	4	6.400,—
7. Zugang	4	7.200,—	8. Verbrauch	4	7.200,—
9. Zugang	4	8.000,—	10. Verbrauch	4	8.000,—
			Endbestand	10	10.000,—

Wird der Eiserne Bestand im Laufe des Jahres angebraucht, also zeitweilig unterschritten (Normalfall), dann müssen dem Aufwandskonto die Wiederbeschaffungsmehrkosten nachbelastet werden. Der Endbestand wird wieder mit dem Festpreis (1000,— DM je t) bewertet:

B e i s p i e l 2:

Material A

	t	DM		t	DM
Anfangsbestand	10	10.000,—			
1. Zugang	4	4.800,—	2. Verbrauch	4	4.800,—
3. Zugang	4	5.600,—	4. Verbrauch	4	5.600,—
			5. Verbrauch	4	4.000,—*
6. u. 7. Zugang	8	13.600,—	8. Verbrauch	4	6.800,—
9. Zugang	4	8.000,—	10. Verbrauch	4	8.000,—
			zu 5. Nachverrechn.		2.800,—
			Endbestand	10	10.000,—

* vom Anfangsbestand!

Ein Scheingewinn ist nicht enstanden.

Es hat sich gezeigt, daß bei steigenden Preisen das Lifo-Verfahren zum Ausweis von Scheingewinnen führt, wenn die anfangs gegebene betriebsnotwendige Menge während des Geschäftsjahres unterschritten wird (s. Abschn. 6.1.1, Beispiele 1 u. 2).

Die gleiche Sachlage bewirkt bei Anwendung der EB-Rechnung keinen Scheingewinnausweis (s. oben, Beisp. 2). Das Lifo-Verfahren ist um so besser geeignet, je mehr die Bestände nur gewälzt werden, aber nicht unter die betriebsnotwendigen Mengen schwanken. Bei der EB-Bilanzierung spielen die Schwankungen während des Geschäftsjahres keine Rolle; es kommt nur auf den EB am Bilanzstichtag an.

Bei einer Bestandserhöhung ergibt sich die Bewertung der Mehrmenge beim Lifo-Verfahren aus den Anschaffungskosten des nicht mehr unterschrittenen Zuwachses; bei der EB-Bilanzierung ist die Mehrmenge am Geschäftsjahresende zumeist zum gewogenen Durchschnittspreis der Zugänge zu bewerten, wo nicht der Ansatz des speziellen Anschaffungspreises des einzelnen Wirtschaftsgutes zumutbar ist. Daraus folgt, daß die Bewertung der Mehrmenge nicht generell beim Lifo-Verfahren oder bei der EB-Rechnung niedriger oder höher ist, sondern daß die Bewertungsunterschiede von Preisverlauf und Zeitpunkt der Aufstockung abhängen. Bei kontinuierlich steigenden Preisen führt das Lifo-Verfahren nur dann zu einem niedrigeren Bestandswert für die Mehrmenge, wenn der nicht mehr unterschrittene Zuwachs frühzeitig im Jahr erfolgt.

Wird der nicht mehr unterschrittene Zuwachs erst gegen Ende des Geschäftsjahres angeschafft — womit beim Vorratsvermögen überwiegend zu rechnen ist —, dann ergibt sich bei der EB-Bilanzierung im Falle der Durchschnittsbewertung eine niedrigere Bewertung der Mehrmenge als beim Lifo-Verfahren.

Zusammenfassend kann man sagen, daß das Wälzen ohne Mengenschwankung der Vorräte sich weder beim Lifo-Verfahren noch bei der EB-Rechnung nachteilig auswirkt. Unterschreitungen der am Geschäftsjahresanfang gegebenen betriebsnotwendigen Menge während des Geschäftsjahres stören dagegen die Wirkung der Lifo-Methode, die der EB-Bilanzierung jedoch in keiner Weise.

Auch bei Aufstockung dürfte zumeist die EB-Bilanzierung gegenüber der Lifo-Methode von Vorteil sein.

Die Eiserne-Bestands-Bilanzierung verlangt eine mengenmäßige Begrenzung für die Anwendung der Festpreise. Darin liegt kein Nachteil, wenn die betriebsnotwendigen Mengen erfaßt werden. Demgegenüber sind die erstgenannten Verfahren nicht auf einen bestimmten Teil des Vorratsvermögens begrenzt und können spekulative Vorräte einschließen.

Der Auflösung stiller Reserven bei Auflösung (oder Herabsetzung) eines Eisernen Bestandes stehen gleichartige Reservenauflösungen aus Vorratsminderung bei Anwendung des Lifo-Verfahrens gegenüber. Das Problem der EB-Rechnung ist ein ökonomisches, wenn die Feststellung der EB-Mengen nicht durch Tatbestandstypisierung vereinfacht werden kann; vor allem ist es aber auch ein technisches, weil sich Eiserne Bestände nicht in allen Betrieben und nicht für alle Artikel feststellen lassen. Doch läßt der Wechsel der Vorräte erwarten, daß sich solche Betriebe bei steigenden Preisen weitgehend an veränderte Marktverhältnisse anpassen können.

6.2. Verfahren, welche die Passivseite der Bilanz betreffen

6.2.1. Substanzerhaltungsrücklagen

Steigende Preise lassen bei Festbewertung Eiserner Bestände geldrechnerisch gesehen Eigenkapitalreserven (stille Reserven) entstehen. Dementsprechend wird als passive Korrekturmöglichkeit gegenüber einem höheren Wertansatz nicht ein Wertberichtigungsposten, sondern eine Rücklage für Substanzerhaltung vorgeschlagen[11].

Die Bildung offener Substanzerhaltungsrücklagen durch entsprechende *unmittelbare Aufwandsbewertung* ist, abgesehen vom kaum zu bewältigenden Arbeitsaufwand[12], vor allem deshalb abzulehnen, weil es im Wesen dieses Verfahrens liegt, daß bei artmäßigen Vorratsänderungen keine Auflösung der Rücklagen erfolgt. „Die mögliche Folge wäre eine auch für die Unternehmensleitung nicht klar erkennbare Thesaurierung von realisierten Gewinnen im großen Stil“[13]. Auch spekulative Vorräte werden einbezogen.

Zu erörtern bleibt die *Bestandsbewertungsmethode* zur Ermittlung der erforderlichen Rücklagen. Derartige Substanzerhaltungsrücklagen sollen so hoch sein, wie die stille Reserve bei einer Festbewertung von Vorräten wäre[14]. Der Vorteil der Substanzerhaltungsrücklage ist, daß sie zwar nicht bei wechselnder Art und Qualität der Vorräte (dabei versagen alle Methoden)[15], wohl aber bei wechselnden Mengen bestehen bleiben kann, so daß das Verfahren „ein hohes Maß von Mengenelastizität“[16] hat.

Der Nachteil der Substanzerhaltungsrücklagen ist, daß ihre Bildung und Auflösung jeweils eine sehr genaue gedankliche Analyse voraussetzen[17], so daß eine routinemäßige Bearbeitung ausgeschlossen ist.

---

[11] Vgl. *Hax*, K.: Die Substanzerhaltung ..., a.a.O., S. 149.

[12] Vgl. *Mellerowicz*, K.: Buchbesprechung zu *Hax*, K.: „Substanzerhaltung der Betriebe“ (1957), in: Schmollers Jahrbuch 1960, S. 119.

[13] *Mellerowicz*, K.: Unternehmenspolitik, Bd. III, a.a.O., S. 276; vgl. auch ebenda S. 269 ff.

[14] Vgl. *Hax*, K.: Die Substanzerhaltung ..., a.a.O., S. 149 f.

[15] Vgl. ebenda, S. 176.

[16] Ebenda.

[17] Vgl. *Liebl*, J., a.a.O., S. 75 f; Schnettler, A.: Betriebsanalyse, a.a.O., S. 32; *Hax*, K.: Die Substanzerhaltung ..., a.a.O., S. 177.

Die Substanzerhaltungsrücklage stellt aus den genannten Gründen nicht nur, wie Binder meint[18], eine buchungstechnisch andere Form als die EB-Rechnung dar.

Auch Schnettlers Ausführungen treffen nicht unbedingt zu, daß es auf den Konten der Roh-, Hilfs- und Betriebsstoffe und der Halb- und Fertigerzeugnisse bzw. auf dem Warenkonto der Handelsbetriebe deshalb keine Unterschiede zwischen der Eisernen-Bestands-Rechnung und der Substanzerhaltungs-Rücklagen-Methode gibt, „weil beide Verfahren von einem Normalbestand ausgehen"[19]. Der Unterschied im Ergebnis kann daraus entstehen, daß neben kleineren methodisch bedingten Divergenzen Rück*lagen* nur soweit gebildet werden können, wie sie nicht zu einem Verlustausweis führen. Die Rücklage eliminiert dann nur den augenblicklichen Schein*gewinn* im engeren Sinne, nicht aber das ganze nominelle Mehrergebnis (vgl. Abschn. 1.1). Methodisch werden bei der Substanzerhaltungsrücklage gegebenenfalls die am Bilanzstichtag vorübergehend nicht vorhandenen Vorräte ohne weiteres berücksichtigt, während sie bei der EB-Rechnung in einer besonderen offenen Reserve erfaßt werden müßten[20]. Man kann aber auch umgekehrt sagen, daß eine Substanzerhaltungsrücklage für jede Bestandsposition gebildet werden muß, während bei der EB-Rechnung nur bei unterschrittenem EB eine offene Reserve bilanziert werden muß.

Beim Vergleich der Vor- und Nachteile der Anwendung beider Verfahren sind vor allem die Abgrenzung der Bestände und die Einfachheit der Rechnung zu beurteilen.

Man steht bei den Substanzerhaltungs-Rücklagen zunächst vor demselben Problem, der Abgrenzung des betriebsnotwendigen Vorratsvermögens[21] (oder der „Normalbestände"[22]), wie bei der EB-Rechnung. Übergeht man es, so läßt der Wechsel der Mengen und Arten die Substanzerhaltungsrücklagen der Kontrolle entgleiten.

Diese von Hax hervorgehobene „Elastizität" des Verfahrens ist gleichzeitig eine seiner Schwächen. Es ist deshalb nicht einzusehen, daß bei Bestandsvergrößerungen EB-Rechnung und Lifo-Methode relativ gut anpassungsfähig seien, bei vorübergehenden Bestandsminderungen aber beide unwirksam und dann die Substanzerhaltungsrücklagen überlegen

---

[18] Vgl. *Binder*, O.: Scheingewinnbesteuerung — Eiserner Bestand — „Substanzerhaltungsrücklage" (Schriftenreihe d. Instit. Finanzen und Steuern, Heft 11), Bonn 1951, S. 59.
Willems, R., spricht von einem Gradunterschied, a.a.O., S. 66.

[19] *Schnettler*, A.: Betriebsanalyse, a.a.O., S. 31.

[20] Vgl. auch *Willems*, R., a.a.O., S. 66.

[21] Vgl. *Mellerowicz*, K.: Unternehmenspolitik, Bd. III, a.a.O., S. 266.

[22] *Schnettler*, A.: Betriebsanalyse, a.a.O., S. 31.

seien[23]. Die EB-Bilanzierung ist, mit Rückstellungen kombiniert, ebenso mengenelastisch wie die Substanzerhaltungsrücklage.

Bei geeigneter Inventurvorbereitung lassen sich die erforderlichen Rückstellungen im Rahmen der EB-Rechnung relativ leicht feststellen. Wenn die Eisernen Bestände vor der Inventur in die Aufnahmelisten eingetragen und mit den eindeutig bekannten Festpreisen bewertet worden sind, bleiben bei der körperlichen Aufnahme die Mengenabweichungen einzutragen und die nötigen Rückstellungen für Unterbestände zu ermitteln. Die Feststellung der Wiederbeschaffungspreise und ihre Problematik beschränkt sich bei der EB-Rechnung auf Fälle mit unterschrittenem EB. Die buchtechnischen Aufgaben (Überwachung der Rückstellung, Auflösung, Übertragung) sind verhältnismäßig übersichtlich.

Im Gegensatz zur EB-Rechnung erforderte die generelle Anwendung von Substanzerhaltungsrücklagen diese Arbeiten für sämtliche Bestandspositionen. Die größere Mengenelastizität (indem bei Bestandsunterschreitungen die Substanzerhaltungsrücklage einfach unberührt bestehen bliebe) macht die Rücklagenüberwachung gerade problematisch, wenn das Verfahren nicht ebenso auf bestimmte Bestandsmengen angewendet wird, wie sie für eine EB-Bilanzierung ermittelt werden müssen.

Rechtlich sind steuerfreie Substanzerhaltungs-Rücklagen (die also dem Preisverlauf entsprechend angesetzt werden) nicht zulässig.

6.2.2. Preissteigerungsrücklage gem. § 51 Abs. 1 Ziff. 2 b EStG.

Der Gesetzgeber hat seit 1955 mit § 51 EStG generell eine teilweise Übertragung von Scheingewinnen (Selbstbehalt 10% Preissteigerung) auf spätere Wirtschaftsjahre durch zeitweilig steuerfreie Preissteigerungsrücklagen für vertretbare Wirtschaftsgüter zugelassen[24].

Während die Höhe einer echten Rücklage insoweit begrenzt ist, als sie nicht zu einem Verlustausweis führen darf, kann nach Blümich/Falk die Preissteigerungsrücklage auch zu einem vortragsfähigen Verlust führen[25].

Die gewinnerhöhende Auflösung der Rücklagen war innerhalb von 4 Jahren vorgesehen. Ab 1957 (EStG 1957) wurde die Auflösungsfrist auf 6 Jahre verlängert. Die Auflösung muß unabhängig von der Preisentwicklung auch dann vorgenommen werden, wenn die Preise weiter steigen. Bei einem wesentlichen Preisfall kann jedoch eine schnellere

---

[23] Vgl. ebenda, S. 32.
[24] Vgl. dazu § 74 EStDV. 1955.
[25] Vgl. *Blümich*, W. und L. *Falk:* Einkommensteuergesetz, Bd. I, a.a.O., Anm. 6 c Ziff. 6 d zu § 6, S. 553.

Auflösung angeordnet werden. Infolge anhaltender Konjunktur können die Rücklagen naturgemäß auch kaum bei Auflösung gegen Verlust aufgerechnet werden.

In der Mehrzahl der praktischen Fälle bedeutet dieses Verfahren eine Art *Steuerstundung*[26] durch befristet steuerfreien Vortrag eines Teils des nominellen Gewinnes.

Die Scheingewinnneutralisierung kann völlig ausbleiben, wenn bei etwa kontinuierlichen Preissteigerungen und entsprechender jährlicher Rücklagenbildung nach 6 Jahren die Summe der Teilauflösungen im Durchschnitt etwa ebenso hoch ist wie die jeweilige Rücklagenbildung.

Der Selbstbehalt von 10% Preissteigerung führt dazu, das das Problem der Scheingewinne bei schleichenden Preissteigerungen, wie es sich heute darstellt, praktisch nicht gelöst wird, da diese Schranke zu hoch ist[27].

Die Regelung durch § 51 EStG hat nur dann einen wirksamen und dann auch nützlichen Stundungseffekt, wenn sehr starke Preiserhöhungen vorübergehend auftreten[28].

Als Vorzug der Preissteigerungsrücklagen in der Form des § 74 EStDV wird genannt[29], daß für diese „die am Jahresschluß vorhandenen Vorräte auch dann maßgeblich sind, wenn sie am Jahresanfang weder der Art noch der Qualität nach vorhanden waren“[30].

Diese Handhabung ermögliche nicht nur eine reproduktive, „sondern auch eine entwicklungsadäquate Erhaltung“[31].

Dieser Vorteil des Verfahrens — soweit es überhaupt wirksam wird — bedeutet aber, daß auch jeder spekulative Vorrat oder überhaupt jede Art von „Erhaltung“ in der zufällig gegebenen Dimension in den Schutz der Preissteigerungsrücklage eingeschlossen werden kann. Wie sollten gerade die entwicklungsadäquaten Vorräte bestimmt werden?

Eine gezielte Scheingewinneliminierung wird durch diese Regelung nicht erreicht.

Die formelle Berücksichtigung der Preisschwankungen im Gesetz ist eher eine Behinderung einer echten Lösung, weil sie den Anschein

---

[26] So bereits *Willems*, R., a.a.O., S. 51; eingehend *Hax*, K.: Die Substanzerhaltung ..., a.a.O., S. 169 ff.; *Liebl*, J., a.a.O., S. 76 bereits zu der gleichartigen Erlaß-Regelung von 1952 (BStBl. 1952 Teil II S. 98).

[27] Vgl. *Mellerowicz*, K.: Betriebswirtschaftslehre der Industrie, Bd. II, a.a.O., S. 419.

[28] Vgl. *Eckardt*, H., a.a.O., S. 95 ff.

[29] Vgl. ebenda, S. 99.

[30] Ebenda, S. 98 f.

[31] Ebenda, S. 99.

erweckt, als sei eine Lösung des Problems erfolgt, und weil sie die Rechtsprechung zwingt, darauf zu verweisen.

6.3. Vergleich der EB-Rechnung mit der Lifo-Methode unter dynamischen Bedingungen am Beispielschema

Während Rücklagen und Bestandswertabschläge in Anwendungsbereich und Höhe jeweils von den speziellen Regelungen abhängig sind, lassen sich EB-Rechnung und Lifo-Methode gut vergleichen. Voraussetzung ist dabei allerdings, daß die Lifo-Methode im Beispiel auf dieselben Mengen wie die EB-Bilanzierung angewendet wird. Es wird hier angenommen, daß der Betrieb keine Mehrbestände gegenüber den bilanziellen Eisernen Beständen hat.

Um zahlenmäßig vergleichbare Fälle zu haben, wird einheitlich davon ausgegangen, daß die Erlöse jeweils gerade die Wiederbeschaffungskosten decken. Im übrigen müssen alle möglichen Fälle im Beispiel erfaßt werden.

Ein Vorrat von 10 t einer bestimmten Ware sei für 10 000 DM (im Beispiel kurz 10. DM geschrieben) angeschafft und mit diesem Wert bilanziert worden:

Ware	10 t	10. DM

Werden davon 2 t umgesetzt (U), so erscheinen in der folgenden Bilanz:

Ware	8 t	8. DM
Geld	(2 t)	2. DM
	(10 t)	10. DM

In Klammern wird hier die Substanzmenge angegeben, die dem Gelderlös im Inventurzeitpunkt entspricht. Die eingeklammerte Summe unter dem Strich zeigt dann, ob die Substanz gegenüber dem vorhergehenden Inventurzeitpunkt erhalten ist. Außerdem können materielle und nominelle Kapitalerhaltung nebeneinander beurteilt werden (hier (10 t) = 10. DM).

Das Beispiel sieht also zusammengefaßt folgendermaßen aus:

Ende der Periode:		0			1
Ware	10 t	10. DM	*—2 t U*	8 t	8. DM
Geld				(2 t)	2. DM
	(10 t)	10. DM		(10 t)	10. DM

Die Substanz ist erhalten (10 t), das ausgewiesene Kapital unverändert 10. DM.

Das gleiche Beispiel ändert sich, wenn vor dem Umsatz der 2 t die Preise steigen.

Ein Pfeil nach oben ↑ soll besagen, daß der Beschaffungspreis um 100 % gestiegen ist (damit steigt auch der Umsatzerlös, da er laut Prämisse die Reproduktionskosten deckt):

Ende der Periode:	0				1	
Ware	10 t	10. DM	↑	— *2 t U*	8 t	8. DM
Geld					(2 t)	4. DM
	(10 t)	10. DM			(10 t)	12. DM

Bei unveränderter Substanz (10 t und 10 t) zeigt sich ein Scheingewinn von 2. DM.

Wird der Scheingewinn vom Gelderlös verteilt, so vermindern sich der Geldbestand von 4. DM auf 2. DM und die dazugehörige Substanzäquivalenzzahl von 2 t auf 1 t. (2. DM Geld sind infolge des gestiegenen Preises nur noch der Gegenwert für 1 t Ware.)

Als Endsummen ergeben sich nach der Scheingewinnverteilung 9 t und 10. DM:

Ende der Periode			1			
Ware	8 t	8. DM		=	8 t	8. DM
Geld	(2 t)	4. DM	**— 2. DM** *Ausschüttung*	=	(1 t)	2. DM
	(10 t)	12. DM			(9 t)	10. DM

Nach der Ausschüttung von 2. DM beträgt der Substanzverlust 1 t. Nominell kommt er nicht zum Ausdruck, denn wie im Inventurzeitpunkt 0 sind wieder 10. DM vorhanden.

Um das Beispielschema systematisch zu vervollständigen, muß neben den Umsatz von 2 t die Beschaffung (B) treten.

Ferner kann außer einem Preisanstieg auch eine Preissenkung auftreten.

U und B (Umsatz und Beschaffung) erfolgen stets in Höhe von 2 t, soweit nicht ein Mangel an Geldmitteln zu geringerer Beschaffung zwingt. Während ein nach oben gerichteter Pfeil einen Preisanstieg um 100 % kennzeichnet, bedeutet ein nach unten gerichteter Pfeil ↓ einen Preisfall auf die anfängliche Höhe.

Da ein Preisanstieg vor oder nach einem Umsatz (bzw. nach oder vor einer Beschaffung) eintreten kann, lassen sich alle Fälle in folgenden vier Reihen darstellen:

a)	↑	U		B	↓	U		B
b)	↑	U		B		U	↓	B
c)		U	↑	B	↓	U		B
d)		U	↑	B		U	↓	B

In den folgenden Beispielen wird das Niederstwertprinzip angewandt. Die Umsatzerlöse decken jeweils die Tageskosten.

Als Normalfall wird davon ausgegangen, daß die zuerst beschafften Waren auch zuerst verkauft werden (First in — first out). Die Bilanzwerte sind dann die in der folgenden Ausschlagtafel I ausgewiesenen.

Stets tritt hier nach Preisanstieg ein Substanzverlust ein. Er ist entweder durch die Preissteigerung direkt (Ende der Periode 2, Reihen c und d) oder durch Ausschüttung von ausgewiesenem Scheingewinn bedingt (Ende der Periode 1, Reihen a und b; Ende der Periode 3, Reihen b und d; jeweils **— 2. DM**).

In allen Reihen divergieren Substanz und Nominalwert nach Preisanstieg. Nach Preisfall tritt durch Anwendung des Niederstwertprinzips wieder eine Äquivalenz dieser Zahlen ein (9 t, 9. DM); aber der Substanzverlust wird in keinem Fall ausgeglichen.

Auch die Lifo-Methode erreicht in *keinem* Falle bei gestiegenem Preis Substanzerhaltung (siehe Ausschlagtafel II, Ende der Periode 1, Reihen a und b, nach der Ausschüttung von **2. DM** „Gewinn"; Ende der Periode 2, Reihen c und d, durch Preisanstieg vor Wiederbeschaffung; Ende der Periode 3, Reihen b und d, nach der Ausschüttung von je **1. DM** „Gewinn").

Nur bei Preisrückgang auf die Ausgangshöhe wird eine Wiedererlangung der verlorenen Substanz möglich, *wenn* der Preisrückgang nach dem Umsatz und vor der Wiederbeschaffung eintritt (siehe ebenda Ende der Periode 4, Reihen b und d).

In allen Fällen divergieren auch beim Lifo-Verfahren nach Preissteigerung Substanz und Nominalwert, bis nach Preisfall das Niederstwertprinzip wieder eine Äquivalenz dieser Zahlen herbeiführt. Daß in der Praxis ein derartiger Preisrückgang nicht die Regel ist, wurde oben dargelegt.

Die EB-Bilanzierung (s. Ausschlagtafel III) führt bei gestiegenem Preis nur insoweit nicht zur Substanzerhaltung, wie der Preisanstieg nach einem Umsatz und vor der Ersatzbeschaffung eingetreten ist (Ende der Periode 2, Reihen c und d). Stets entspricht jedoch das ausgewiesene Kapital der Substanz! Folglich kann *nur echter Gewinn ausgewiesen* und verteilt werden, wie er hier entsteht, wenn vor einer Ersatzbeschaffung ein Preisrückgang auftritt (Ende der Periode 4, Reihen b und d).

Von den möglichen Auswertungen dieser vergleichbaren Beispiele sind die folgenden besonders aufschlußreich:

Summen der nominellen Gewinne (Fälle a—d)

Ende der Periode:	1	2	3	4	Gewinn-summe
Fifo-Methode:	4.DM	—	4.DM	—	8.DM
Lifo-Methode:	4.DM	—	2.DM	—	6.DM
EB-Bilanzierung:	—	—	—	3.DM	3.DM

Die Gewinne der Fifo-Methode (8. DM) und die Gewinne der Lifo-Methode (6. DM) sind sämtlich Scheingewinne, die 3. DM bei EB-Bilanzierung sind echte Gewinne nach voller Erhaltung der EB-Menge.

Summen der jeweils 4 Fälle am *Ende der 4. Periode* obiger Beispiele

	Fifo-Meth.		Lifo-Meth.		EB-Rechn.	
a)	(9 t)	9.DM	(9 t)	9.DM	(10 t)	10.DM
b)	(9 t)	9.DM	(10 t)	10.DM	(10 t)	10.DM
c)	(9 t)	9.DM	(9 t)	9.DM	(9 t)	9.DM
d)	(9 t)	9.DM	(10 t)	10.DM	(10 t)	10.DM
Summe:	(36 t)	36.DM	(38 t)	38.DM	(39 t)	39.DM

Das Anfangskapital, (40 t) 40. DM, ist am weitesten bei der EB-Rechnung erhalten.

Vergleicht man, um den Verhältnissen bei anhaltender Preissteigerung Rechnung zu tragen, die Summen der jeweils 4 Fälle in den Zeitpunkten, die unmittelbar *vor den Preisstürzen* liegen, so wird der Unterschied noch deutlicher:

	Fifo-Meth.		Lifo-Meth.		EB-Rechn.	
a)	(9 t)	10.DM	(9 t)	10.DM	(10 t)	10.DM
b)	(8 t)	10.DM	(8,5 t)	10.DM	(10 t)	10.DM
c)	(9 t)	10.DM	(9 t)	10.DM	(9 t)	9.DM
d)	(8 t)	10.DM	(8,5 t)	10.DM	) 9 t)	9.DM
Summe:	(34 t)	40.DM	(35 t)	40.DM	(38 t)	38.DM

Hier zeigt sich, wie sehr auch bei der Lifo-Bewertung des Verbrauchs materielles und nominelles Ergebnis divergieren.

Die Möglichkeit der EB-Bilanzierung ist naturgemäß durch den Umfang der im jeweiligen Betriebe feststellbaren bilanziellen Eisernen

I. Bei Umsatz der zuerst geb

	Ende der Periode →	0			1	
a)	Ware	10t 10.DM	↑ —2 *t U*	8t 8.DM	8t 8.DM	+1
	Geld			(2t) 4.DM —**2.DM** =	(1t) 2.DM	
	Se.	(10t) 10.DM		(10t) 12.DM	(9t) 10.DM	
b)	Ware	10t 10.DM	↑ —2 *t U*	8t 8.DM	8t 8.DM	+1
	Geld			(2t) 4.DM —**2.DM** =	(1t) 2.DM	
	Se.	(10t) 10.DM		(10t) 12.DM	(9t) 10.DM	
c)	Ware	10t 10.DM	—2 *t U*		8t 8.DM	↑ +1
	Geld				(2t) 2.DM	
	Se.	(10t) 10.DM			(10t) 10.DM	
d)	Ware	10t 10.DM	—2 *t U*		8t 8.DM	↑ +1
	Geld				(2t) 2.DM	
	Se.	(10t) 10.DM			(10t) 10.DM	

Varen (First in — first out)

2		3		4
9t 10.DM	↓ —2*t U*	7t 7.DM (2t) 2.DM	+2*t B*	9t 9.DM
(9t) 10.DM		(9t) 9.DM		(9t) 9.DM
9t 10.DM	—2*t U*	7t 8.DM 7t 8.DM (2t) 4.DM **—2.DM** = (1t) 2.DM	↓ +2*t B*	9t 9.DM
(9t) 10.DM		(9t) 12.DM (8t) 10.DM		(9t) 9.DM
9t 10.DM	↓ —2*t U*	7t 7.DM (2t) 2.DM	+2*t B*	9t 9.DM
(9t) 10.DM		(9t) 9.DM		(9t) 9.DM
9t 10.DM	—2*t U*	7t 8.DM 7t 8.DM (2t) 4.DM **—2.DM** = (1t) 2.DM	↓ +2*t B*	9t 9.DM
(9t) 10.DM		(9t) 12.DM (8t) 10.DM		(9t) 9.DM

Tabelle online abrufbar unter: https://www.duncker-humblot.de/9783428021000_Tabelle_1

II. Bei Umsatz der zuletzt gek

	Ende der Periode ⟶	0			1		
a)	Ware	10 t 10.DM	↑ —2 *t* *U*	8 t 8.DM		8 t 8.DM	+
	Geld			(2 t) 4.DM	**—2.DM** =	(1 t) 2.DM	
	Se.	(10 t) 10.DM		(4 t) 8.DM		(9 t) 10 DM	
b)	Ware	10 t 10.DM	↑ —2 *t* *U*	8 t 8.DM		8 t 8.DM	+
	Geld			(2 t) 4.DM	**—2.DM** =	(1 t) 2.DM	
	Se.	(10 t) 10.DM		(10 t) 12.DM		(9 t) 10.DM	
c)	Ware	10 t 10.DM	—2 *t* *U*		8 t 8.DM		↑ +
	Geld				(2 t) 2.DM		
	Se.	(10 t) 10.DM			(10 t) 10.DM		
d)	Ware	10 t 10.DM	—2 *t* *U*		8 t 8.DM		↑ +
	Geld				(2 t) 2.DM		
	Se.	(10 t) 10.DM			(10 t) 10.DM		

Waren bzw. bei der Lifo-Methode

2		3		4
9t 10.DM	↓ —2*t U*	7t 7.DM (2t) 2.DM	+2*t* **B**	9t 9.DM
(9t) 10.DM		(9t) 9.DM		(9t) 9.DM
9t 10.DM	—2*t U*	7t 7.DM 7t 7.DM (2t) 4.DM —**1.DM**= (1,5t) 3.DM	↓ +2*t* **B**	9t 9 DM (1t) 1.DM
(9t) 10.DM		(9t) 11.DM (8,5t) 10.DM		(10t) 10.DM
9t 10.DM	↓ —2*t U*	7t 7.DM (2t) 2.DM	+2*t* **B**	9t 9.DM
(9t) 10.DM		(9t) 9.DM		(9t) 9.DM
9t 10.DM	—2*t U*	7t 7.DM 7t 7.DM (2t) 4.DM —**1.DM**= (1,5t) 3.DM	↓ +2*t* **B**	9t 9.DM (1t) 1.DM
(9t) 10.DM		(9t) 11.DM (8,5t) 10.DM		(10t) 10.DM

Tabelle online abrufbar unter: https://www.duncker-humblot.de/9783428021000_Tabelle_2

	Ende der Periode ⟶	0		1	
a)	Ware	10 t 10.DM	↑ *—2 t U*	8 t 8.DM	*+2 t B*
	Geld			(2 t) 4.DM	
	Rückstell.			– 2.DM	
	Se.	(10 t) 10.DM		(10 t) 10.DM	
b)	Ware	10 t 10.DM	↑ *—2 t U*	8 t 8.DM	*+2 t B*
	Geld			(2 t) 4.DM	
	Rückstell.			– 2.DM	
	Se.	(10 t) 10.DM		(10 t) 10.DM	
c)	Ware	10 t 10.DM	*—2 t U*	8 t 8.DM	↑ *+1 t B*
	Geld			(2 t) 2.DM	
	Rückstell.				
	Se.	(10 t) 10.DM		(10 t) 10.DM	
d)	Ware	10 t 10.DM	*—2 t U*	8 t 8.DM	↑ *+1 t B*
	Geld			(2 t) 2.DM	
	Rückstell.				
	Se.	(10 t) 10.DM		(10 t) 10.DM	

anzierung

		3		4	
DM	↓ —2*t* *U*	8t 8.DM (2t) 2.DM	+2*t* *B*	10t 10.DM	
DM		(10t) 10.DM		(10t) 10.DM	
DM	—2*t* *U*	8t 8.DM (2t) 4.DM – 2.DM	↓ +2*t* *B*	10t 10.DM (2t) 2.DM **—2.DM** =	10t 10.DM — —
DM		(10t) 10.DM		(12t) 12.DM	(10t) 10.DM
DM	↓ —2*t* *U*	7t 7.DM (2t) 2.DM	+2*t* *B*	9t 9.DM	
DM		(9t) 9.DM		(9t) 9.DM	
DM	—2*t* *U*	7t 7.DM (2t) 4.DM – 2.DM	↓ +2*t* *B*	9t 9.DM (2t) 2.DM **—1.DM** =	9t 9.DM (1t) 1.DM
DM		(9t) 9.DM		(11t) 11.DM	(10t) 10.DM

Tabelle online abrufbar unter: https://www.duncker-humblot.de/9783428021000_Tabelle_3

Bestände begrenzt. Praktisch zeigt sich eine weitere betriebswirtschaftliche Grenze, wo einer der Bestimmungsfaktoren eines Eisernen Bestandes so stark schwankt, daß mangels ausreichender Stabilität des Eisernen Bestandes rein nominelle Wertänderungen nur unzureichend aus der Erfolgsrechnung eliminiert werden. Ferner besteht eine ökonomische Grenze darin, daß der Aufwand für die EB-Rechnung nicht größer sein darf als der Nutzen aus ihrer Anwendung. Deshalb ist die Entwicklung und steuerliche Anerkennung einfacher Ermittlungsverfahren für Eiserne Bestände notwendig.

Alle steuerlich nur zur Bewertungsvereinfachung zugelassenen Methoden, wie z. B. das Lifo-Verfahren, sollen zu einem der Einzelbewertung möglichst gleichen Ergebnis führen. Sie können auf diese Weise weder die Vergleichbarkeit der Jahreserfolgsrechnungen verbessern noch Schweingewinne aus dem Ergebnis eliminieren.

Demgegenüber stehen der steuerlichen Anerkennung der EB-Rechnung nicht so sehr formalrechtliche Gründe entgegen, als vielmehr die wirtschaftliche Zweckbestimmung des Umlaufvermögens. Trotz ihrer besonderen Funktionen schienen die Eisernen Bestände nicht eindeutig abgrenzbar zu sein. Die im Steueranpassungsgesetz vorgeschriebene Maßgeblichkeit der wirtschaftlichen Betrachtungsweise kann deshalb weder die Zustimmung des Bundesfinanzhofs noch die des Gesetzgebers zur EB-Rechnung bewirken, wenn nicht — wie auch in dieser Arbeit versucht — *zuvor von der Betriebswirtschaftslehre*

1. Eiserne Bestände für eine offizielle Rechnung ausreichend eindeutig zum Zwecke der funktionsmäßigen Unterscheidung von Umsatzbeständen definiert werden,

2. die Möglichkeiten für eine genügend sichere, praktikable Abgrenzung gezeigt werden und

3. der Bewertung der EB-Einheiten nach wirtschaftlicher Nämlichkeit (d. h., daß die wirtschaftliche Identität der Einheiten von Eisernen Beständen und Vorjahresendbeständen der körperlichen Identität gleichzusetzen ist) als Mittel betriebswirtschaftlich richtiger Jahreserfolgsrechnung *allgemeine* Anerkennung verschafft wird (die Rechtsvermutung, ob bei Eisernen Beständen Gewinnrealisierung oder wirtschaftliche Nämlichkeit vorliegt, hängt von der betriebswirtschaftlichen Beurteilung ab).

Zusammenfassung

1. Im Anschluß an die einführende Inhaltsübersicht wurde der bilanzielle Scheingewinnbegriff geklärt. Man muß beachten, daß der Scheingewinn erst zusammen mit dem nicht ausgewiesenen Verlust das nominelle Mehrergebnis ergibt. Nur wenn der Scheingewinnbegriff das ganze nominelle Mehrergebnis — und der Scheinverlustbegriff das ganze nominelle Mindergebnis — umfaßt, wird bei der Diskussion des Scheingewinnproblems die Nominalabweichung vollständig einbezogen.

Der Scheingewinnbegriff in dieser Arbeit meint das nominelle Mehrergebnis. Der ungenaue Begriff wurde nur deshalb beibehalten, weil der „Scheingewinn" ein ausgeprägter Begriff in Theorie und Praxis ist, wogegen der Begriff „Nominelles Mehrergebnis" nicht geläufig ist.

Materiell ist die Höhe des Scheingewinnes von der Kapitalauffassung abhängig, nach der das „echte" Ergebnis gegenüber dem Nominalergebnis ermittelt wird.

Im Hinblick auf die Erfolgsrechnung kann nur eine Kapitalauffassung in Betracht kommen, mit der die Kapitalerhaltung der abgelaufenen Abrechnungsperiode beurteilt wird (es geht nicht um unternehmenspolitische Zielsetzungen). Als Kapitalerhaltungsziel, welches diese Bedingung erfüllt und dabei die Funktion der organisierten Substanz am besten berücksichtigt, wird die einbetrieblich-leistungsrelative Kapitalerhaltung (nach Hasenack / Eckardt) angesehen. Danach ist das Kapital erhalten, wenn Substanz gleicher Leistungsfähigkeit erhalten ist.

Der bilanzielle Scheingewinn wurde dementsprechend definiert als der Überschuß des auszuweisenden nominellen Jahresergebnisses über ein niedrigeres, nach den Prinzipien einbetrieblich-leistungsrelativer Substanzerhaltung ermitteltes Ergebnis.

2. Das Scheingewinnproblem entsteht als Folge der Nominalgewinnermittlung bei steigenden Preisen. Das Prinzip der nominellen Kapitalerhaltung ist die Ursache dafür, daß man bei steigenden Wiederbeschaffungspreisen den errechneten „Gewinn" nur verteilen kann, wenn man entweder auf vollständige Wiederbeschaffung der Substanz verzichtet oder einen Teil der reproduzierten Substanz veräußert oder Kapital zur Verteilung aufnimmt. Eine Erhaltung aus

eigener Kraft wird nicht gesichert. Neben der Substanzverteilung sind Fehlinvestitionen und untragbare Lohnforderungen die wichtigsten unmittelbaren Folgen des Scheingewinnausweises.

Es wurde dargelegt, daß von den beiden Lösungswegen, Scheingewinne nicht zu verteilen oder sie nicht erst als Gewinn auszuweisen, nur der zweite Weg die an den Gewinnausweis gebundenen Fehleinschätzungen und die Verteilung von Substanz verhindern kann.

Die Festbewertung Eiserner Bestände ordnet sich ein in eine Gruppe von Verfahren, die Scheingewinne aus Vorratsvermögen vermindern oder ausschließen sollen. Im Grunde zielt die sachgerechte EB-Bilanzierung auf eine Verbesserung der Vergleichbarkeit der Jahreserfolgsrechnungen nach den Grundsätzen dynamischer Bilanzlehre ab.

3. Um die Entwicklung der EB-Rechnung zu untersuchen, wurden zunächst die Unterschiede zwischen den lagerwirtschaftlichen eisernen Beständen (Reservebeständen), den bilanziellen Eisernen Beständen und den steuerrechtlichen „Eisernen Beständen" (Sammelposten zur Bewertungsvereinfachung) herausgearbeitet. Diese Arbeit bezieht sich auf die bilanziellen Eisernen Bestände.

Die Entwicklung der EB-Rechnung begann im Jahre 1919 mit den Ausführungen Schmalenbachs darüber, daß bei richtiger Berechnung des Jahreserfolges das alte Geschäftsjahr am Eisernen Bestand nichts verlieren und nichts gewinnen kann.

Die folgenden fünf Jahrzehnte zeigten, daß die Theorie kein ausreichendes Konzept für die Anwendung der EB-Rechnung erarbeitet hatte und daß bei Preissteigerungen die Rechtsprechung versuchte, angesichts der prekären Lage der Wirtschaft mit den gegebenen Mitteln zu helfen.

In der praktischen Bewährung zwischen Wirtschaftspraxis und Fiskus scheiterte die EB-Rechnung. Da aber auch die steuerrechtlich bedingt zugelassene Preissteigerungsrücklage nur eine zeitweilige Steuerstundung ermöglicht, blieb das Scheingewinnproblem ungelöst.

4. Eine Weiterentwicklung der EB-Rechnung wurde in dieser Arbeit in zwei Phasen versucht: 1. die Abgrenzung und Mengenbemessung Eiserner Bestände, 2. ihre Bewertung und Abrechnung.

Die Abgrenzung und die Mengenbemessung gehen von einer neuen Definition bilanzieller Eiserner Bestände aus, weil die bisherigen Definitionen keine Lösungsmöglichkeit für das EB-Problem erkennen ließen. Die Aufgabe bestand darin, die Ursachen des Versagens der EB-Bilanzierung zu analysieren und bereits von der Definition Eiserner Bestände her zu vermeiden, was sich als nicht realisierbar erwiesen hatte.

Der schwerstwiegende Mangel der EB-Rechnung war, daß sie bei quantitativen Änderungen der Bestände ebenso versagte wie bei qualitativen Änderungen.

Die Definition geht von der Forderung Schmalenbachs aus, zur Verbesserung der Vergleichbarkeit der Jahreserfolgsrechnungen diejenigen Normalbestände in den Jahresabschlußbilanzen fest zu bewerten, die das jeweilige Geschäftsjahr der Menge nach schon vom Vorjahr übernommen hatte. Gleichzeitig muß der EB-Begriff, um obengenannte Mängel zu vermeiden, normativen Charakter haben. Es wurde festgestellt, daß die dauernde, ununterbrochene Bindung während des Geschäftsjahres nicht zur Bedingung für bilanzielle Eiserne Bestände gemacht werden kann.

Da für die richtige Bilanzierung nur die Bestände an den Bilanzstichtagen maßgebend sind, wurde die Betriebsnotwendigkeit an zwei aufeinanderfolgenden Bilanzstichtagen als dem Ziel der EB-Bilanzierung und dem Erfordernis der Normbildung entsprechende Bedingung für Eiserne Bestände gefunden.

Bilanzielle Eiserne Bestände sind demnach diejenigen Mengen der einzelnen Artikel des Vorratsvermögens, die am Geschäftsjahresende betriebsnotwendig sind, um bei gleicher Kapazität die gleiche Leistung zu ermöglichen, wie sie am Geschäftsjahresanfang entsprechende Vorräte ermöglicht hatten.

Damit Eiserne Bestände in den offiziellen Abschlüssen Geltung erlangen können, damit sie den technischen und wirtschaftlichen Veränderungen nach einheitlichen Maßstäben folgen können und damit bei einer Bestandsminderung erkannt werden kann, ob es eine Herabsetzung oder eine Unterschreitung eines Eisernen Bestandes ist, mußte eine an aktuellen Daten orientierte Norm als allgemein vertretbare Obergrenze eines betriebsnotwendigen Bestandes ermittelt werden.

Der Weg dahin führte über eine Analyse der Bestimmungsfaktoren aller nach ihren unterschiedlichen Funktionen gruppierten aktivierbaren Vorräte.

In der Regel setzt die Feststellung eines bilanziellen Eisernen Bestandes den Vergleich dreier Zahlen voraus:

der höchstens betriebsnotwendigen Menge am Bilanzstichtag (EB-Meßzahl),
der von der Geschäftsleitung gewünschten EB-Sollmenge und
der EB-Meßzahl des vorhergehenden Bilanzstichtages.

Die niedrigste dieser drei Zahlen gibt die als Eisernen Bestand zu bilanzierende Menge an.

Die EB-Ermittlung in Saisonbetrieben wurde ebenfalls dargelegt.

Das wichtige Problem, EB-Mengen unter dynamischen Bedingungen kontinuierlich fortzuführen, d. h., wenn qualitative und quantitative Änderungen zur Leistungserhaltung notwendig sind, läßt sich lösen, indem man vom Prinzip der absoluten Kapitalerhaltung ausgeht. Es wurde gezeigt, wie die Lücke zwischen der absoluten Kapitalerhaltung und der einbetrieblich-leistungsrelativen Kapitalerhaltung für qualitative Änderungen durch Gleichsetzung leistungserhaltender Substitutionsgüter mit den ursprünglichen Wirtschaftsgütern und für die dabei entstehende Frage der quantitativen Entsprechung durch eine Substitutionsmengen-Rechnung geschlossen werden kann. Abweichend vom ungeeigneten Festwert-Verfahren wurde eine Lösung auf der Grundlage der Einsatzmengen gezeigt.

Die Bewertung und die Abrechnung Eiserner Bestände wurden im Hinblick auf veränderliche Bedingungen erörtert. Es wurden die effektiven Bestandsänderungen bei festem EB ebenso wie die Aufstockung und Herabsetzung Eiserner Bestände behandelt. Hier soll nur die Notwendigkeit hervorgehoben werden, Eiserne Bestände in den Jahresabschlüssen möglichst fest zu bewerten und bei Unterschreitung einer EB-Menge für Mehrkosten der Ersatzbeschaffung eine Rückstellung zu bilden.

Abrechnungsbeispiele wurden differenziert für die verschiedenen Preisentwicklungen gezeigt, um die Prinzipien der EB-Rechnung zu verdeutlichen. Für die praktische Anwendung wurde ein einfacher, einheitlicher Abrechnungsgang angegeben.

5. Die rechtliche Beurteilung der EB-Bilanzierung ergab, daß handelsrechtlich eine feste Bewertung Eiserner Bestände nur möglich ist, soweit sie auch in der Steuerbilanz zugelassen ist.

Die grundsätzliche Notwendigkeit einer Scheingewinneliminierung wird auch von Seiten des Fiskus nicht mehr bestritten. Die EB-Bilanzierung kann jedoch nicht zum Zwecke der Substanzrechnung auf der Grundlage mehr oder weniger willkürlich zwischen Betrieb und Finanzamt ausgehandelter Eiserner Bestände angewendet werden. Dagegen besteht offenbar die Möglichkeit, die EB-Bilanzierung als Mittel zur Verbesserung der Vergleichbarkeit der Jahreserfolgsrechnungen zu vertreten. Die funktionelle Unterscheidung und eindeutige Abgrenzung Eiserner Bestände von den Umsatzbeständen, wie sie in der Arbeit als Voraussetzung für eine steuerrechtlich vertretbare Lösung versucht wurde, muß bei pflichtgemäßer Anwendung der wirtschaftlichen Betrachtungsweise eine Bewertung erlauben, wie sie für den Umlaufmetallstock bei Umarbeitungsgeschäften in NE-Metallbetrieben praktiziert und steuerrechtlich anerkannt wird.

Zwar kann auch dann nicht die Festbewertung Eiserner Bestände vertreten werden, wohl aber das Niederstwertprinzip unter Anwendung der wirtschaftlichen Betrachtungsweise.

Die Grenze zwischen Verneinung und Bejahung der Gewinnrealisierung darf nicht zwischen dem erwähnten Umlaufmetallstock und den Vorräten, wie sie „allgemein bei Geschäften mit Fabrikationsbetrieben üblich" sind, verlaufen, sie muß der unterschiedlichen wirtschaftlichen Funktion entsprechend zwischen den klar abgrenzbaren Eisernen Beständen einerseits und den Umsatzbeständen andererseits verlaufen.

Wird die Bewertung Eiserner Bestände nach der wirtschaftlichen Nämlichkeit in der Steuerbilanz zugelassen und ergibt sich daraus ein Wertansatz, der niedriger ist, als er nach den handelsrechtlichen Bewertungsvorschriften wäre, so ist er nach dem Aktiengesetz auch für die Handelsbilanz zulässig.

Bei dieser Bewertung entsteht zwar gelegentlich auch bei Eisernen Beständen ein rein nomineller Einfluß auf die Erfolgsrechnung, wenn nämlich der Zeitwert bzw. der Teilwert unter die ursprünglichen Anschaffungskosten sinkt. In keinem Fall aber (abgesehen natürlich von Aufstockungen) wird der Wertansatz für Eiserne Bestände erhöht. Dadurch wird für den Bereich des Vorratsvermögens die Vergleichbarkeit der Jahreserfolgsrechnungen zwar nicht in allen Fällen vollständig, aber doch sehr weitgehend herbeigeführt.

6. Der Vergleich der wichtigsten Verfahren, mit denen bilanzielle Scheingewinne beim Vorratsvermögen vermindert oder vermieden werden sollen, zeigte durch systematisches Vorgehen Fehler, die bei der Einschätzung dieser Verfahren verschiedentlich unterliefen.

Abschließend wurde ein Vergleich der EB-Rechnung mit der Lifo-Methode unter dynamischen Bedingungen am Beispielschema vorgenommen. Dabei ergab sich, daß die Lifo-Methode einen Scheingewinnausweis nicht ausschließen kann, während die zur Verbesserung der Vergleichbarkeit der Periodenrechnungen angewandte EB-Bilanzierung gleichzeitig für den Umfang der Eisernen Bestände eine vollständige Scheingewinneliminierung bewirkt.

Literaturverzeichnis

I. Bücher und selbständige Abhandlungen

Adler, Hans, Wilhelm Dieterich, Walther Düring und andere: Wirtschaftsprüfer-Handbuch 1959. Hrsg. Institut der Wirtschaftsprüfer in Deutschland e. V., Düsseldorf 1959

Adler, Hans, Walther Düring und Kurt Schmaltz: Rechnungslegung und Prüfung der Aktiengesellschaft. Handkommentar. 3. neubearb. Aufl., Stuttgart 1957

Dies. und andere: Die neue Gewinn- und Verlustrechnung. Ergänzungsband zu vorgenanntem Handkommentar. Stuttgart 1961

Agthe, Klaus: Das Problem des Wiederbeschaffungspreises in Kalkulation und Preisprüfung. Diplomarbeit, TU Berlin 1954

Andler, Kurt: Rationalisierung der Fabrikation und optimale Losgröße. München 1929

Anger, Erich: Bilanz und Konjunktur. Dissertation, Frankfurt/M. 1928

Auler, Wilhelm: Rückstellungen: Die betriebswirtschaftliche Notwendigkeit und die Art ihrer Verrechnung in Handels-, Steuerbilanz und kurzfristiger Ergebnisrechnung. Hannoversch-Münden 1953

Ballerstedt, Kurt: Kapital, Gewinn und Ausschüttung bei Kapitalgesellschaften. Tübingen 1949

Barth, Kuno: Die Bewertung mit eisernen Beständen. Stuttgart 1951

Becker, Enno: Die Reichsabgabenordnung (v. 13. Dez. 1919). 7. neubearb. Auflage, Berlin 1930

Berndt, Hans: Die Wertsicherung in der Unternehmung. (Betriebswirtschaftliche Schriften, Heft 5) Berlin 1960

Binder, Odilo: Der Eiserne Bestand im Vorratsvermögen der Nichteisen-Metallwirtschaft. Hrsg. Wirtschaftsvereinigung Nichteisen-Metalle e. V., Düsseldorf 1951

— Scheingewinnbesteuerung — Eiserner Bestand — „Substanzerhaltungsrücklage“. Heft 11 d. Schriftenreihe d. Instituts Finanzen u. Steuern. Bonn 1951

— Wirtschaftliche und rechtliche Gesichtspunkte bei der Eisernen Bestandsrechnung im Vorratsvermögen der Nichteisen-Metallindustrie. Hrsg. Wirtschaftsvereinigung Nichteisen-Metalle e. V., Düsseldorf 1953

Blümich, Walter und Ludwig Falk: Einkommensteuergesetz, erläut. v. W. Blümich. 9. Aufl., fortgef. v. L. Falk unter Mitwirkung von Werner Steinbring, Bd. I Berlin u. Frankfurt/M. 1964

Blümich, Walter, Otto Klein, Werner Steinbring und Heinrich Stutz: Körperschaftsteuergesetz. Kommentar. 4. völlig neubearb. Aufl., Bln. u. Frankf. Main 1965

Boßhardt, Erik: Die Erhaltung der Produktivkräfte in Betrieb und Volkswirtschaft bei schwankenden Preisen. Zürich 1947

Bühler, Ottmar: Bilanz und Steuer. 6. neubearb. u. erweit. Aufl., Berlin und Frankfurt/M. 1957

Bühler, Ottmar und Heinz Paulick: Einkommensteuer, Körperschaftsteuer. Handkommentar. Beck'sche Lose-Blatt-Slg. München u. Berlin, Stand 1. Aug. 1966

Bußmann, Karl Ferdinand: Das betriebliche Risiko. Schriften zur wirtschaftswissenschaftl. Forschung, Bd. IV. Meisenheim/Glan 1955

Castelberg, Guido v.: Der Geldwert als Rechtsproblem. Dissertation, Zürich 1953

Eckardt, Horst: Die Substanzerhaltung industrieller Betriebe. Bd. 19 d. Beiträge z. betriebswirtsch. Forschg. Köln u. Opladen 1963

Eisel, Karl-Guenter: Die Rechnung mit dem eisernen Bestand in Betriebswirtschaftslehre und Steuerrecht. Dissertation, Saarbrücken 1955

Findeisen, Franz: Der eiserne Bestand in betriebswirtschaftlicher und steuerlicher Beziehung. Heft 9 d. Bücherei für Bilanz und Steuern. Berlin 1923

Fisher, Irving: Die Kaufkraft des Geldes. Berlin 1916

— Der schwankende Geldwert. (Stabilizing the Dollar/deutsch) Berlin 1924

Gadow/Heinichen: Großkommentar zum Aktiengesetz. 2 Bde., Hrsg. Wilhelm Gadow, E. Heinichen, Eberhard Schmidt u. a., 2. neubearb. Aufl. von Carl Hans Barz, Robert Fischer, Ulrich Klug, Konrad Mellerowicz u. a., I. Bd., Berlin 1961

Gater, Rudolf: s. Hellmich, Hanns

Gehl, H.: Scheingewinne und Substanzerhaltung. Diplomarbeit, TU Berlin 1955

Geldmacher, Erwin: Wirtschaftsunruhe und Bilanz, Teil 1: Grundlagen und Technik der bilanzmäßigen Erfolgsrechnung. Berlin 1923

Gnam, Arnulf: Axiome der Bilanzierung auf der Grundlage der Währung. München 1948

Godin/Wilhelmi: Aktiengesetz v. 6. Sept. 1965. Kommentar. 3. Aufl. bearb. v. Hans u. Sylvester Wilhelmi, Bd. I, Berlin 1967

Görres, Peter: Zur Problematik der Bewertung von Metallvorräten. Hrsg. Wirtschaftsvereinigung Nichteisen-Metalle e. V., Düsseldorf 1950

Götze, Hermann: Grundzüge der Bilanzierung. 3. verbess. u. ergänzte Aufl., Berlin 1952

Goldack, Günter und Wilhelm Vershofen: Die Entwicklung der Kaufkraft der Deutschen Mark 1949—1951. Wiesbaden 1952

Gürtler, M.: Schweizerische Bilanzen unter dem Einfluß von Konjunktur und Scheingewinn. Berlin u. Wien 1925

Hartmann, Bernhard: Das Kapital in der Betriebswirtschaft. Bd. VII d. Schriften z. wirtschaftswissenschaftl. Forschung. Meisenheim/Glan 1957

Hartz, Wilhelm: Die Auslegung von Steuergesetzen. Herne 1956

Hasenack, Wilhelm: Betriebsraubbau und Wirtschaftslenkung. Wolfenbüttel 1948

Hax, Karl: Der Gewinnbegriff in der Betriebswirtschaftslehre. Bd. 5 der Ergänzungsbände z. Zeitschr. f. handelswissenschaftl. Forschg. Leipzig 1926

— Die Substanzerhaltung der Betriebe. 1. Aufl., Köln u. Opladen 1957

Hayek, Friedrich August: Preise und Produktion. Wien 1931

Heinen, E.: Handelsbilanzen. Wiesbaden 1960

Hellmich, Hanns, Rudolf Gater und Josef Kamp: Die Erhaltung der Substanz und der Leistungsfähigkeit unter wirtschaftlichen und steuerlichen Gesichtspunkten. Essen 1952

Horn, Heinrich: Tendenzen zur Aussonderung von Vermögenswertänderungen in Betriebswirtschaftslehre, Wirtschaftspraxis und Steuerrecht. Berlin u. Wien 1931

Isaac, Alfred: Bilanzen und Bilanztheorien. Wiesbaden 1957

Kaiser, Josef: Auslegungsgrundsätze im Steuerrecht. Neuwied, Berlin u. Darmstadt 1960

Kamp, Josef: s. Hellmich, Hanns

Klinger, Karl: Der Einkauf im Industriebetrieb. Betriebswirtschaftliche Bibliothek (Hrsg. W. Hasenack), Reihe A/VIII. Essen 1950

Koepke, Charles Augustus: Plant Production Control. 2. Aufl., New York 1950

Kosiol, Erich: Bilanzreform und Einheitsbilanz. 2. Aufl., Berlin u. Stuttgart 1949

— Einkaufsplanung und Produktionsumfang. Berlin 1956

Kropff, Bruno: Aktiengesetz und Einführungsgesetz vom 6. 9. 1965 mit Begründung. Zusammengestellt von Bruno Kropff. Düsseldorf 1965

Lax, Willi: Der Betriebsfondsgedanke in der Morphologie der Unternehmung. Dissertation, Berlin 1935

Leffson, Ulrich: Der Jahresabschluß in der Aktienrechtsreform. Wiesbaden 1961

Liebl, Josef: Kapitalerhaltung und Bilanzrechnung. Heft 6 d. Veröffentlichungen z. Betriebswirtsch. Wolfenbüttel 1954

Littmann, Eberhard: Das Einkommensteuerrecht. 7. neubearb. Aufl., Stuttgart 1962

Magee, J. P.: Production Planning and Inventory Control. New York 1958

Mahlberg, Walter: Bilanztechnik und Bewertung bei schwankender Währung. 3. vermehrte u. verbess. Aufl., Leipzig 1923

— Der Tageswert in der Bilanz. Leipzig 1925

Mellerowicz, Konrad: Grundlagen betriebswirtschaftlicher Wertungslehre. Berlin 1926

— Allgemeine Betriebswirtschaftslehre. 1. Bd., 12. Aufl., Berlin 1964. 2. Bd., 11. durchgeseh. Aufl., Berlin 1962. 3. Bd., 11. Aufl., Berlin 1963. 4. Bd., 11. Aufl., Berlin 1963

— Kosten und Kostenrechnung, Bd. I: Theorie der Kosten. 4. durchgeseh. Aufl., Berlin 1963. Bd. II, 1. Teil: Allgemeine Fragen der Kostenrechnung und Betriebsabrechnung. 4. umgearb. Aufl., Berlin 1966

— Wert und Wertung im Betrieb. Essen 1952

Mellerowicz, Konrad: Der Wert der Unternehmung als Ganzes. Betriebswirtschaftliche Bibliothek (Hrsg. W. Hasenack), Reihe A/III. Essen 1952

— Betriebswirtschaftslehre der Industrie. Bände 1 u. 2, 3. durchgeseh. u. erweit. Aufl., Freiburg i. Brsg. 1958

— Planung und Plankostenrechnung, Bd. I: Betriebliche Planung. Freiburg i. Brsg. 1961

— Unternehmenspolitik. Bd. I, 2. Aufl., Freiburg i. Brsg. 1963. Bd. II, 2. Aufl., Freiburg i. Brsg. 1963. Bd. III, 2. Aufl., Freiburg i. Brsg. 1965

Miller, Maria: Die Berücksichtigung von Geldwertschwankungen in Buchhaltung und Bilanz. Nürnberg 1932

Nicklisch, Heinrich: Wirtschaftliche Betriebslehre. 6. Aufl., Stuttgart 1922

— Grundfragen für die Betriebswirtschaft. 6 Vorträge (Die Bücher: Organisation, Bd. IX). Stuttgart 1928

— Die Betriebswirtschaft. 7. Aufl., der Wirtschaftl. Betriebslehre, Stuttgart 1932

Palandt, Otto: Bürgerliches Gesetzbuch. Kommentar. 24. neubearb. Aufl., München u. Berlin 1965

Peddinghaus, Paul: Der eiserne Bestand in der Bilanztheorie, in der Handels- und Steuerbilanz. Köln 1938, Dissertation

Prinzhorn, K.: Über die finanzielle Führung kaufmännischer Geschäfte und Unternehmungen. Berlin 1903

Prion, Willi: Die Finanzierung und Bilanz wirtschaftlicher Betriebe unter dem Einfluß der Geldentwertung. Berlin 1921

— Die Finanzpolitik der Unternehmung (im Zeichen der Scheingewinne). In: Zwei Vorträge über Scheingewinne. 1. u. 2. Heft, Sonderband 1, d. Mitteilungen d. Gesellsch. f. Wirtschaftliche Ausbildung. 2. u. 3. unveränd. Aufl., Jena 1922

— Kapital und Betrieb. Leipzig 1929

Rieger, Wilhelm: Einführung in die Privatwirtschaftslehre. 2. unveränd. Aufl., Erlangen 1959

— Über Geldwertschwankungen. Stuttgart 1938

Sandig, Curt: Die Führung des Betriebes. Stuttgart 1953

Scheiffarth, Jos.: Gewinnermittlungsarten im Steuerrecht. Köln 1949

Schieb, Brigitta: Das Problem der Kapitalerhaltung und seine Bedeutung für die nachhaltige Bedarfsdeckung. Dissertation, Leipzig 1948

Schlegelberger, Franz: Handelsgesetzbuch. Erläut. v. E. Geßler, W. Hefermehl, W. Hildebrandt u. G. Schröder. (Hrsg. Franz Schlegelberger) 4. überarb. u. ergänzte Aufl., Berlin u. Frankf./M., 1. Bd. 1960, 2. Bd. 1963

Schmalenbach, Eugen: Grundlagen dynamischer Bilanzlehre. 1. Aufl.: siehe unter „Aufsätze". Dynamische Bilanz. 4. Aufl., Leipzig 1926. 5. Aufl., Leipzig 1931. 6. Aufl., Leipzig 1933. 9. Aufl., Leipzig 1948. 11. Aufl., unter Mitwirkung v. Richard Bauer, Köln u. Opladen 1953. 12. Aufl., unter Mitwirkung v. Richard Bauer, Köln u. Opladen 1956. 13. verbess. u. erweit. Aufl., bearb. von Richard Bauer, Köln u. Opladen 1962

— Die steuerliche Behandlung der Scheingewinne. In: Zwei Vorträge über Scheingewinne. 1. u. 2. Heft, Sonderband 1, d. Mitteilungen d. Gesellschaft f. Wirtschaftliche Ausbildung. 2. u. 3. unveränd. Aufl., Jena 1922

— Goldmarkbilanz. 2. Aufl., Berlin 1923

Schmidt, Fritz: Scheingewinn, Kalkulation und Bilanz. Teplitz-Schönau 1924

— Die Industriekonjunktur — ein Rechenfehler! Berlin 1927

— Die organische Tageswertbilanz. 3. durchgeseh. u. erweit. Aufl., Leipzig 1929 und Nachdruck, Wiesbaden 1951

Schnettler, Albert: Betriebsanalyse. 2. völlig neu bearb. Aufl., Stuttgart 1960

Schnur, K.: Das Problem der Scheingewinne unter besonderer Berücksichtigung der organischen Bilanztheorie. Dissertation, Freiburg 1953

Schuchardt, W.: Substanzerhaltung und Steuer. Dissertation, TU Berlin 1952

Schwarz, Horst: Grundfragen der Abstimmung von Materialbeschaffung, Fertigung und Vertrieb. Habilitationsschrift, TU Berlin 1958

Sommerfeld, Heinrich: Der Unternehmer als Verwalter des Volksvermögens. Hamburg 1934

Sonderegger, Fritz: Das Prinzip der Unterhaltung der Unternehmung als Grundproblem der modernen Betriebswirtschaftslehre. Bern 1950

Strobel, Arno: Die Liquidität. Stuttgart 1953

Tautscher, Anton: Grenzen der Besteuerung. Berlin 1954

Vogt, Fritz Johannes: Der Störungsfaktor Steuer. Köln 1953

Vontobel, Alfred: Die Rückstellung und ihre steuerliche Behandlung. Dissertation, Zürich 1952

Walb, Ernst: Das Problem der Scheingewinne. Freiburg 1921

— Die Erfolgsrechnung privater und öffentlicher Betriebe. Berlin u. Wien 1926

— Kaufmännische Betriebswirtschaftslehre. Leipzig 1938

Walter, Peter: Betriebswirtschaftliche Kapitalerhaltung und Preissteigerungsrücklage in der deutschen und französischen Ertragsteuerbilanz. Dissertation, Saarbrücken 1958

Weber, Adolf: Kurzgefaßte Volkswirtschaftspolitik. 6. neubearb. Aufl., Berlin 1951

Werninger, Gerd: Rückstellungen in der Bilanz. Wiesbaden 1960

Willems, Rudolf: Die Bewertung des Vorratsvermögens im Eisenhandel. Bochum 1956

Ohne Verfasserangabe: Allgemeine Kostenrechnungs-Richtlinien für die Eisen- und Stahlindustrie. Bearb. v. Betriebswirtschaftlichen Institut der Eisenhüttenindustrie. Düsseldorf 1956

— Die Festwertrechnung für Bestände in der Elektroindustrie. Hrsg. Zentralverband der Elektrotechnischen Industrie e. V., Frankfurt/M. 1951

— Leitsätze für die Preisermittlung auf Grund von Selbstkosten (LSP) (Bundes-Anzeiger Nr. 244) in d. Fassung d. Verordnung PR Nr. 14/54 vom 23. Dez. 1954 (Bundes-Anzeiger Nr. 250).

II. Aufsätze und andere Beiträge

in Sammelwerken, Zeitschriften, Mitteilungen u. ä.

Aufermann, E.: Transitorische Posten und Antizipationen. In: Die Aktuelle. Monatsschrift f. Steuer, Recht und Wirtschaft, 1. Jg. (1947), S. 373—377

— Die Bilanzaufwertung in Frankreich. In: BFuP., 4. Jg. (1952), S. 438—451

Bansbach, Max und Fritz Vöhringer: Der Eiserne Bestand und seine Bewertung. In: BB., 6. Jg. (1951), S. 91—95.

— Steuerausfall durch Eiserne Bestandsbewertung? In: BB., 6. Jg. (1951), S. 203—204

Bertrams, Otto: Der eiserne Bestand in der Bilanz. In: ZfhF., 17. Jg. (1923), S. 444—480

Binder, Odilo: Der eiserne Bestand in der Praxis. In: BB., 5. Jg. (1950), S. 909—913

Bise, Wilhelm: Die Betriebsaufspaltung in der Rechtsprechung des Bundesfinanzhofs. In: Der Betrieb, 15. Jg. (1962), S. 416—419

Bouffier, Willy: Allgemeine Bemerkungen zum Scheingewinnproblem. In: Der Österreichische Betriebswirt, 2. Jg. (1952), S. 23—25

Braun, Ernst: Eiserne Bestandsbewertung und totale Reservenbildung. In: Der Betrieb, 8. Jg. (1955), S. 245—246

Brenk, Werner: Um den Eisernen Bestand. In: NBW. (Beil. zu BB.), 4. Jg. (1951), S. 35—37

Brönner, Herbert jr.: Aus der Praxis der Scheingewinnbesteuerung in West-Berlin. In: Berliner Steuer-Blatt, 3. Jg. (1952), S. 297—298

Busse von Colbe, Walther: Preis- und Geldwertschwankungen, Eliminierung von ... In: Handwörterb. d. Betriebswirtsch. (begr. v. Heinrich Nicklisch), Bd. 3, 3. völlig neu bearb. Aufl., Stuttgart 1960, Spalte 4423—4438

— Substanzerhaltung. In: ebenda, Spalte 5310—5321

Christoph, B.: Eiserner Bestand und Preisdifferenzrücklage in der betriebswirtschaftlichen Praxis. In: Der Betrieb, 9. Jg. (1956), S. 25—27

Le Coutre, Walter: Bilanztheorien. In: Handwörterb. d. Betriebswirtsch. (begr. v. Heinrich Nicklisch), Bd. 1, 3. völlig neu bearb. Aufl., Stuttgart 1956, Spalte 1153—1177

Dickhaut, Hans: Zur Frage der Abgrenzung des Eisernen Bestands (EB) beim Vorratsvermögen. In: Deutsche Steuer-Zeitung, 39. Jg. (1951), S. 327—329

Endres, Walter: Der Eiserne Bestand als Mittel zur Vermeidung des Ausweises und der Besteuerung von Scheingewinnen. In: ZfhF., 4. Jg. n. F. (1952), S. 217—230

Engelmann, Konrad: Die Verrechnung von Inflationsgewinnen unter dem Realisationsgesichtspunkt. In: ZfhF., 3. Jg. n. F. (1951), S. 153—159

— Methoden zur Neutralisierung von Preis- und Wertschwankungen im betrieblichen Abrechnungswesen. In: BFuP., 4. Jg. (1952), S. 1—30

— Die Berücksichtigung von Geldwertschwankungen im betrieblichen Abrechnungswesen. In: ZfhF., 4. Jg. n. F. (1952), S. 230—238

Findeisen, Franz: Grenzbestimmung des eisernen Bestandes. In: ZfHuH., 16. Jg. (1923/24), S. 176—177

— Betriebsfonds (einschl. Eiserner Bestand und assortiertes Lager). In: Handwörterb. d. Betriebswirtsch. (Hrsg. Heinrich Nicklisch), Bd. I, Stuttgart 1926, Spalte 1069—1072

— Betriebsfonds, seine Erneuerung. In: Handwörterb. d. Betriebswirtsch. (Hrsg. Heinrich Nicklisch), Bd. I, Stuttgart 1926, Spalte 1073—1075

Fuchs, J.: Der Betriebswirt der Praxis zwischen Konjunkturschwankungen und Betriebspolitik. In: ZfB., 26. Jg. (1956), S. 410—417

Gebhardt: Rücklagen und Rückstellungen nach den neuesten Erkenntnissen des Bilanzsteuerrechts. In: Der prakt. Betriebswirt, 20. Jg. (1940), S. 47—56

Geldmacher, Erwin: Bilanzsorgen. In: Industrie- und Handelszeitg., Berlin 1920, Nr. 57—63, S. 364, 378, 384, 394, 398 und 406

— Gegen den Substanzschwund in den Betrieben. In: Industriekurier, 1952, Nr. 23 v. 9. 2. 1952, S. 5 und Nr. 26 v. 14. 2. 1952, S. 3

Gnam, Arnulf: Betrachtungen zum Gutachten des Obersten Finanzgerichtshofs (OFH) über die Zulässigkeit des Last in — First out (Lifo)-Verfahrens und des First in — First out (Fifo)-Verfahrens. In: Wp., 3. Jg. (1950), S. 210

— Scheingewinne, Scheinverluste — eine Interessenkollision zwischen Volkswirtschaft und Betriebswirtschaft? In: NBW. (Beil. zu BB), 5. Jg. (1952), S. 39—42.

— Nochmals: Nominal- oder Realgewinnbesteuerung? In: ebenda, S. 92—93

Görres, Peter: Der Eiserne Bestand beim Vorratsvermögen. In: BB., 6. Jg. (1951), S. 666—667

— Zur Scheingewinnbesteuerung. In: BB., 10. Jg. (1955), S. 124—125

— Substanzbesteuerung. In: ebenda, S. 894—896

Grieger: Die steuerliche Berücksichtigung von Preissteigerungen bei Gegenständen des Vorratsvermögens. In: Deutsche Steuer-Zeitung, 40. Jg. (1952), Ausg. A, S. 242

— Bilanzierung des Umlaufmetallstocks bei der NE-Metallbearbeitung (Gutachten des BFH). In: BB., 16. Jg. (1961), S. 206—208

Groß, H.: Selbstfinanzierung deckt Zukunftskosten — Viele Reingewinne enthalten „Scheingewinne“. In: Handelsblatt, Deutsche Wirtschaftszeitung, 14. Jg. (1959), v. 20. Okt. 1959

— Reingewinn ist Scheingewinn. In: Unternehmerbrief des Deutschen Industrieinstituts, Köln 1960 (10. Jg.), v. 7. Jan. 1960

Harrmann, Alfred: Das Vorratsvermögen im Handels- und Steuerrecht. In: BFuP., 13. Jg. (1961), S. 182—184

Hartmann, Bernhard: Der betriebswirtschaftliche und der volkswirtschaftliche Kapitalbegriff. In: BFuP., 7. Jg. (1955), S. 131—140

Hasenack, Wilhelm: Selbstfinanzierung und Kapitalerhaltung. In: Der praktische Betriebswirt, 11. Jg. (1931), S. 182—184

— Die Relativität von Kapitalerhaltung und Selbstfinanzierung. In: ebenda, S. 213—221

Hax, Karl: Bilanzgewinn und Geldwertschwankungen. In: ZfhF., 3. Jg. n. F. (1951), S. 433—460

— Abschreibung und Finanzierung. In: ZfhF., 7. Jg. n. F. (1955), S. 141

— Das Problem der Substanzerhaltung beim Vorratsvermögen. In: ebenda, S. 531—546

— Gruppenbewertung und Rechnen mit Eisernen Beständen beim Vorratsvermögen (Gutachten). In: BB., 10. Jg. (1955), S. 793—798

— Die Substanzerhaltung der Betriebe. In: Der Betrieb, 9. Jg. (1956), S. 357 bis 360

— Die Substanzerhaltung der Unternehmung als Problem der Besteuerung. In: StuW., 39. Jg. (1962), Spalte 255—270

— Kontrolle der Substanzerhaltung mit Hilfe der Unternehmungsrechnung. In: Stahl und Eisen, 82. Jg. (1962), S. 375—380

— Industrielle Entwicklung, gesamtwirtschaftliches Wachstum und Unternehmenswachstum. In: Schmalenbachs Zeitschr. f. betriebswirtschaftl. Forschg., 16. Jg. d. ZfhF. (1964), S. 202—209

Heyer, Herbert: Grenzen steuerlicher Rechtsprechung aus verfassungsmäßiger Sicht. In: BB., 20. Jg. (1965), S. 157—161

Hillebrecht, Arno: Vermeidung steuerlicher Scheingewinne im Falle des Nämlichkeitsnachweises beim Rohstoffeinsatz. In: Wp., 5. Jg (1952), S. 106—107

Hoffmann, Fritz: Der Eiserne Bestand beim Vorratsvermögen. In: BB., 6. Jg. (1951), S. 566—568

— Die dynamische Bilanz in der Rechtsprechung des OFH und des BFH. In: NBW. (Beil. zu BB.), 5. Jg. (1952), S. 21—23

— Die wirtschaftliche Betrachtungsweise und die Frage der Gewinnrealisierung. In: Finanz-Rundschau (Deutsches Steuerblatt), 7. Jg. (1952), S. 298 bis 300

— Der Eiserne Bestand beim Vorratsvermögen. In: BB., 10. Jg. (1955), S. 566 bis 570

Illetschko, Leopold: Der Scheingewinn. In: Der österreichische Betriebswirt, 2. Jg. (1952), S. 1—18

Kamp, J. / *Ludwig*, H.: Der Eiserne Bestand als wirtschaftspolitisches Problem. In: BB., 6. Jg. (1951), S. 963—965

Klausing, F.: Grundsätzliches über „wirtschaftliche Betrachtungsweise", „Typenlehre" und „konkretes Ordnungsdenken". In: Zeitschr. d. Akademie f. deutsches Recht, 6. Jg. (1939), S. 112—117

Krause, E.: Bestandsaufnahme bei Ansatz eines Sammelpostens „Eiserner Bestand" in der Bilanz. In: NBW. (Beil. zu BB.), 13. Jg. (1960), S. 176—177

Littmann, Eberhard: Nominelle und materielle Gewinnrechnung in Handels- und Steuerbilanz. In: Wp., 2. Jg. (1949), S. 342—344

— Nominal- oder Realgewinnbesteuerung? In: NBW. (Beil. zu BB.), 5. Jg. (1952), S. 52—55

— Zur Frage der Bewertung des Warenlagers mit dem eisernen Bestand bei Preissteigerungen. In: Wp., 7. Jg. (1954), S. 560—561

Löwenstein, R.: Kalkulationsgewinn und bilanzmäßige Erfolgsrechnung. In: Betriebs- und finanzwirtschaftliche Forschg., 1922, Heft 16

Malich, Siegfried: Betriebsnotwendige Lagerreserve und optimale Losgröße. In: ZfB., 27. Jg. (1957), S. 448—457

Mellerowicz, Konrad: Der Betrieb als Organismus und als Organ. In: BFuP., 4. Jg. (1952), S. 141—153

— Rechnungslegung und Konzernabschluß. In: Beiträge zur Aktienrechtsreform (Hrsg. Hans Hengeler), Heidelberg 1959

— Hax, Karl: Die Substanzerhaltung der Betriebe. Köln u. Opladen 1957. Westdeutscher Verlag. (Buchbesprechung). In: Schmollers Jahrbuch für Gesetzgebung, Verwaltung und Volkswirtsch. Fortgef. v. A. Spiethoff u. J. Jessen; Hrsg. Georg Jahn. Berlin 1960 (80. Jg.), S. 757—759

Mellerowicz, Konrad: Abschnitt „Rechnungslegung", in: Großkommentar zum Aktiengesetz; siehe unter Gadow/Heinichen im Bücherverzeichnis

Mergelsberg, Wolfgang: Substanzerhaltung beim Vorratsvermögen in der Praxis. In: Der Betrieb, 17. Jg. (1964), S. 741—744

Meumann, K.: Der eiserne Vorratsbestand und seine Bewertung in der Bilanz gewerblicher Unternehmungen. In: Mitteil. d. Steuerstelle des Reichsverb. d. Deutschen Industrie, 1922, S. 155 ff.

Meurer, Egid: Die Auswirkungen überhöhter Besteuerung auf die Leistungskraft industrieller Betriebe. In: ZfhF., 1. Jg. (1949) n. F., S. 328—347

Meuschel, H.: Auflösung stiller Rücklagen und Übertragung auf Ersatzbeschaffungen. In: Deutsche Steuer-Zeitung und Wirtschaftlicher Beobachter, 29. Jg. (1940), S. 73—81

— Scheingewinn und Eiserner Bestand. In: BB., 5. Jg. (1952), S. 600—601

Mölders, Carl: Zur Frage der Gewinnverwirklichung. In Berliner Steuer-Blatt, 3. Jg. (1952), S. 286 f. und 298

Müller-Bernhardt, H.: Zur Frage der steuerfreien Abschreibung auf Maschinen unter Berücksichtigung der Teuerung und der Geldentwertung. In: Zwanglose Mitteil. f. d. Mitglieder d. Vereins Deutsch. Maschinenbau-Anstalten / 15. 8. 1920

Münstermann, H.: Betriebswirtschaftliche Probleme der Kapitalerhaltung. In: Betriebswirtschaftslehre und Wirtschaftspraxis, Festschrift f. Konrad Mellerowicz (Hrsg. H. Schwarz u. K. H. Berger), Berlin 1961, S. 270

Narath, H.: Die Ermittlung des wirtschaftlich günstigsten Lagerbestandes, des günstigsten Zeitpunktes der Nachbestellung und der Größe des Reserve-Lagerbestandes (Nach Manufacturing Industries, Bd. 13 Nr. 3). In: ZfB., 4. Jg. (1927), S. 473—476

Neubert, Helmut: Anlagenfinanzierung aus Abschreibungen. In: ZfhF., 3. Jg. n. F. (1951), S. 367—383 u. 415—423

Nonnemann, W.: Zur Frage des „Eisernen Bestandes" bei den Warenvorräten. In: BB., 5. Jg. (1950), S. 164—165

Otten, Wilhelm: Das Last in — first out-Prinzip eine steuerlich-betriebswirtschaftliche Streitfrage und ein Beitrag zu ihrer Lösung. In: Wp., 2. Jg. (1949), S. 213 ff.

Ottl, Fritz: Die dritte Bilanz. In: ZfB., 33. Jg. (1963), S. 89—102

Peloubet, Maurice: Bewertung des Vorratsvermögens nach USA-Methoden (Auszug). In: Der Wirtschaftsprüfer, 5. Jg. (1952), S. 1—3 u. 35—36

Pohmer, Dieter: Zum Thema: Gutachten des OFH über die Zulässigkeit des Lifo-Verfahrens und des Fifo-Verfahrens. In: Wp., 3. Jg. (1950), S. 373

Saage, Gustav: Selbstfinanzierung, stille Reserven und Aktienrechtsreform. In: Die Aktiengesellschaft, 4. Jg. (1959), S. 183—186, 207—211 u. 239—240

— Grenzen der Anwendung dynamischer Bilanzierungsgrundsätze im Rahmen der steuerlichen Gewinnermittlung. In: BFuP., 13. Jg. (1961), S. 430 bis 444

Scheffler, Hermann: Über Bilanzen. In: Vierteljahresschrift für Volkswirtschaft, Politik und Kulturgeschichte, Bd. 62 (des 16. Jg.s II. Bd.). Berlin 1879, S. 1—49

Schieb, Brigitta: Grundsätzliche Probleme der Kapitalerhaltung. In: Fragen der Kapitalerhaltung und Finanzierung (Heft 3) (Veröffentlichungen z. Betriebswirtsch.), Wolfenbüttel 1949

Schmalenbach, Eugen: Grundlagen dynamischer Bilanzlehre. In: ZfhF, 13. Jg. (1919), Hefte 1—4

Schmidlin, Lorenz: Das Prinzip der Substanzerhaltung in Betriebswirtschaftslehre, Praxis und Steuerrecht. In: Die Unternehmung / Schweizerische Zeitschr. f. Betriebswirtsch., 15. Jg. (1961), S. 209—218

Schmidt, Fritz: Der Wiederbeschaffungspreis des Umsatztages in Kalkulation und Volkswirtschaft. In: Betriebs- u. finanzwirtschaftl. Forschg., 1923, Heft 4

— Die relative Erhaltung der Betriebe. In: ZfB., 22. Jg. (1952), S. 189—195.

Schnettler, Albert: Grundsätzliches zum Problem der betrieblichen Substanzerhaltung. In: BFuP., 5. Jg. (1953), S. 193—207

— Ziele und Grenzen der betrieblichen Werterhaltung. In: ZfhF., 7. Jg. n. F. (1955), S. 521—530

— Substanz- und Werterhaltung in den Betrieben. In: ZfB., 26. Jg. (1956), S. 261—268

Seischab, Hans: Demontage des Gewinns durch unzulässige Ausweitung des Kostenbegriffs. In: ZfB., 22. Jg. (1952), S. 19—28

— Der Scheingewinn — ein Scheinproblem? In: Deutsche Zeitung und Wirtschaftszeitung, 1952, Nr. 54 v. 5. 7. 1952, S. 13

Sommerfeld, Heinrich: Bilanz (eudynamisch). In: Handwörterbuch d. Betriebswirtsch. Hrsg. Heinrich Nicklisch, Bd. I, Stuttgart 1926, Spalte 1340

— Eudynamische Bilanz. In: Lexikon d. kaufmänn. Rechnungswesens. Hrsg. K. Bott. I. Bd., Stuttgart 1940, Spalte 851

Spitaler, Armin: Die Auslegungsregeln des Steuerrechts. In: Steuerberater-Jahrbuch, Hrsg. A. Spitaler, Köln 1949, S. 267 ff.

— Die Grenzen der Auslegung im Steuerrecht. In: BB., 11. Jg. (1956), S. 7—10

Stefanic-Allmayer, Karl: Echter Erfolg statt „Scheingewinn"! In: Der österreichische Betriebswirt, 2. Jg. (1952), S. 19—22

Theis, Jakob: Verhinderung der Substanzwegsteuerung durch „Eisernen Bestand". In: Der Betrieb, 4. Jg. (1951), S. 373—375

— Die Besteuerung von Scheingewinnen. In: Der Betrieb, 5. Jg. (1952), S. 747 bis 748

— Eiserner Bestand und Festwert beim Vorratsvermögen. In: Der Betrieb, 8. Jg. (1955), S. 880—881

Uelner, Adalbert: Die steuerliche Behandlung der Betriebsverpachtung. In: BB., 20. Jg. (1965), S. 78—82

ter Vehn, A.: Gewinnbegriffe in der Betriebswirtschaft. In: ZfB., 1. Jg. (1924), S. 361—375

Walb, Ernst: Geldhaftes und güterhaftes Wirtschaftsdenken. In: ZfhF., 35. Jg. (1941), Heft 7/8

Walter, Peter: Zum Problem der Preissteigerungsrücklage in der deutschen und französischen Steuerbilanz. In: Steuern u. Unternehmenspolitik. Hrsg. E. Heinen. Wiesbaden 1958, S. 101—111

Walz, Eberhard: Stellungnahme zu WP Konrad Engelmann, New York, in BFuP. Heft 1/1952. In: BFuP. 4. Jg. (1952), S. 656—658

Zintarra, Werner: Die Besteuerung der Scheingewinne. In: Die Berliner Wirtschaft, 2. Jg. (1952), S. 546—548

Ohne Verfasserangabe: Besteuerung der Scheingewinne. In: Berliner Steuer-Blatt, 3. Jg. (1952), S. 257—259

— Das Risiko der „Eisernen Bestands"-Bewertung. In: Der Betrieb, 4. Jg. (1951), S. 456

— Die steuerliche Bewertung des Vermögens. Eine Sammlung von Aufsätzen. Hrsg. Fritz Haußmann, Heinrich Höpker, Richard Rosendorff. Berlin 1922

— Entwicklungstendenzen im Bilanzsteuerrecht nach der Rechtsprechung des Bundesfinanzhofs. In: Taschenbuch f. d. Betriebswirt 1960, bearb. von E. Schnaufer u. G. Rode

— Erfahrungsaustausch über Eisernen Bestand. Hrsg. Hessisch. Institut f. Betriebswirtsch. e. V. (HIB), Frankfurt/M. 1952

— Sie sollten wissen, 5. Abschnitt. In: Unternehmerbrief d. deutschen Industrieinstituts, Nr. 52/53 v. 22. Dez. 1952, Blatt 3

Verschiedene Verfasser: Akten der Finanzbehörde und einiger Industriebetriebe

III. Amtliche Veröffentlichungen

1. Gesetze, Verordnungen, Erlasse

a) Gesetze:

Aktiengesetz v. 6. Sept. 1965, Bundesgesetzbl. 1965 I S. 1089

Einkommensteuergesetze (chronologisch):

Einkommensteuergesetz v. 24. Juni 1891, in: Gesetz-Sammlg. f. d. Königlichen Preuß. Staaten 1891, Berlin 1891, S. 175

EStG. 1955 in d. Fassung v. 21. Dez. 1954, BStBl. 1954 I S. 668

EStG. 1957 in d. Fassung v. 13. Nov. 1957, BStBl. 1957 I S. 548

EStG. 1965 in d. Fassung v. 10. Dez. 1965, BStBl. 1965 I S. 686 — Bundesgesetzbl. 1965 I S. 1902

Gesetz über die Berücksichtigung der Geldentwertung in den Steuergesetzen (Geldentwertungsgesetz) v. 20. März 1923, Reichsgesetzbl. 1923 I S. 198

Gesetz über die Eröffnungsbilanz in Deutscher Mark und die Kapitalneufestsetzung (DM-Bilanz-Gesetz) v. 21. Aug. 1949, Bundesgesetzbl. 1950 S. 2

Gesetz zur Änderung des Handelsgesetzbuches und der Reichsabgabenordnung v. 2. Aug. 1965, Bundesgesetzbl. 1965 I S. 665

Gesetz zur Milderung dringender sozialer Notstände (Sofort-Hilfe-Gesetz) v. 8. Aug. 1949, Steuer- u. Zollblatt 1949 S. 239

Körperschaftsteuergesetz in d. Fassung v. 13. Sept. 1961, BStBl. 1961 I S. 655

Reichsabgabenordnung (AO.) v. 22. Mai 1931, RGBl. 1931 I S. 161, mit den Änderungen u. Ergänzungen nach d. Stand v. 31. Mai 1965, in: Steuergesetze, Lose-Blatt-Slg. d. Beck'schen Verlagsbuchhandlg., München und Berlin 1965

Steueranpassungsgesetz (StAnpG.) v. 16. Okt. 1934, RGBl. 1934 I S. 925, mit den Änderungen u. Ergänzungen nach d. Stand v. 31. Mai 1965, in: Steuergesetze, Lose-Blatt-Slg. d. Beck'schen Verlagsbuchhandlung, München und Berlin 1965

b) Einkommensteuer-Durchführungsverordnungen (chronologisch):

EStDV. 1955 v. 21. Dez. 1955, BStBl. 1955 I S. 710

EStDV. 1958 in d. Fassung v. 13. März 1959, BStBl. 1959 I S. 118

EStDV. 1961 v. 30. Apr. 1962, BStBl. 1962 I S. 551 — Bundesgesetzbl. 1962 I S. 293

c) Einkommensteuer-Richtlinien (chronologisch):

EStR. 1941 v. 12. Febr. 1942, Reichssteuerbl. 1942 S. 97

EStR. 1950 v. 7. Aug. 1951, BStBl. 1951 I S. 287

EStR. 1951 v. 31. Mai 1952, BStBl. 1952 I S. 289

EStR. 1955 v. 6. Apr. 1956, BStBl. 1956 I S. 75

EStR. 1958 v. 1. Aug. 1959, BStBl. 1959 I S. 385

EStR. 1965 v. 9. Mai 1966, Beil. z. Bundesanzeiger Nr. 98 vom 26. Mai 1966 — BStBl. 1966 I S. 515

d) Erlasse (chronologisch):

Erlasse des Reichsministers der Finanzen
S 2158—45 III/S 1430 B-121 III v. 20. Dez. 1934, RStBl. 1935 S. 1
S 2209—250 III v. 4. Juni 1935, Reichssteuerbl. 1935 S. 785
S 2151—175 III v. 22. Dez. 1939, Reichssteuerbl. 1940 S. 1

Erlaß des Finanzministers des Landes Nordrhein-Westfalen
S 2130—7696/VB-1 v. 12. Aug. 1952, BStBl. 1952 II S. 98

Erlasse des Senators für Finanzen Bremen
912—S 2135 — St. v. 6. Dez. 1954, BStBl. 1955 II S. 20
912—S 2135 — St 21 v. 30. Juni 1956, BStBl. 1956 II S. 95

2. Gerichts-Urteile und -Gutachten (chronologisch)

Reichsfinanzhof (RFH):
19. Okt. 1923, Urteil I A 111/23. in: Sammlg. d. Entscheid. u. Gutachten d. RFH (Hrsg. RFH), Bd. 13, München 1924, S. 69

Reichsgericht (RG):
11. Febr. 1927, Urteil II 94/26, in: Entscheid. des RG in Zivilsachen (Herausgegeben v. d. Mitgliedern d. Gerichtshofs u. d. Reichsanwaltschaft), 116. Bd., Berlin u. Leipzig 1927, S. 119—134

Reichsfinanzhof (RFH):
30. März 1927, Urteil VI A 108/27, in: Sammlg. d. Entscheid. u. Gutachten d. RFH (Hrsg. RFH), Bd. 21, München 1927, S. 62
20. Juni 1928, Urteil VI A 292/28, in: Steuer u. Wirtschaft 1928 Nr. 452
13. Dez. 1928, Urteil VI A 899/28, Reichssteuerbl. 1929 S. 136
12. Nov. 1929, Urteil I Aa 213/29, Reichssteuerbl. 1929 S. 660
5. Juli 1933, Urteil VI A 1756/32, Reichssteuerbl. 1933 S. 763
19. Dez. 1934, Urteil I A 108/33, Reichssteuerbl. 1935 S. 675
16. Dez. 1936, Urteil VI A 588/35, Reichssteuerbl. 1937 S. 272
10. Aug. 1938, Urteil VI 494/38, Reichssteuerbl. 1938 S. 915
19. Okt. 1938, Urteil VI 593/38, Reichssteuerbl. 1939 S. 26
10. Apr. 1940, Urteil VI 754/39, Reichssteuerbl. 1940 S. 595
10. Okt. 1940, Urteil III 86/40, Reichssteuerbl. 1941 S. 227
3. Mai 1944, Urteil VI 11/44, Reichssteuerbl. 1944 S. 619

Oberster Finanzgerichtshof (OFH):
13. Juli 1948, Urteil III 25/48 S, Amtsbl. d. Bayer. Staatsmin. d. Finanzen 1948 S. 242
3. Juni 1949, Gutachten I D 2/49 S, Ministerialbl. d. Bundesmin. d. Finanzen 1949/50 S. 333

Bundesfinanzhof (BFH):
3. März 1951, Urteil III 29/50 S, BStBl. 1951 III S. 93
24. Aug. 1951, Urteil II 13/51 U, BStBl. 1952 III S. 97
17. Mai 1952, Urteil I 4/52 U, BStBl. 1952 III S. 208
1. März 1955, Urteil I 140/52 U, BStBl. 1955 III S. 144
3. März 1955, Urteil IV 203/53 U, BStBl. 1955 III S. 222
15. Sept. 1955, Urteil IV 269/54 U, BStBl. 1955 III S. 345
17. Jan. 1956, Urteil I 239/55 U, BStBl. 1956 III S. 75
13. Jan. 1959, Urteil I 44/57 U, BStBl. 1959 III S. 197
26. Aug. 1960, Gutachten I D 1/59 U, BStBl. 1961 III S. 31

3. Protokolle, Gesetzentwürfe und statistische Veröffentlichungen

Bericht des 11. Ausschusses v. 7. März 1923 über den Entwurf eines Gesetzes über die Berücksichtigung der Geldentwertung in den Steuergesetzen, in: Verhandlungen d. Reichstages, I. Wahlperiode 1920, Bd. 376, Berlin 1924, S. 6326—6381

Indexziffern der Rohstoffpreise von 1792 bis 1940, in: Statist. Jahrb. f. d. Dtsche. Reich (Hrsg. Statist. Reichsamt), 59. Jg. (1941/42), Berlin 1942, S. 361—362

Index der Grundstoffpreise 1938 und 1948 bis 1955, in: Statist. Jahrb. f. d. Bundesrepublik Dtschld. 1956 (Hrsg. Statist. Bundesamt), Stuttgart und Mainz (o. J.), S. 439

Preisindex ausgewählter Grundstoffe 1938 und 1950 bis 1955, ebenda, S. 440

Preisindex ausgewählter Grundstoffe, in: Statist. Jahrb. f. d. Bundesrepublik Dtschld. 1963 (Hrsg. Statist. Bundesamt), Stuttgart u. Mainz (o. J.), S. 469

Preisindex ausgewählter Grundstoffe, in: Wirtschaft u. Statistik (Hrsg. Statist. Bundesamt), Heft 4/1967, Teil: Statist. Monatszahlen S. 269

Referentenentwurf und Regierungsentwurf eines neuen Aktiengesetzes, veröffentl. v. Bundesjustizministerium am 7. Okt. 1958

Kolibri 360 GmbH
Ferdinand-Jühlke-Straße 7
99095 Erfurt, Deutschland
produktsicherheit@kolibri360.de

Druck:
CPI Druckdienstleistungen GmbH
im Auftrag der
Kolibri 360 GmbH
Ferdinand-Jühlke-Str. 7
99095 Erfurt